本书出版得到西北农林科技大学中央基本科研业务费人文社科定向委托专项"西部农村社会转型与乡村治理观测及支撑平台建设"资助。

# 关中农村研究

## 第二辑

主　　编　付少平

执行主编　郭占锋

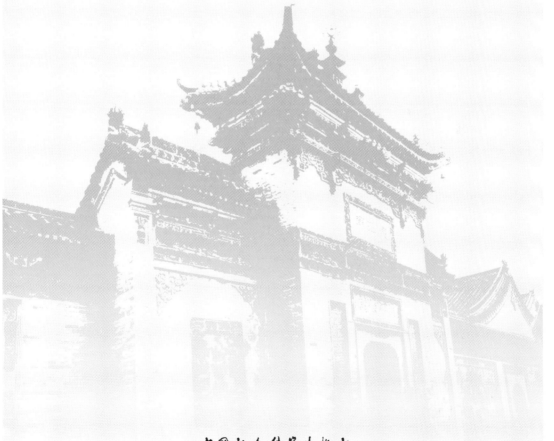

中国社会科学出版社

## 图书在版编目(CIP)数据

关中农村研究. 第二辑/付少平主编. —北京：中国社会科学出版社，2016. 12
ISBN 978-7-5161-9539-0

Ⅰ.①关…　Ⅱ.①付…　Ⅲ.①农村—社会管理—研究—陕西　Ⅳ.①C912.82

中国版本图书馆 CIP 数据核字(2016)第 303317 号

| | | |
|---|---|---|
| 出 版 人 | 赵剑英 | |
| 责任编辑 | 王　茵　马　明 | |
| 责任校对 | 胡新芳 | |
| 责任印制 | 王　超 | |

| | | |
|---|---|---|
| 出　　版 | 中国社会科学出版社 | |
| 社　　址 | 北京鼓楼西大街甲 158 号 | |
| 邮　　编 | 100720 | |
| 网　　址 | http://www.csspw.cn | |
| 发 行 部 | 010-84083685 | |
| 门 市 部 | 010-84029450 | |
| 经　　销 | 新华书店及其他书店 | |

| | |
|---|---|
| 印　　刷 | 北京君升印刷有限公司 |
| 装　　订 | 廊坊市广阳区广增装订厂 |
| 版　　次 | 2016 年 12 月第 1 版 |
| 印　　次 | 2016 年 12 月第 1 次印刷 |

| | |
|---|---|
| 开　　本 | 710×1000　1/16 |
| 印　　张 | 15.5 |
| 插　　页 | 2 |
| 字　　数 | 254 千字 |
| 定　　价 | 58.00 元 |

# 序一 打造农村社会研究关中学派的 抱负应该肯定[*]

女士们、先生们，大家好！

非常高兴，今天能够与 50 多位来自全国各地的青年学者，聚在西北农林科技大学的美丽校园里，一起进行学术交流和经验探讨。重视青年学者的健康成长是我们一直关注的中心议题，因为青年学者是中国社会学的希望。在这里，我要感谢青年学者的踊跃参与；也要特别感谢西北农林科技大学领导，西北农林科技大学人文社会发展学院的全体师生和我们基金会一起主办这次"中国农村社会发展论坛"。

上周，西北农林科技大学刚刚举办了建校 80 周年暨合校 15 周年的庆祝活动。80 年的风雨，80 年的沧桑，西北农林科技大学为国家的发展、社会的进步付出了辛勤的努力，做出了巨大的贡献。作为一所国家重点建设的"985"、"211"序列的农业院校，服务"三农"发展，也应该成为学校各文科院系深化科研体制改革的方向。人文学院刚刚改名为人文社会发展学院，学校还将农村社会发展确定为人文社会发展学院学科建设的两个主要方向之一，说明学校非常重视中国农村研究，重视农村社会学学科的发展。

令我们感到兴奋的是，人文社会发展学院已经组织中青年教师成立了一个专门的学术研究机构——农村社会研究中心。通过中心编辑的小册子，可以看到，学院里的这批青年人非常活跃，短短三年的时间已经取得了不小的成绩。这批年轻人希望能够在学校、学院的扶持下，打造农村社

---

[*] 2014 年 9 月 20—21 日，西北农林科技大学与北京郑杭生社会发展基金会联合召开了第一届中国农村社会发展论坛。本文是郑杭生先生在开幕式上的致辞。以此文代序，衷心感谢郑先生对西北农林科技大学人文社会发展学院社会学学人的肯定和鼓励。

会研究的关中学派，抱负很高，热情也高，还很有勇气。

在中国社会学会今年 7 月召开的武汉学术年会开幕式上，我就做了《学会、学派、学术》的致辞。我在致辞中指出，学派是学术发展的最实质性的平台。有无学派，特别是有无著名的学派，是一个学科是否繁荣、是否有活力、是否成熟、是否有社会影响力以至国际影响力的重要标志之一。农村社会研究中心虽然起点不算高，但是中心的老师们从一开始就有心要做成一个学派，确实不容易，应该得到肯定、鼓励和支持。

围绕这个问题，我愿意借这个机会，讲三点意思。

首先，为什么要做学派，做什么样的学派。关于这个问题，可以追溯到关中地区的历史名人，关学创始人，也是理学主要创始人之一的横渠先生——张载。早在北宋时期，他就提出了"为天地立心，为生民立命，为往圣继绝学，为万世开太平"的为学之道，深刻地影响了一代又一代的中国人。这四句话，被当代哲学家冯友兰概括为"横渠四句"，具有深远的历史价值和现实意义。为什么要做学派，做一个什么样的学派，我们在考虑这个问题的时候也可以从中汲取理论资源。

当今的中国，正处于急剧的经济社会变迁中，经济快速发展，总规模已经稳居世界第二位，社会更在加速转型，这是我们所处的大环境。民族的崛起，社会的转型为社会学学派的发展创造了条件，提供了机会。目前，中央提出要提升国家软实力，在国际上争夺话语权，这就为哲学社会科学的繁荣发展提供了难得的好机会。然而，中国学术要有话语权，就需要不断深化各个领域的研究成果，发出我们的声音，营造学术生长的空间。照搬西方的理论是不能解释和指导中国实践的，必须要靠逐渐发展起来的一个又一个的中国学派。哲学社会科学领域的中国学派，又必须回应时代需求，在扎根中国改革经验、阐释中国发展实践的基础上生长、发展起来。

其次，如何来做农村研究的关中学派，我想提一些我的思考。20 世纪 40 年代，费孝通先生写了一本重要的农村社会学著作《乡土中国》，引起了很大的反响。改革开放以来，中国内地的农村社会学研究取得了长足的进步，产出了一系列的研究成果。目前来看，这些研究成果依托的农村经验主要分布在中东部地区，比如华北农村、东北农村、华南农村、长江三角洲、湖北中部地区等，而西部地区，尤其是西北部地区的相关研究成果相对较少。这就为西北地区的农村研究创造了学术生长的广阔空间。

关中地区，在宋朝以前一直为中国政治经济文化中心所在地，具有悠久、辉煌的历史，是传统中国小农社会最具有代表性的地区。因此，扎根田野，立足关中，面向西北地区，定能做出一批有影响力、有创造力的学术研究成果。所以，学院提出创建农村研究的关中学派很有希望，也很有远见。

去年 7 月召开的中国社会学 2013 年贵阳学术年会开幕式上，我做了题为"再评判、再认识、再提炼——中国社会学在'理论自觉'阶段的基本功"的致辞。这里的三个"再"代表中国社会学必须面对的三种基本关系：中西关系、今古关系、理实关系——理论与现实、理论与实践的关系。只有把上述三个方面结合起来，真正做到"借鉴西方，跳出西方"，不断进行"再评判"；做到"开发传统，超越传统"，不断进行"再认识"；做到"提炼现实，高于现实"，不断进行"再提炼"，我们才能真正创造出我们的学术话语，创造出我们的学术特色，也才能形成为数众多的中国学派。

今年我在《学会、学派、学术》的致辞中，对什么是理论自觉阶段的基本功进一步拓展，归纳为"三再、两气、一追求"。"三再"，就是前面讲到的"再评判、再认识、再提炼"。"两气"就是"只有接地气，才能有底气"。从学术的角度讲，接地气至少可以分为三种：接现实中国的地气、接历史中国的地气、接中国立场观点的地气。所谓"一追求"，就是追求"真善美"，社会学既要追求"真"，又要追求"善"和"美"。这里的"真"指的是科学性，"善"和"美"指的是人文性。用中国学术传统的说法，就是追求真善美，提升精气神。事实表明，社会学研究中的许多问题，仅凭单纯的科学性，并不能发现其真实原因和解决办法，往往要靠人文性才能找到原因和解决之道。

可以这样说，今后中国社会学界的良性学术竞争，很重要的一个方面，就是看这方面基本功的功力如何，能否在掌握有关事实资料的基础上，既高屋建瓴，又具体分析地提出问题、研究问题、解决问题；既能揭示世界现代性全球化的长波进程所代表的发展趋势，又能展现本土社会转型的特殊脉动所代表的中国经验。通过再评判、再认识、再提炼，通过接现实中国、历史中国和中国立场观点的地气，通过把科学性与人文性有机结合，正确处理中西、古今、理实这三种基本关系，鉴别各种思潮，从而推动中国学派的建设，促进中国社会学的发展，并为中国社会的良性运行、协调发展做出自己应有的贡献。

西北农林科技大学人文社会发展学院今年在陕西遴选了 10 个县 30 个村作为农村社会研究中心长期的固定观测点，听说将来还要在其他省市建立类似的观测点。只要能够长期坚持，立足关中这片土地，有理论自觉的精神，练好基本功，一定会有所成就的。

最后，我想借这个机会介绍一下我们郑杭生社会发展基金会的情况。基金会成立三年来，先后资助了 34 个博士生项目、30 个硕士生项目，还资助了 90 位青年学者。其中，青年学者项目，去年就有你们学院的赵晓峰博士，今年又有你们学院的陈辉博士。青年学者项目，连续三年，每年都有 110 位至 120 位青年学者递交论文，我们每年从中选出 30 篇，应该讲这些论文的质量都还是很不错的，三次论坛都非常成功。

另外，我们还创办了两个刊物《社会学评论》和《社会建设》。现在《社会学评论》已经出了十期，上了知网和国家哲学社会科学学术期刊数据库，已经被中国人民大学评为 C 刊。《社会建设》也在 2014 年 3 月得到国家新闻出版总署的批准，今年出创刊号和第二期。《社会建设》所涉范围很广，现阶段以社会工作和社会政策为重点。这两个刊物是我们社会学界共同的、持久的平台，这两份杂志的一个宗旨也是为青年社会学者搭建一个茁壮成长的学术平台，大家有合适的稿子也可以投给我们。我相信在大家的支持下，这两个学术刊物，一定能够办成高质量的学术刊物。

预祝这次论坛开得成功，大家都有收获。

谢谢各位！

郑杭生

# 序二　关中农村研究的价值

关中，是陕西中部关中平原的简称，在中国历史上最早提及并大量使用关中地名的历史典籍，经历史学家考证应该是西汉时期的《史记》，《史记》中提及"关中"地名 40 余次。关中的地域现在一般依据的是史念海、李之勤等编写的《陕西军事历史地理概述》中的界定："是指陕西中部秦岭以北，子午岭、黄龙山以南，陇山以东，潼关以西的区域。"关中是中国农业文明的发祥地，古有中国历史上第一个农官后稷教民稼穑于此，周秦汉唐十三朝古都在此兴衰更替，更是与关中发达的农耕文明有着直接的关系。随着唐末至宋以降北方人口大量南迁，中国农业核心区向南转移，关中农业的地位才开始动摇。有史以来关中地区就素以"八百里秦川"而著称，一直是中国重要的农业生产区域。但是，如果翻开民国期间海外学者对中国农村的研究，华南地区有弗里德曼的宗族研究，西南地区有施坚雅的乡村基层市场共同体的研究，华北地区有平野义太郎的村社共同体的研究、有杜赞奇的乡村权力的文化网络研究等，有影响的研究唯少有西北地区的关中研究。国内学者虽多有涉及，但少有系统深入研究。那是不是关中农村研究不具有代表性，没有价值呢？当然不是，关中农村既具有典型性，又具有代表性，对于认识中国农村发展全貌具有重要的学术价值与实践意义。

关中农村的典型性与独特性，从历史的视角给予透彻分析的是秦晖先生，秦晖先生在《田园诗与狂想曲》中分析指出：第一，关中乡村发展模式具有典型性："关中是中国'黄土文明'的发祥地、封建社会与大一统国家的摇篮……当中华民族领先于世界各民族时，关中是灿烂中华的灿烂中心；当中国被世界近代化进程所抛弃时，关中又是停滞中国的停滞典型。"① 第二，关中乡村发展模式具有独特性：传统社会中，关中农村发展具有许多独特的特点，如"宋元以后关中农村逐渐小农化，大地产与无地农民均减少，到民国时代，租佃关系几乎消失。这与通常所讲的'两极分化'、'土地兼并'、'租佃经济'模式迥异。又如，明清以来，关中的租佃关系不断萎缩的同时，'雇工经营'却颇有发展，但与之相应的却不是商品货币关系的发达，而是相对自然经济化的日益加深。再如，与商品货币关系斩断宗法纽带的一般推理相反，近代中国商品经济最发达的东南农村宗族关系与族权势力最强大，而相对封闭保守、自给自足的关中农村反而相对少有活跃的宗族组织和强大的族权。但关中农民的自由个性与独立人格并不因此而得以比南方发达"。关中农村也从来没有过宗教狂热。因此对关中农村发展模式的经验研究会有其"超经验"的意义。

钞晓鸿在《明清时期的陕西商人资本》和《传统商人与区域社会的整合》两篇文章中阐述了关中农村的独特性，他的研究发现针对一般所认为的商人广置田产、兼并土地的情况，"不置田地"却在陕商中极为普遍，无论是陕商购置田地的数量还是购置田地的商人人数，均较微少。"有能力兼并土地的富商非但没有兼并土地，甚至连自家原有的土地也懒于经营。"这与关中农村"慎终追远及家族聚居观念并不强烈"有关，"明清关中的显著特点之一是家谱、祠堂、族田的相对稀少"，"宗族势力本身的相对衰弱便为其他组织与势力在当地社会发挥作用创造了条件"，在关中基层社会治理中，商人成为重要的参与者，而商人参与地方治理，"宗法共同体在提供保护的同时，又遏制个体的独立性，将每一成员均融到大家共同发展的步伐之中，这又不能不引起商人的反对"，因此关中农村基层社会治理呈现了非常复杂的局面。对关中农村的独特性与代表性，贺雪峰先生也有着自己独到的认识。他在《关中村治模式的关键词》一文中研究了中国农村的社会关联，认为中国农村区域差异很大，从乡村治理的角度看，存在农民认同与行动单位的差异，依据在农户家庭以上是否存在认同与行动单位及存在什么类型的认同与行动单位、村治类型的不同，"以户族作为基本的红白事单位，且户族事实上参与了户族内及户族

① 秦晖：《来源封建社会的"关中模式"——土改前关中农村经济研析之一》，《中国经济史研究》1993 年第 1 期。

外各种事务的关中农村，其村治模式与宗族型、家户型和小亲族型等村治模式，都有相当的不同，可以称为户族型村治模式"。关中的户族只是一个较小规模的以办理红白事为主要职能的行动单位，这个规模的行动单位，只能有限地解决村民之间的互助问题，它可以调解处理户族内的大部分矛盾，但户族一般缺乏对外的功能。

因此，从已有的相关研究成果来看，关中农村是具有典型性、独特性、代表性的农村地区，对关中农村的研究具有非常重要的学术认识价值和指导中国乡村治理与发展的实践价值，关中乡村的典型性具有对与其相似农村地区的推论价值，关中乡村的独特性具有为宏观理论建立地域性个案积累的学术价值。但是无论是在海外学术界还是在国内学术界关注关中农村的学者还是非常少，对关中农村的系统深入研究还非常匮乏。

所幸的是21世纪以来，西北农林科技大学农村社会研究中心开始聚集了一批年轻的学者，他们致力于认识和改造中国农村社会，致力于关中农村社会研究，在西北农林科技大学农村社会观测站基金的支持下，他们坚持每年深入关中农村，与农民同吃同住，在深入细致的田野调查中研究关中农民，研究关中农村，他们中的一些研究，如赵晓峰博士在他的研究中提出了"庙会是关中农村区域社会秩序整合的中心"的观点。2014年，已故的著名社会学家郑杭生教授在中心参加中国农村社会发展论坛时，特别以关学创始人、关中著名学者张载的"为天地立心，为生民立命，为往圣继绝学，为万世开太平"的横渠四句勉励中心学者要秉持关学传统，深入开展关中农村研究，先生还特别为中心留言：

关中学派传统深，

横渠四句是经典，

西北农研待继开，

青年才俊勇担当。

今天我们看到的这本《关中乡村研究》第二辑，是我们期待已久的这些富有朝气和理想的年轻学者对关中研究的成果。我相信在不远的将来，这些富有朝气和理想的年轻学者们一定会秉持关学传统，以为天地立心、为生民立命的情怀，开创关中研究和中国农村研究的新天地！

付少平

2015年9月

# 目　录

# 中国农村社会学研究现状与前景展望
## ——"第七届农村社会学论坛"观点综述*

郭占锋　李　卓　李　琳　付少平**

党的十八届三中全会提出要全面深化改革，推进国家治理体系和治理能力现代化。2015 年 11 月，国务院又出台了《深化农村改革综合性实施方案》，进一步明确要加快推进农村社会改革，创新基层社会治理。这对当前中国农村问题的研究者提出了新的课题和要求，如何促进农村基层社会治理创新、推动农村社会改革进一步深入，是摆在中国农村研究者面前新的时代任务。

为促进中国农村问题研究者的讨论与交流，探讨当前中国农村研究的现状与未来研究趋势，2016 年 5 月 21—22 日，由西北农林科技大学人文社会发展学院和农村社会研究中心主办、《西北农林科技大学学报（社会科学版）》编辑部协办的"第七届农村社会学论坛——中国农村社会学研究现状与前景展望学术研讨会"在杨凌召开。① 会议聚焦了国内农村研究领域的相关专家和学者，共同探讨了当前中国农村研究现状与未来研究趋势，重点围绕现代乡村文化建设与公共空间重建、乡村的现代命运及其未来发展趋势、国家治理下的基层社会治理困境与逻辑、农村公共事务治

　　* 此文已在《西北农林科技大学学报》（社会科学版）2016 年第 4 期发表，此处略有改动。

　　** 郭占锋，西北农林科技大学人文社会发展学院副教授，农村社会研究中心副主任；李卓，西北农林科技大学人文社会发展学院社会学专业硕士研究生；李琳，西北农林科技大学人文社会发展学院社会学专业硕士研究生；付少平，西北农林科技大学人文社会发展学院院长、教授，农村社会研究中心主任。

　　① 郭占锋：《发挥社会科学智库作用，名家共议农村社会发展——全国农村社会学论坛在我校隆重举行》（http://news.nwsuaf.edu.cn/xnxw/6485.htm）。

理及社区发展转型、农村社会发展和社会治理等议题展开讨论交流。

# 一　关于现代乡村文化建设与公共空间重建

## （一）文化自觉与传统村落的保护

浙江师范大学农村研究中心的鲁可荣教授认为传统村落一般是指具有比较完整的村落形态，具有地方特色的乡村民俗和独特的农业生产方式，村民仍然生活、生产在村落当中。而相对于历史文化名村，传统村落也具有重要的保护价值，且传统村落的保护与发展需要秉承费老提出的文化自觉。[①] 同时，鲁可荣教授指出传统村落保护的多元化和综合性价值主要体现在四个方面：一是道法自然的农业生产价值；二是天人合一的生态价值；三是村落社区共同体的生活价值；四是村落文化传承和独特的教化价值。

紧接着，鲁可荣教授从四个方面论述了如何传承古村落的价值。首先，原生态农业生产价值在延续的过程中应该与现代农业发展和生态文明建设有机融合；其次，传统村落的生活价值应该结合现代乡村旅游业的发展趋势，在促进村落发展的同时，实现村落共同体价值与乡村旅游的有效对接；再次，传统乡村文化和教化价值的传承应该重视乡村教育，乡村教育是乡村文化传承的"根"；最后，要以农民为主体来激发他们的积极性和创造性，通过"新乡贤"带动农民的文化自觉。在目前"大文化自觉"的背景下，关于乡村复兴的道路，国家层面提出了建立美丽乡村，社会层面则借助媒体的力量和资本下乡的形式在推进，知识分子则通过"新乡村试验"的形式在探索；返乡大学生和乡村精英通过本土创业在努力。但在村落文化保护中也应该发挥村民的积极性，激发农民的文化自觉，形成内部发展动力，从而与政府共同努力促进村落生命力的焕发，推进村落的可持续发展。

南京大学社会学系张玉林教授认为传统村落的保护和发展，国家的顶层设计更需要有文化自觉，如果没有顶层设计的文化自觉，那么村庄层面的文化自觉就会显得更加困难，甚至无从谈起。

---

① 苏国勋：《社会学与文化自觉——学习费孝通"文化自觉"概念的一些体会》，《社会学研究》2006 年第 2 期，第 1—12 页。

（二）民间信仰的社会基础

西南政法大学政治与公共管理学院的罗兴佐教授基于实地调查和家乡的体验，认为民间信仰的社会基础是宗族基础，即宗族崇拜和地域崇拜的结合。民间信仰从类型上可以划分为祖先信仰、鬼魂信仰、仪式信仰和马仔信仰四种类型。在这四种类型的信仰中，祖先信仰是具象型的，可以通过族谱、祠堂和坟墓等具体的形式直接观察到；鬼魂信仰是抽象型的，主要是一些民间传说、鬼魂故事等虚无缥缈的东西高度抽象而构成的，无法直接观察到；仪式信仰主要通过举行一些盛大的祭祀仪式来表现，并且仪式的过程中每一个环节都必不可少；马仔信仰则是部分马仔以民间信仰的名义来骗钱，且可以进行代际传承，子承父业。

通过比较不同民间信仰的类型和特点之后，罗兴佐教授指出民间信仰在本质上是宗族崇拜和地域崇拜的混合，许多宗族祭祀和神仙祭祀是合二为一的；民间信仰具有地域整合的功能，家乡的村庙可以覆盖多个杂姓村，异姓之间的矛盾可以通过这一渠道得到化解；民间信仰的发育程度与宗族文化的承继程度有很大的正相关关系；民间信仰传承较好的地方，在一定程度上具有抵御外来宗教的能力。

（三）激活当代乡村发展的共享系统

当代中国的广大农村，农民处于一种尴尬的地位，农村因为长期资源输出和文化转型而成为国家发展中的短板。农村发展需要帮扶，从传统的农村衍生到现代农村的过程中，要想落实顶层设计，必须重新定位和设计，激发乡村发展的共享系统。

山东大学民俗学研究所张士闪教授认为激发农村发展共享系统的前提是必须认识到农村的问题不仅仅在农村，农村的贫困绝不仅仅是经济的。当前村落共享系统缺失主要表现在六个方面：一是农村劳动力外流，乡村劳动力缺失，农村的主体不是农民；二是外来资本进入，但是与传统的村落脱节，农民的利益受到损害；三是传统价值脱落，外来的价值观进入村落，农民的认同感缺失，传统村落共同体式微；四是乡村公共文化建设滞后，国家文化建设下行机制不畅，乡建流于形式；五是涉农资金缺失，国家与村落对接不畅，无良好的村民监督机制；六是村落自治精英匮乏，乡村建设运动虽然活跃，各种人群进入农村，但是村落精英落地和合理运行距离较大。近代以来，乡村共享传统缺失问题一直是学界关注和探讨的重要问题，从 20 世纪的乡村建设运动到现在的新农村建设、"新乡村建设试验"和"新乡贤"等，都在为激活乡村的共享系统和探索乡村的发展出路而不断努力。在当代应该以共享、共治和共存为基本的价值基础，以最低的成本来治理，发挥女性群体、返乡大学生和返乡农民工等人群的作用，实现多元治理主体共治，建立畅通的上下互动、上行下达、下行上达机制，培育村落建设与发展的新型主体，激发乡村共享的传统。

北京大学社会学系卢晖临教授认为，近代以来中国农村问题的深层根源是文化问题，文化自主性被破坏始于 100 多年前。但是，这个破坏不是说西方在精神价值上优于我们，而是在载体上，西方的生产力和生产方式优于我们。农村存在的问题主要是农业生产危机，进而威胁到农民生活。在 20 世纪 30 年代的乡村建设运动中，梁漱溟虽然把农村问题归结于文化问题，但是他发现其实源头依然是物的力。改革开放之后，乡村危机则是城市化不断发展引发的，这个仍然是物的原因，着力点不在文化中，应该把其作为目标，应把传统文化与生产发展相结合。而民间信仰，以各种各样的形式存在，在宗族性的村庄中，公共仪式保存得比较完整，仪式化生活十分明显。但是，乡村传统文化有一定的局限性，在乡村社会性重建的过程中，如何符合现代乡村治理和公共服务的需求，实现民间信仰的重塑，是当代乡村文化建设和公共空间重建必须思考的问题。

## 二　关于乡村的现代命运及其未来发展趋势

### （一）当代村社制度研究

中国人民大学农业与农村发展学院仝志辉教授认为，从具象上来讲，村庄共同体主要有三个面向，即生活共同体、集体经济和行政单位。新中国成立以来，村庄可以用"村社"一词来概括，是一种经济合作组织，其谋取村庄利益的一面在不断加强。村社制度实质上是一种地域生活共同体，是在村社内部实现一种平等的安排，但这种村社制度仍然值得肯定。集体制下的农民身份可以保留一二百年，是一种弹性的制度安排，从这一层意义上来讲，村社制度应该发扬、保留和不断转化。那么，如何研究村社制度呢？仝志辉教授提出，一是可以从个体的角度来研究，利用统分结合的双重精英体制，村民选择是村社公共意志的体现，村民作为个体，选择也是村社公共意志体现，不同的村庄表现的共同生活和共同意志是不一样的。村社可以保留农业的生态价值，这具有教育和教化等功能，仝志辉教授认为应该重构村社的机构，重现村社的底色；二是可以进行集体—合作制研究，即从集体制到合作制的变迁研究，村社制度和中国传统有着很深的联系，在土地制度上，村社具有重要价值，是一种地租均享制度，并且可以有效利用土地和村干部，延续和发展村社制度。① 集体制不能概括村社，可以用合作制度来概括村社，合作制度是农民经济合作和社会总体合作的一个中国制度安排。

华东理工大学中国城乡发展研究中心熊万胜教授认为，由于大背景不同，南方国家和北方国家村落的发展也会表现出不同，南方国家气候好，适合农耕，村落作为小农经济的聚落形态，从而衍生出文明。中国南北有差异，影响一个村庄的前景模式在于这个地区小农经济的稳定性，主要体现在半农半耕和农业经营的发达程度，在农业系统稳定的地区，土地流转率比较低。而从物质层面来看，村庄的聚落是物的概念，中国的村庄是村社的前提和基础，中国的村庄以一种集体的方式、自动化的方式来集合，集体制是村落衰而不亡的重要原因。

### （二）乡村的现代命运及发展趋势

中央财经大学社会学系的李远行教授以"村庄不死，只是凋零"为题，对乡村的现代命运和未来趋势做出了判断，认为这既是一种总体判断，又是一种价值上的关怀。"村社"一词是从俄国翻译而来，在中国的语境下来解释，则是一种传统的社会结构，从农村社会学的角度来讲，研究传统村落形态的时候用村社而不是村社制度来形容。对于乡村未来的发展趋势，他认为村庄功能可能会消失，但其精神价值将依然存在。城市化和工业化的不断冲击是乡村衰败的大背景，无法离开城市来谈论农村问题，在中国乡村衰败不仅仅是现代化的因素，还有体制性因素。

北京师范大学哲学与社会学院董磊明教授则以"村庄会消亡吗"发问，从城市化和生命周期的视角出发，认为中国农村人口太多，城市空间压力太大，小部分农村人口可以选择就近就业，大部分农村人口却无法实

---

① 仝志辉：《村民自治与农村社会稳定》，《国家行政学院学报》2002 年第 2 期，第 44—47 页。

现就地城镇化。同时，指出农民工进城打拼，最终却无法在大城市立足，伴随着年龄的增长、经济负担的不断加重，最终将无法在大城市生活。中国未来可能会面临"铁打的城市，流水的农民工；铁打的乡村，流水的老头"的窘境。从生命周期历程来看，中国的乡村老人将一直存在下去，当前农村代际关系紧密，只有部分人在城市定居，而这少部分人则是农民工几代人不断努力推动的，是代际接力的结果。但这一部分人，也没有扎根在城市，仍然保留有乡土性。引入生命周期历程视角和代际关系来看，这是一种弹性的城市化。大部分人的生命一个阶段在城市，一个阶段在农村。"弹性城市化"与日本、巴西的城市化不同，在这样一个结构下，返乡农民工如何体面地生活，是一个需要思考的重要问题。董磊明教授认为，一是土地制度，保留农民在农村的土地，不能断其后路；二是加强农村的基础设施建设，优化农村生活环境；三是加强农村的共享体系建设。总体而言，村庄不会消亡，只是带"病"发展，部分功能衰减。

## 三　关于国家治理下的基层社会治理困境与逻辑

### （一）国家治理视角下的基层社会治理困境

中国人民大学农业与农村发展学院刘金龙教授对政府重新侵入乡村的一些行为进行了观察，认为改革开放以来，国家权力在一定程度上退出了农村，用家庭联产承包责任制搞活了农村，让市场发挥了更大的作用，这是一个大的逻辑。但是，近10年来，国家权力又重新进入乡村且速度很快，如枫林的造林投资，当地的社区逐渐退出了当地的管理权，政府通过项目来侵蚀当地社区对自然资源的管理，商人和乡村恶霸相互勾结，使一些土地资源被割裂，以生态移民、精准扶贫和提高效率等种种借口，打破土地资源与村民之间的纽带，侵犯当地农村资源的管理。同时在外来资本的干扰下，乡村内部存在冲突，地方政府通过调解乡村冲突进入乡村；城郊型农村，土地资源巨大，地方政府、乡村精英和商业集团共谋，干预村庄内部事务，来分享利益，从偏僻的农村到近城的农村都面临这个问题。乡村若彻底解散，将会出现很多问题，政府将直接面对一个一个的农民。城市中，南方地区偏向股份化，北方偏向成员权。宗族的力量可能导致村庄的消失，而恶霸治村则是地方政府的支持、国家权力再侵入的一个结果。

厦门大学社会学系胡荣教授以"农民上访与政府信任流失"为主题，分别从理论背景、基层政权内卷化、农民上访与信任流失、问题与对策四个方面谈到了基层社会治理的困境。[①] 他认为杜赞奇提出的"政权内卷化"概念在分析当代基层社会治理困境时仍具有重要意义，并运用这一概念分析了国家政权的扩张及现代化过程，认为政治资源的流失导致了政府信任的流失。改革开放以来，我国不少农村地区的政治内卷化与杜赞奇所讲的十分相似，司法公正也是内卷化的表现，司法公正在政府信任中很重要，政府的政策需要人民的信任和支持，如果失去了人民的信任，政策就会受到来自弱者的"武器抵抗"。

### （二）村庄政治与善治

针对村庄政治和基层治理困境问题，华中科技大学社会学系贺雪峰教授以山东、广东和四川的调查为例，指出在实地调研的过程中发现，能够调动村庄资源的村庄发展较好，无法调动村庄资源则村庄发展相对较差。[②] 提出无论是利用集体土地整合支农资金，还是将国家投资村庄建设的资金划拨给村民自行支配，将集体利益与村民个人利益相结合，产生对村庄成员的动员，同时形成的意志也对每一个人产生约束，使资金高效利用，这是具有很强政治性的农村。同时，贺雪峰教授也指出这种情况只是一少部分，更多的是服务组织的建立，村干部的职业化，公共意志逐渐形成和公共意识不断加强，部分个人意识被裹挟进去，政治被动员，可以把社区高度组织起来，产生强大的动员力量，将农村社会变成农村社区，而社区内部不需要政治，也不需要对村民的动员，村干部的选举也不是基于自身的利益。由此，贺雪峰教授提出村庄没有政治，无公德的个人就会无节制地成长起来，最终变成国家福利投入多，却养出越来越多的"刁民"。

村庄的发展需要政治，但是也存在一些问题，政治会剥夺部分人的权利。同时，农村社会是一个开放的社会，大量农民进城务工，老弱病残留守农村，在这些人群中开展政治民主活动则面临一些限制，无法进行有效的政治和民主工作。农民工返乡是富人利用政策进一步获取利益的表现，

---

① 胡荣：《农民上访与政治信任流失》，《社会学研究》2007 年第 3 期，第 39—55 页。

② 贺雪峰：《论中国农村的区域差异——村庄社会结构的视角》，《开放时代》2012 年第 12 期，第 108—129 页。

农村政治消失，村庄社会正在进行社区式的管理，这一趋势的优劣暂时无法判断，有待进一步深入研究。

中国人民大学农业与农村发展学院仝志辉教授认为在"三农"政策上，国家力量的加强将使农村的居住方式与城市相同，国家可以统一推行相应的政策。未来的国家要走向何方？两个地区的不同方式，与国家领导人对其优势的利用有关，村社集体制度要有一个较好的农业发展环境，以农业为主可以获得体面的生活方式。城乡人口的流动，匹配着一个农业经济体制，农协体制可以保障村社制度。而村庄政治的动员则是基于成员的利益选择，可以通过实质化和仪式化两种方式实现，国家以新的方式侵入农村，规划着农村的意志，导致农村的治理制度不清晰，农村党员的先进性不到位，文化模范效应很难体现。

西南政法大学政治与公共管理学院罗兴佐教授认为没有村庄的政治就没有善治，激活村庄政治可以塑造村庄本身的公共性，没有村庄政治必然会产生刁民，缺乏公共性。个体需要合作，没有合作就没有治理，村庄要有公共性，才算一个完整的村落共同体，否则无法完成村庄的功能，国家在村庄中的权力很多时候是一种转换。在新的时代背景下，国家在村庄中的存在是一种必然，村民自治的功能十分有限，村民自治无法解决的问题，需要国家权力的介入。在这里需要澄清一个误解，就是不要总是认为国家权力进入村庄就必然是一种"恶"，在乡土社会中这种介入是十分必要的。

## 四 关于农村公共事务治理及社区发展转型

### （一）农村公共事务治理与精准扶贫

中国社会科学院社会学所王晓毅研究员在题为"农村公共事务治理与驻村帮扶"的发言中，以精准扶贫为引子，提出目前驻村帮扶中存在的一些现实问题，如正式场合和非正式场合对驻村帮扶的评价产生差异，精准扶贫过程中若没有驻村干部，则无法实现农户的准确识别，其效果就会无法保证。驻村帮扶可以提供基础设施，并进行监督，新的扶贫政策无法依靠基层干部做到，并且在村中发挥作用的不再是经选举产生的村委会，而是包村干部。经验调查显示，贫困地区有30%的村级组织处于瘫痪状态，村级组织的功能和作用得不到发挥。目前村委会承担过多的行政职能，变成了政府的派出机构，村干部的行政化越来越明显。村民内部的事务村委会无法真正解决，为民服务的村干部越来越少，越来越多的行政干部直接代替村委会。在这样的体制下，村民的内部事务被排除在体制之外，村庄的公共事务无人管理，村委会丧失了存在的意义。因此，村委会应该重新回到农村内部事务上去，重新建构村级组织，让村委会变成自治组织而不是行政附庸。

西北农林科技大学社会学系付少平教授在题为"空间阶层分化与精准扶贫的困境"的发言中，基于对陕南地区的调查，发现移民扶贫并不能完成设想的精准扶贫目标，并指出目前陕西的移民扶贫主要有四种模式：陕南的避灾移民搬迁模式、片区中心化模式、省政府推进的模式和简单的并村模式。最后认为农村空间格局改变不是一个自然演变的过程，是一个社会塑造的过程，空间格局即社会阶层在空间结构上的映射，不同阶层所占有的空间资源由于受到原有社会结构的影响自然也会不同。① 因此，在空间阶层条件没有发生改变的前提下，通过移民扶贫是无法实现精准扶贫的。

### （二）农村社区发展转型

浙江大学公共管理学院毛丹教授在以"后生产性乡村与农村社区转型"为题的发言中②，基于对杭州七县 20 个村的调研认为，可能由于农民工返乡、大企业扩张、工厂向村庄转移和产业转移等原因，导致逆城市化现象在杭州周边乡镇悄然出现。农业生产过剩，导致农村地区出现新的形态，主要表现为生产不再以必需品为主，而以消费品为主；区域的居住类型发生变化；休闲区域出现。乡村不再是围绕粮食生产而组织起来的区域，新的产业类型在不断发展，经济在不断变化，社区类型也需要为其做好适应性准备，由此提出了"新田园"社区这一概念，适合农村生活，也适宜城市人口居住。这些新的变化出现之后，在政策选择上，政府和农民都需要积极行动起来，为此做出努力。从政府层面来讲，应该突破四个瓶颈：一是新社区公共经济的重建问题，新社区的发展不能仅仅依靠家

① 付少平、赵晓峰：《精准扶贫视角下的移民生计空间再塑造研究》，《南京农业大学学报》（社会科学版）2015 年第 6 期，第 8—16 页。
② 毛丹、王萍：《英语学术界的乡村转型研究》，《社会学研究》2004 年第 1 期，第 194—216 页。

庭，更需要公共的空间和义务，家庭无法完成的公共性事务，需要社区来完成，通过公共文化建设来增强居民的社区归属感和认同感；二是乡村建设人才引进问题，"新田园"社区建设需要通过派出干部和村官来补充建设所需的人才，但村官扎根农村又不符合实际，国家应该实施"新乡村人才输入"计划，"送钱不如送人，派人不如奖励人"；三是缺乏切合实际的文化建设及技能提升活动，农民则需要教育和能力提升，应该在内容上进一步凝练提升，围绕农民自身做好基础性培训，少走形式主义，在搞好硬件的同时，加强软件建设；四是政府的整合系统需要进行调整，政府的壁垒太重，需要突破政府壁垒，成立工作组应对相应问题。

中央财经大学社会学系李远行教授认为中国不是福利国家，福利和扶贫不同，农民被控制在乡村，村民在村庄内部有公共需求和自治需求、农村人口的大量流失，导致村级组织处于瘫痪状态，村庄公共事务更是无人问津。华东理工大学中国城乡研究中心熊万胜教授认为无序的民间社会和官僚系统的对接存在问题，而逆城市化是在交通条件改善的情况下出现的，居住在农村，工作在城市，但这在中国不是一个普遍现象，大部分地区尚不存在这一现象，只在少数东部发达地区出现。

## 五　关于农村社会发展与社会治理

### （一）流动性与农民家庭生活

北京大学社会学系卢晖临教授以"流动性与农村家庭生活"为主题进行发言，通过2015年的驻村观察和2016年对三个村庄的摸底调查，发现子女对老人过度消费的这一问题。家庭是一种经济单位，从经济是否分开来判定家庭的规模。家庭形态的变迁，许多已经难以辨认，在调查中家庭形态以户主认定为主。可以从两个角度来认识离乡人口多所带来的流动性问题：一是从农民工角度来看，这些人已经离开乡土，生产和工作在城镇，但是再生产却无法在城市进行，他们的父母妻子不得不承担起相应的职责，农村的生产和再生产脱节；二是从农村角度来看，城乡发展不协调，农村生产性功能大部分转移带来的结果是，老年人虽仍在坚持农业生产，但是农业和土地对农户和农村的重要性已经下降，并且土地流转使土地和农户的联系变得薄弱。

传统家庭形态是一种比较弹性的形态：从核心家庭到扩大化家庭，具

体到农村地区仍然以核心家庭为主，大家庭是一种理想模式。以前家庭的
边界强，但随着流动性的不断增强，家庭再生产的职能缺失。家庭再生产
职能缺失既有积极影响，又有消极影响。从积极层面上来讲，在大规模流
动之前和分家之后，两个家庭的关系变得更加淡漠，但在流动性不断增强
的今天，两代之间的关系依旧亲密；从消极层面来讲，多种形态的家庭中
老人作为家庭的主心骨，表面上看是家庭职能的强化和复兴，但从长远来
看是过度消费中国传统家庭的价值，老年人面临巨大的生活压力。过去的
家庭价值是十分强调付出的平衡，父辈老去，理应由子女承担起照顾的责
任，但现在尽管家庭形态多变，父辈却仍在承担照顾孙代的生活重担，这
样的代际关系处于一种失衡的状态，这一问题必须予以关注和重视。

### （二）流沙社会及其治理

华东理工大学中国城乡发展研究中心熊万胜教授在题为"流沙社会
及其治理"的发言中，指出流沙社会的政治结构具有独特的特点：一是
上下脱节，上层具有严密的组织科层体系，但底层社会却是一个组织形态
不完整的群众社会，而不是公民社会；二是组织发育不健全；三是地下社
会和民间社会，借助中间力量来治理，国家治理是一种直接治理和间接治
理的结合。[①] 这种独特的治理结构也决定了其独特的治理特点：一是坚持
两个利益，即物质利益和民主权利，基层干部处于一种被压制的状态，名
誉差、压力大。在治理过程中应该满足他们的需求，强化承包经营权，不
放弃集体权。二是过密性治理，即组织、技术和资金过密，三者之间没有
相互替代，这种过密是一种行政集权，导致了整体治理的无序。三是社会
秩序基本稳定，但合法性较低，农民的认同度低。

熊教授在对流沙社会的政治结构和治理特点进行分析之后，提出了治
理流沙社会的三种方式：一是维持现状，投入了很多的资金，但系统仍处
于一种无序的状态；二是组织起来，治理经验表明这也是一种无效的方
式，已基本被放弃；三是从党和人民的关系入手，将党的组织和传统组织
结合起来、传统组织和熟人社会结合起来，从这个视角出发，也许能找到
治理流沙社会的可能路径。

---

① 　熊万胜：《"国家与社会"框架在乡村政治研究中的适用性——综述和评价》，《华东理
工大学学报》（社会科学版）2003 年第 3 期，第 55—59 页。

### （三）乡村研究的方法与视野

南京大学社会学系张玉林教授在题为"乡村研究的视野与方法问题"的发言中，提出中国的乡村研究需要对近 30 年来的乡村研究做一个梳理，并对每一个研究领域进行系统回顾，从而把握乡村研究的视野，将新老问题区分开，同时可以用新的思路去思考新的问题。张教授还指出在研究乡村问题时，需要"跳出农村看农村，跳出三农看三农"，中国的农村问题有其特色，当前的农村受到资本主义的冲击，传统文化受到新文化的冲击，中国存在的问题在国外可能存在，也可能不存在，即使存在在规模和程度上也有差异。因此，在研究中国乡村问题时需要立足于中国实际的基础上，兼顾国际化视角，通过国际比较来寻找解决中国农村问题的方法。

延安大学公共管理学院胡俊生教授提出应该建立一个反映农民利益的组织，可以与政府博弈从而扩大农民的权益。同时，胡教授还提出了农村教育城镇化的问题，由于人们对于城镇教育资源的主动追求，农村学校的撤并是迫不得已，部分是简单粗暴的合并。同时，对此提出了改进的对策和建议，一方面要增加城镇的教育资源，满足由农村进入城镇求学这一批农村学子受教育的需求；另一方面，办好农村学校，减少城乡差距，要切实提升滞留在农村这一部分人群的教育资源质量。

本次研讨会重点对当前中国农村的现实问题和未来的研究方向进行了学术讨论，与会学者认为在当前社会转型时期，中国面临很多现实的问题需要解决，而"三农"问题只是其中一个重要的问题，但这一问题却是一个相当复杂的、综合的问题，它的解决需要各方面的有效配合和通力合作。在城镇化和工业化浪潮的冲击下，城乡人口加速流动，引发了传统家庭形态的变化，导致部分乡村走向衰败，传统村落也开始走向式微。同时，指出当前基层社会治理中仍然存在"政权内卷化"问题，国家权力重新侵入乡村，但并未达到乡村治理的目标，反而导致了政府信任的流失。村干部的行政化严重，村级组织的功能和作用得不到发挥，农村公共事务治理存在困境，而发达地区的部分城郊农村已经悄然出现"逆城市化"现象，与中西部地区的农村形成了鲜明的对比，农村发展的东西部差距和不平衡进一步凸显，农村社区发展亟须转型。与会专家认为面对这些现实问题和困境，需要在乡村建设时秉承费老提出的文化自觉，对传统村落进行保护，重新挖掘传统村落的价值，构建村落的共享系统，激活农村发展。并且要加强基层组织建设，发挥基层组织在农村公共事务治理中的积极作用，促进基层社会治理创新。

本次学术研讨会的主题鲜明，内容广泛，各个议题均是当前农村社会研究领域需要关注的重点问题和热点问题，与会专家针对这些主题进行了深入的讨论与交流，并提出了各自的观点和看法，对明确当前农村社会问题研究的现状和未来研究方向具有指导意义，如提出的乡村现代命运及其趋势、农村公共事务治理和基层社会治理等议题。同时，有学者提出学界需要对近 30 年来中国农村研究进行梳理和系统回顾，以此来把握乡村研究的视野，并立足中国经验，兼顾国际比较的视野，树立中国农村问题研究的特色。这些议题都具有重要的现实意义和理论价值，值得农村问题研究者进一步深入研究和讨论。

# 基于主观幸福感的农村
# 老年人精神卫生研究

杨学军　鄢　闻[*]

## 一　导言

随着人口老龄化时代的到来，老年人的生理、心理健康问题受到广泛的关注，在养老保险的普遍实施下，基本物质生活已不是老年人和社会担心的问题，而频发的"空巢老人"、老年抑郁等现象引起社会各界对老年人精神卫生的关注。精神卫生即精神健康、心理健康，随着社会人口结构的变化，我国老年人口比重不断增加，老年人精神卫生成为社会的重要关注点之一。

以往对老年人精神卫生状况的研究已有较多成果，如岳春艳结合国内专家研究的老年人心理健康问卷，从社会支持的角度探索了两者之间的相关性；陈晓惠、方明则借助幸福度量表、孝顺期待问卷等进一步研究了孝顺期待与精神卫生之间的关系；另外在方法使用上汪全海、姚应水等通过多元 Logistic 逐步回归分析，讨论可能影响老年群体精神状况的多种因素，这些已有研究对于本文的研究提供了宝贵的意见和重要的参考价值，但在视角和理论方面显得略少新意。国内研究人员大多从已知的、广泛认同的社会支持、生活环境等综合因素出发，单方面分析其与老年人精神状态的相关性，忽视了老年群体的自主性以及自我精神感知在双向互动中的作用，难以发现其真正的精神需求。因此，本文以幸福度为研究视角，通过老年人自评幸福程度，研究人员与其访谈发现其内在精神感受，由内及外

---
　　* 杨学军，西北农林科技大学人文社会发展学院副教授，农村社会研究中心研究人员；鄢闻，西北农林科技大学人文社会发展学院公共事业管理专业2015届本科生。

地探索提高老年人精神卫生程度的方式方法。另外，运用需求理论，结合数据分析，发现老年人精神需求的特征和内容，为提高其精神卫生状态提供有效的建议。

## 二　研究对象和方法

### （一）研究对象

本文使用的相关数据是笔者于 2014 年 12 月及 2015 年 3 月间多次在咸阳市淳化县贤仓村调查所得。贤仓村下辖三个自然村，本次调查主要以其中一个自然村，张寨村为展开点，调查老年人口精神卫生状况的基本情况。

淳化县位于咸阳市北部，距咸阳市 75 公里，常住人口 19.5 万人。2013 年，全县生产总值完成 50.25 亿元，以第一产业为主。近年来该县利用其地理优势发展旅游业，乡村旅游等第三产业得到较快发展并带动了相关村庄的经济发展，其中车坞镇贤仓村最为典型。贤仓村西距镇政府 2公里，东距县城 3 公里，全村辖 9 个村民小组，共 431 户 1676 人，总耕地面积 5000 多亩，村人均收入为 6700 元。由于距离县城近，自然景观良好，交通方便，除了传统农业生产活动，村里一部分家庭创办特色农家乐，一部分年轻人选择外出打工来补贴家用，贤仓村逐渐成为传统农业与乡村旅游业发展相融合的地带，村里居住的老人受经济、居住模式、身体健康等因素的影响，精神卫生状况既具有同质性也具有差异性。

本次调查共发放问卷 100 份，收回且有效问卷 93 份，调查问卷有效率为 93%。本次调查对象中，年龄主要在 60—87 岁之间，平均年龄为68.89±7.28 岁。其中男性 46 人，占 49.5%，平均年龄为 69.32±7.91 岁；女性 47 人，占 50.5%，平均年龄为 68.46±6.66 岁。文化程度方面，37.6%的受调查者没有接受过文化教育，小学文化程度者占 24.7%，有36.6%的老年人上过初中或高中，上过专科学院的人占到 1.1%。

### （二）研究方法

本文在研究过程中主要采用了文献研究法、问卷调查法、访谈法，利用广泛认同的纽芬兰纪念大学老年人幸福度量表（MUNSH）以及自制量表（包含人口学特征、躯体状况、经济状况、参加活动情况以及心理期待等因素）展开入户调查记录相关数据，同时结合访谈了解当地的民俗传统、观察个人生活的基本状况、掌握当地老年人的主观幸福感程度以及精神卫生的整体状况。

### （三）测量工具

主观幸福感（Subjective Well-Being，SWB）主要是指人们对其生活质量所做的情感性和认知性的整体评价，本文在研究老年人精神卫生状况时引入这一概念，用测量所得的幸福度来反映其精神卫生水平。在具体操作时利用认可度较高，广泛应用的纽芬兰纪念大学幸福度量表（MUNSH）作为测量工具，该量表由 24 个条目组成，其中 5 个条目反映正性情感（PA），5 个条目反映负性情感（NA），一般正性体验（PE）和一般负性体验（NE）各占 7 个。回答"是"计 2 分，回答"否"计 0 分。SWB＝PA－NA＋PE－NE。计算结果加上常数项 24，计分范围 0—48 分。分数越高，表示越幸福，即精神卫生水平越高。判定标准：SWB 总分≥36 分为高精神卫生水平，总分<12 分为低精神卫生水平，介于二者之间为中等水平（汪向东、王希林、马弘，1999）。经前人反复实验研究，该量表具有较好的信度和效度。

## 三　农村老年人精神卫生状况调查

### （一）受调查者身体情况以及家庭生活状况

1. 老年病在受调查者中具有普遍性

调查发现，老年疾病是困扰农村老年人日常生活的主要障碍，在影响老年人生产劳作、休息活动的同时，也给老年人心情、精神带来压力和烦恼。同时，睡眠质量的好坏也影响着老年人的精神状态，入睡困难、易惊早醒、多梦等会给老年人造成严重的精神损伤。经调查，在 93 名老年人中，有 71 人患有老年疾病，其中男性 32 人，女性 39 人，表 1 显示，高血压、腿脚疼痛居老年疾病之首，心脏病以 16.1% 的比重紧随其后，脑梗、半身不遂等严重老年病所占比例较低。另外，从表 1 中可以看出，由多年劳作等原因造成的腰椎间盘突出在农村老年群体中较为常见，达到了 7.5%。而从性别方面看，肠胃病和贫血在农村女性老年人中较为多发。

表 1                 老年人身体状况以及所患疾病类型

| 类别 | 百分比（n=93） | 男性 | 百分比（n=46） | 女性 | 百分比（n=47） |
|---|---|---|---|---|---|
| 高血压 | 23.7 | 12 | 26.09 | 10 | 21.28 |
| 心脏病 | 16.1 | 7 | 15.22 | 8 | 17.02 |
| 肠胃病 | 9.7 | 1 | 2.17 | 8 | 17.02 |
| 脑梗 | 3.2 | 2 | 4.35 | 1 | 2.13 |
| 贫血 | 3.2 | 1 | 2.17 | 2 | 4.26 |
| 腰椎间盘突出 | 7.5 | 4 | 8.70 | 3 | 6.38 |
| 腿脚疼痛 | 23.7 | 9 | 19.57 | 13 | 27.66 |
| 半身不遂 | 3.2 | 1 | 2.17 | 2 | 4.26 |

就睡眠质量而言，表 2 显示在受调查的 93 名老年人中，有 15 名对自己目前的睡眠质量不满意，48 人认为睡眠质量平平。在睡眠质量不好的同时有 5 人认为白天的精神状况也会不好；30 个认为自己睡眠质量很好的受访者中，有 20 人感觉自己白天精神状况很好。

表 2                 睡眠质量与精神状况交叉表（n=93）

| | | 精神状况情况 | | | 合计 |
|---|---|---|---|---|---|
| | | 感觉很好 | 感觉一般 | 感觉不好 | |
| 晚上睡眠质量情况 | 睡眠质量很高 | 20 | 10 | 0 | 30 |
| | 睡眠质量平平 | 25 | 11 | 12 | 48 |
| | 睡眠质量不好 | 2 | 8 | 5 | 15 |
| 合计 | | 47 | 29 | 17 | 93 |

## 2. 老人是否与子女居住状况

本次受调查的老年人生活模式较多，孤寡老人、大家庭、老两口生活的模式较为常见，总体来说有较多的家庭子女在外打工，只剩老两口生活，再加上子女工作忙，受交通、经济等方面因素的影响，家中常年只有老人生活，空巢现象较重。表 3 显示受调查的老人中有 47.3% 是和老伴居住，有 14.0% 属于独居类型。

表3　　　　　　　　老人生活模式与子女回家探亲次数交叉表（n=93）

| | | 生活模式 | | | 合计 |
|---|---|---|---|---|---|
| | | 与子女居住 | 老两口居住 | 独居 | |
| 子女回家探亲次数（次/年） | 未选 | 36 | 0 | 0 | 36 |
| | 0—2 次 | 0 | 32 | 11 | 43 |
| | 3—5 次 | 0 | 5 | 0 | 5 |
| | 5 次以上 | 0 | 7 | 2 | 9 |
| 合计 | | 36 | 44 | 13 | 93 |

从亲情支持方面看，表3显示在两个老人的生活模式中，子女回家探亲次数较少。通过与老人访谈，了解到除了遇到重大的事或老人生病，子女一般只会在过年回来一次。独居老人同样缺少亲情关怀，这一现象在调查点较为突出。

3. 对家庭收入的主观感受

在调查过程中发现，家庭整体经济收入不乐观、看病吃药花费大对受调查者的心情、情绪有重要的影响。在93名调查对象中仅有14.0%的受访者认为家庭经济条件能达到温饱有余的状态，认为经济状况一般的占到42.0%，属于困难情况的有20.4%，家庭经济水平整体不高，加上疾病的影响，老年人看病吃药花销大，收入低成为其日常生活的一大烦恼。在调查者问到"结合村里的情况，您觉得什么会对老年人精神状况影响较大"时，家庭生活条件以25.8%的比例成为受访者认为的第一大因素。而被问到"您现还有什么困惑或困难时"，有32.8%的受访者表示希望家庭收入多点，老年补贴能更宽裕些。

**（二）受调查者的休闲活动状况**

1. 活动范围：活动圈小，人际网络受限

农村老年人的日常活动范围较为有限，有一部分偶尔在城市与子女居住的老年人会在县城广场健身、娱乐、散步，通过参加广场舞队等建立新的人际关系，而其他常在农村居住的老年人的活动范围就是所居住的村子，很少与村子外面的人进行联系或交流。另外，农村老年人的文化素养会一定程度上影响其人际交往的网络，实地访谈中发现上过初中、高中以及师范学院的老年人通过在外上学的经历，会有更宽的人际交往圈，主要表现在年老的时候仍会通过打电话和年轻时所交的朋友保持联系，过年时会有老朋友来看望等，而没有文化的老年人由于不识字等原因没有在外生活的经历，一直在家务农，除了与村子里面的人经常联系外，没有更多的活动范围，人际网络较为狭窄。

2. 活动内容：做农活与休闲娱乐并重

调查中发现，当被问到"您平常作息外都干些什么事情呢"时，受访者大部分都回答做农活以及休闲，并且对于一部分身体状况很好的老年人来说，做农活首先是最重要的事情。

从表 4 可以看出，休闲和做农活分别以 81.7% 和 62.4% 的比例成为农村老年人作息外的首选活动类型，并且男性和女性在作息外活动类型的选择上没有太大差异。而在具体的休闲活动中，性别对活动类型的选择产生了影响，表 5 显示，看电视是男性和女性老年人共同的首选活动，但棋牌类活动、宗教类活动，男性和女性的参与度表现出明显不同。路边转转、串门聊天这两项活动均在男性、女性的活动中占较大比重，成为农村老年人闲暇时的一项重要活动。

表 4　　　　　　　　　　　　作息外活动类型

| 活动类型 | 百分比（n=93） | 男性 | 百分比（n=46） | 女性 | 百分比（n=47） |
|---|---|---|---|---|---|
| 休闲 | 81.7 | 39 | 84.78 | 37 | 78.72 |
| 做农活 | 62.4 | 29 | 63.04 | 29 | 61.70 |
| 带孩子 | 26.9 | 12 | 26.09 | 13 | 27.66 |
| 养病 | 19.4 | 8 | 17.39 | 10 | 21.28 |

表 5　　　　　　　　　　　　休闲活动类型

| 活动类型 | 百分比（n=93） | 男性 | 百分比（n=46） | 女性 | 百分比（n=47） |
|---|---|---|---|---|---|
| 看电视 | 67.7 | 35 | 76.09 | 28 | 59.57 |
| 棋牌类活动 | 11.8 | 10 | 21.74 | 1 | 2.13 |
| 路边转转 | 43.0 | 19 | 41.30 | 21 | 44.68 |
| 串门聊天 | 47.3 | 22 | 47.83 | 22 | 46.81 |
| 听收音机 | 9.7 | 4 | 8.70 | 5 | 10.64 |
| 宗教活动 | 5.4 | 1 | 2.17 | 4 | 8.51 |

### （三）受调查者的生活幸福度状况

利用幸福度量表对所调研地的老年人的主观幸福感进行测量，从正性情感、负性情感、正性体验、负性体验以及总体幸福感五个方面进行度量。表6、表7显示，所调查的93名老年人总的平均幸福感为28.21±10.01，总体SWB不高，介于12—36分这一中等水平的共有55人，男性幸福感为30.06±9.78，高于女性的26.40±10.00，同时高精神卫生水平中男性人数大于女性人数。受调查者的正性体验（PE）分数普遍高于正性情感（PA），表明其日常生活对事物的感知情绪要较好于对自身情感的感知。

表6　　　　　　　　　　幸福感状况（$\bar{x}$±s）

| | 幸福感 | 男性 | 女性 |
| --- | --- | --- | --- |
| 正性情感（PA） | 3.83±2.37 | 3.78±2.26 | 3.89±2.50 |
| 负性情感（NA） | 2.96±2.92 | 2.48±2.88 | 3.44±2.90 |
| 正性体验（PE） | 7.30±3.02 | 7.91±3.15 | 6.70±2.80 |
| 负性体验（NE） | 3.65±3.66 | 3.02±3.55 | 4.27±3.69 |
| 总幸福感 | 28.21±10.01 | 30.06±9.78 | 26.40±10.00 |

表7　　　　　　　SWB 得分水平与性别人数交叉表

| | 男性 | 女性 | 总数 |
| --- | --- | --- | --- |
| SWB 总分≥36 分 | 21 | 12 | 33 |
| SWB 得分介于12—36 分之间 | 23 | 32 | 55 |
| SWB 总分<12 分 | 2 | 3 | 5 |
| 总数 | 46 | 47 | 93 |

## 四　影响老年人精神卫生状况的因素分析

### （一）不同因素对精神卫生的影响比较

表8、表9显示，健康程度、经济状况、居住模式、日常活动类型对不同的受调查者的主观幸福感有着显著影响。首先，经济状况对受调查者

的幸福感影响效果最大，家庭经济条件较好的老年人 SWB 得分高，精神
卫生水平较高。其次，身体状况较好的老年人也具有较好的精神卫生状
况。另外，居住模式对老年人的精神卫生水平也有明显影响，与子女居住
对老年人的精神卫生状况有很大的改善作用。而在日常作息活动类型中，
休闲娱乐却不如带孩子获得的幸福度高，选择闲暇时间做农活的被调查者
同样具有较高的精神卫生水平。

表 8　　　　　　不同因素对受调查者的 SWB 影响情况（$\bar{x} \pm s$）

| 身体状况 | 较好 | 一般 | 较差 |
|---|---|---|---|
| SWB | 32.33±9.26 | 26.00±9.88 | 25.62±9.48 |
| 经济状况 | 温饱有余 | 一般 | 较困难 |
| SWB | 35.66±6.54 | 28.54±8.60 | 24.21±9.96 |
| 生活模式 | 与子女住 | 老两口 | 独居 |
| SWB | 29.86±9.21 | 27.95±10.53 | 24.53±10.03 |

表 9　　　　　　作息外活动类型 SWB 得分情况（$\bar{x} \pm s$）

| 作息外活动 | 休闲 | 做农活 | 带孩子 | 养病 |
|---|---|---|---|---|
| SWB | 29.72±9.68 | 29.39±10.31 | 30.08±9.92 | 22.11±8.05 |

总之，家庭经济条件的改善相对于其他因素对提升老年人精神卫生水
平有较大的作用，带孩子、陪伴孙子孙女相比于其他活动能让农村老年人
获得较大的幸福体验。另外，在具体休闲活动的选择中，如表 10 所示，
经常进行棋牌类活动的老年人在自主幸福感的评价上得分很高，好于选择
看电视、路边转转、串门聊天的受调查者的精神卫生状况，而选择听收音
机为休闲活动的老年人精神卫生水平较低。

表 10　　　　　不同休闲活动类型选择对 SWB 的影响（$\bar{x} \pm s$）

| 活动类型 | 看电视 | 棋牌类 | 路边转转 | 串门聊天 | 听收音机 | 宗教活动 |
|---|---|---|---|---|---|---|
| SWB | 30.53±8.95 | 33.54±5.78 | 29.87±9.54 | 30.88±9.95 | 27.44±8.12 | 31.0±12.62 |

### （二）不同影响因素与 SWB 的实证分析

1. 不同因素与 SWB 的相关分析

将不同的影响因素分别与主观幸福感的各个维度进行相关分析，发现与主观幸福感相关程度高的因素。

表 11 显示，各项因素与正性情感、正性体验以及 SWB 总分属于正相关关系，与负性情感、负性体验负相关。其中，精神卫生水平与老年人自身寂寞感相关性最大，寂寞程度越小，SWB 得分越高，精神卫生状况越好，从这一数据可以发现老年群体普遍产生的寂寞感对其精神卫生状况影响较大。同时，家庭关系与精神卫生状况也存在显著性相关关系，家庭关系越和谐顺心，老年人的正性情感越好。另外，日常精神状况、有无疾病以及经济条件与精神卫生水平也有显著的相关性，分别保持在 0.354、0.328、0.345 的相关程度。

表 11　　　　不同因素与 SWB 的相关性分析（相关系数 r 值）

| | PA | NA | PE | NE | SWB |
|---|---|---|---|---|---|
| 身体状况 | 0.193 | -2.224* | 0.364** | -0.266* | 0.290** |
| 有无疾病 | 0.250* | -0.208* | 0.315** | -0.261* | 0.328** |
| 睡眠质量 | 0.251* | -0.364** | 0.208 | -0.283** | 0.288** |
| 精神状况 | 0.284** | -0.305** | 0.303** | -0.339** | 0.354** |
| 经济条件 | 0.303** | -0.252* | 0.260* | -0.351** | 0.345** |
| 生活模式 | 0.198 | -0.170 | 0.105 | -0.186 | 0.169 |
| 家庭关系 | 0.386** | -0.382** | 0.284** | -0.489** | 0.449** |
| 自身寂寞感 | 0.329** | -0.429** | 0.332** | -0.634** | 0.505** |

注：**表示在 0.01 的水平上显著相关，*表示在 0.05 的水平上显著相关。

对于老年人日常作息外活动类型与其精神卫生关系探讨方面，通过分析发现在休闲、做农活、带孩子、养病四类活动中，休闲活动的参加程度与 SWB 总分具有明显的正相关关系（r=0.320，p<0.01），作息外选择进行休闲活动的老年人所获得的 SWB 得分较高。同样，在具体的活动类型中，看电视、串门聊天的喜好与老年人 SWB 总分有正相关关系，前者相关程度为 r=0.338，p<0.01；后者相关程度为 r=0.254，p<0.05，表明选

择看电视、串门聊天比起其他休闲类型会提高老年人的精神卫生状况。

2. 不同因素与 SWB 的线性回归分析

以老年人自评主观幸福感为因变量，其他影响因素为自变量，进行线性回归分析，以此来剔除不具有显著性关系的影响因素，结果显示只有是否患有疾病、经济状况、家庭关系、寂寞感这四项与 SWB 的线性相关性较为显著，p 值小于 0.01 的家庭关系和寂寞感与 SWB 的线性相关更具有显著性，因此，良好的家庭关系氛围、较低的寂寞感有助于提高老年人的精神卫生水平（见表 12）。

表 12　　　　　　　　　　影响 SWB 的多因素线性回归分析

| 影响因素 | B（回归系数） | S.E（标准误差） | 标准系数 | t 值 | p 值 |
| --- | --- | --- | --- | --- | --- |
| 是否患有疾病 | 4.485 | 1.928 | 0.194 | 2.326 | 0.022 |
| 经济状况 | 1.988 | 0.852 | 0.197 | 2.334 | 0.022 |
| 家庭关系 | 4.884 | 1.781 | 0.244 | 2.743 | 0.007 |
| 寂寞感 | 3.410 | 0.846 | 0.353 | 4.032 | 0.000 |

# 五　结果与讨论

## （一）农村老年人精神卫生状况一般

以主观幸福感为衡量视角，受调查者的 SWB 得分普遍不高，农村老年男性主观幸福感稍高于女性。从各个衡量指标来看，PE（正性体验）得分普遍高于 PA（正性情感），说明受调查者在对外界事物的感知和接触上具有较好的心态和情绪，而对自身情感的感知和生活态度上略显消极、失落。

## （二）农村老年人精神卫生状况受多因素影响

1. 社交活动、亲情支持对精神卫生影响大

在实地调查中发现，31.2% 的受访者会感到孤独寂寞，表 13、表 14 中也反映出较低的 SWB，经常感到寂寞的受调查者主观幸福感最低，表 11、表 12 的统计也显示出自身寂寞感相比于其他因素与精神卫生有较大的相关性（r=0.505，p<0.01）。

表13                        农村老年人寂寞感程度

| 程度 | 经常会有 | 偶尔会有 | 很少有 | 从来没有 |
|---|---|---|---|---|
| 寂寞感 | 8.6% | 22.6% | 18.3% | 50.5% |

表14                        寂寞感与SWB交叉表

| 程度 | 经常会有 | 偶尔会有 | 很少有 | 从来没有 |
|---|---|---|---|---|
| SWB | 17.37 | 23.52 | 26.70 | 32.70 |

老年人感到孤独寂寞的原因来源于方方面面。首先，休闲场所、娱乐活动的缺失会或多或少地使村子里面的老年人感到生活的单调和无聊，在调研点仅有的文化广场只安放了一些健身器材，而公共活动也只会在庆祝节日的时候进行，平常鲜有老人到广场上进行休闲活动，广场的利用率不高。在被问到"您觉得什么能提升老年人精神状态"这一问题时，7.6%的老年人表示村里多进行一些轻松的老年活动会使得生活更有趣些，老年人更渴望进行一些活动来丰富日常生活。

其次，亲情支持的缺失也会使得老年人的感情无处寄托，产生情感上的寂寞、孤独。这在独居型老人的生活上表现得更为明显，在访谈过程中了解到，独居老人除了每天勉强做饭、休息等活动，大多数时间都待在自家门口，尽量使自己与来往的邻居交谈以此打发无聊的时间。而在老人生活模式与子女回家探亲次数的情况方面，表3显示独居以及只有老两口生活的家庭中，子女每年回家探望老人的次数都非常少，儿女的亲情关怀和支持的缺失对老人精神卫生状况会产生重要的影响。

2. 家庭关系具有重要性

家庭关系情况与老人的主观幸福感有显著的相关关系（$r=0.449$，$p<0.01$），也具有一定的线性关系（$t=2.743$，$p<0.01$），对老年人的精神卫生影响较大。

数据分析显示，在本次93名受调查者中，认为家庭关系一般，经常有烦心事的占有45.2%，受调查者认为自身的家庭生活质量一般。家庭关系分为夫妻关系、亲子关系以及其他家庭成员之间的关系，在本次访谈过程中发现，家庭关系的烦恼主要表现在亲子关系方面，即对子女的孝顺期待，有28%的受访老人认为子女履行赡养义务的情况一般，4.3%的老人对子女表示不满,这些认为子女孝顺程度较低的老人整体幸福感不高,如表15显示,对子女孝顺程度很不满的老人SWB得分只有12.25,而在相关性分析方面,两者同样具有显著的相关性(r＝0.313,p<0.01),当子女的孝顺程度与老人对子女的孝顺期待不符时,老人的精神卫生状况就会受到明显的负面影响。

表15                  对子女孝顺程度的满意度与SWB交叉表

| 满意度 | 满意 | 一般 | 不满 |
| --- | --- | --- | --- |
| SWB | 29.79 | 26.84 | 12.25 |

3. 家庭经济状况的影响

家庭经济条件对老年人精神卫生水平的影响作用较为显著,表8显示家庭经济状况好的受访者SWB得分明显较高(SWB＝35.66±6.54),经济条件与其也具有显著的相关性(r＝0.345,p<0.01)。在实地访谈中,认为家庭经济状况一般的受访者占到42%,在回答"您觉得什么措施能提升老年人精神状态"这一问题时,25.8%的老年人表示家庭生活条件好,经济水平高更能让自己感到轻松。同样在回答"您对生活还有哪些困惑或者希望改善的地方"时,有32.8%的受访者表示希望收入水平能更高点,保障日常看病吃药开销的同时能有余钱进行其他活动。

经济状况是影响老年人精神状态的重要因素。家庭方面,子女结婚、子女生活状况不好都会给老人生活带来经济负担;个人方面,看病吃药等开销成为老年人的日常经济烦恼。总之,家庭经济来源单一、花费项目多、花费金额大,加之外界不可控因素的影响,农村家庭整体经济水平不高,收入高低、生活条件成为一部分老年人主要的日常烦恼,并会长时期对其精神卫生水平造成影响。

# 六　改善农村老年人精神卫生状况的建议

## (一)重视老年人生活需求

马斯洛的需求层次理论指出人的需求按照等级从高到低分为五个层次,即生理需求、安全需求、社交需求、尊重需求和自我实现需求,低层次的需求满足后会产生更高一级的需求。对本文调查的农村老年人来说，吃饱穿暖、人身安全已不成日常烦恼，但对自身、家庭经济安全仍有担忧，一部分家庭收入条件不好的老年人会产生精神上的负担和压力，不会产生更高层次的生活需求，为家庭经济发展忧虑。另外，对家庭条件稍好的农村老年人而言，经济上的安全使他们对生活产生更高层次的精神需求，想在闲暇时间进行一些休闲活动，通过简单的串门聊天、与人交流沟通、休闲娱乐来满足自身的社交需求，改善自身的精神卫生状况。

### （二）保障老年人经济安全

我国农村老年人的经济收入来源主要有两部分：一是老年人自己劳动所得，二是子女供给。另外参加新农保的老年人可以领取一部分养老金。由于受农业生产情况、家庭关系、有无保险等因素的影响，一部分农村老年人的收入处于较低水平，只能保障日常的吃饭、穿衣等基本生活，看病吃药往往成为农村老年人的主要烦恼。子女供养方面，36%受调查的农村老年人经常和子女居住，日常会得到子女的照顾，而在74%的老两口和独居生活形式中，子女不孝顺、对父母供养程度低、自身经济能力差等现象经常发生，老年人生活得不到基本的照顾，经济缺乏安全感，会严重影响到精神卫生状况，产生焦虑、烦恼等不良情绪。因此，加大新型农村社会养老保险的普及程度，结合家庭养老、土地保障、社会救助等配套措施，切实保障其生产、医疗活动，使每一位老年人都能享受国家补贴。另外，要重视家庭养老的方式方法，大力弘扬尊老、敬老，落实孝道等传统美德。有研究人员提出家庭养老资助计划，通过各种资金资助或实物保障来促进家庭养老的发展和完善[①]，提高家庭养老的水平和质量，促进家庭养老方式长期稳定地发展，满足老年人的经济安全需求。

### （三）发展多样的农村文化活动

孤独、寂寞感对老年人精神状态有普遍的影响，一方面，农村集体文化活动少、休闲场所有限，对干不了农活又没有子孙陪伴的老年人来说，打发闲暇时间只能转转走走或者看看电视，村子缺乏生气与活力，老年人

---

① 林添福：《农村家庭养老保障任重道远——以福建省长泰县岩溪镇的实证调查为例》，《小城镇建设》2005 年第 9 期。

也就容易感到单调和无聊，因此，发挥村委会在村文化建设上的作用尤为重要，通过定期进行广场舞、放电影、唱戏曲等活动来增强老年人在公共空间的互动性，建设老年活动中心来拓宽老人的娱乐范围，提高老年人的精神状态。另一方面，贺雪峰等学者提出，应建立守望相助的老年人协会，让老年人自我组织、自我教育、自我管理、自我服务[1]，使得老年人感受到一种自我参与、自我体验的愉悦，真正做到"老有所乐"和"老有所为"。多样的农村文化活动不仅会丰富老年人的精神生活，使老年人产生参与感，而且能在很大程度上缓解日常琐事带来的烦恼情绪，提升老年人的精神卫生水平。

### （四）落实孝道，增强情感支持

亲情是老年人生活感情的主要寄托，家庭和睦对老年人的日常精神状态有较大的帮助，家庭居住形式中体现的亲情感主要指它所体现的老年人与其他亲人接触的方便程度及和睦感对老年人产生的影响。[2] 老年人对亲情的渴望体现在诸多方面，首先，"养儿防老"的观念在农村老年人的思想中仍占有较大比重，老年人希望能在老年生活中得到子女的供养和支持。本文在调查中同样发现，对子女履行赡养义务满意度高的老人精神卫生水平较高。另外，子女对老人的赡养不仅仅体现在物质生活的保障上，更重要的是对老人精神的陪伴。其次，亲情还体现在家庭关系方面，老人期待家庭关系的和谐、美满，子女对老人的孝顺表现在物质支持、听取老人建议、融洽相处、不顶撞、为老人着想等方方面面，融洽的家庭关系才会让老年人感到家人的温暖，得到较好的情感支撑。因此，宣传道德模范事例、弘扬敬老的传统美德更为必要，通过举办农村孝子评选活动、创办孝子事迹文化刊物来营造良好的社会氛围，提高全社会尊老爱老的意识。

**参考文献**

陈晓惠、方明：《孝顺期待与老年人主观幸福感：亲子支持的中介作用》，《中国老年学杂志》2013 年第 23 期。

王俊秀：《农村老年人最大的问题是精神寂寞——访华中科技大学教授、中国乡

---

① 王俊秀：《农村老年人最大的问题是精神寂寞——访华中科技大学教授、中国乡村治理研究中心主任贺雪峰》，《中国青年报》2014 年 3 月 20 日第 7 版。

② 同钰莹：《亲情感对老年人生活满意度的影响》，《人口学刊》2000 年第 4 期。

村治理研究中心主任贺雪峰》，《中国青年报》2014 年 3 月 20 日第 7 版。

林添福：《农村家庭养老保障任重道远——以福建省长泰县岩溪镇的实证调查为例》，《小城镇建设》2005 年第 9 期。

同钰莹：《亲情感对老年人生活满意度的影响》，《人口学刊》2000 年第 4 期。

汪全海、姚应水、金岳龙、艾东、王金权、余结根、王俊、贺连平：《农村女性老年人主观幸福感及其影响因素》，《中国老年学杂志》2015 年第 1 期。

汪向东、王希林、马弘：《心理卫生评定量表手册（增订版）》，中国心理卫生杂志社 1999 年版。

岳春艳、王丹、李林英：《老年人心理健康状况及与社会支持的相关性》，《中国临床康复》2006 年第 18 期。

# 教育均衡视角下农村教师资源配置的现实困境及改革对策

## ——小规模和大规模学校的对比研究[*]

赵　丹[**]

### 一　教育均衡视角下义务教育人力资源均衡配置是关键

21 世纪初期，在我国义务教育全面实现普及后，如何推进教育均衡、实现教育公平成为教育发展的更高目标。教育均衡不仅是实践意义上的教育发展追求，更是人类社会发展中深刻的教育改革思想，其理论含义深入而广泛：它是在教育公平理念的支配下，国家及各级政府制定有关基础教育法律、法规、政策都要体现教育均衡发展的基本理念，不同地区之间、城乡之间、学校之间、群体之间的基础教育资源必须均衡配置，各级学校在教育、教学活动中都要为每一个受教育者提供均衡的教育和发展机会。[①] 教育均衡涵盖教育机会均衡、区域均衡、校际均衡、群体均衡、质量均衡等多个方面，教育的人力、物力和财力资源均衡是其重要基础。而在各项资源配置中，教育人力资源——教师资源的均衡配置是提升农村学校教育质量、推进义务教育均衡发展的关键，亦是建设美丽乡村、推动城乡统筹发展的关键。

《乡村教师支持计划（2015—2020 年）》中特别强调："应集中人财

---

　　*　国家自然科学基金青年基金项目"西北区域义务教育均衡发展与教育资源共享模式的构建研究——基于 GIS 的空间计量分析"（71203180）、教育部哲学社会科学研究重大课题攻关项目"我国义务教育均衡发展改革研究"（10JZD0036）的研究成果之一。

　　**　赵丹，西北农林科技大学人文社会发展学院副教授，农村社会研究中心副主任。

　　①　翟博：《教育均衡论》，人民教育出版社 2008 年版，第 116 页。

物资源，实施优惠倾斜政策，加强乡村地区优质教师资源配置，有效解决乡村教师短缺问题，优化乡村教师队伍结构。"① 可见，尽最大努力克服乡村教师资源短缺困境，促进教师资源合理、均衡配置是当前农村义务教育发展的重中之重。但现实中，受城乡发展不平衡、交通地理条件不便、学校办学条件欠账多等因素影响，农村学校特别是小规模学校教师数量短缺、年龄老化、学历偏低、专业不匹配、流失率高、教学效果难以保证等诸多问题，都成为义务教育均衡发展的瓶颈。由此，本文针对西北欠发达地区的四个山区县进行实地调查，从小规模学校和大规模学校的对比角度，力图透视出当前农村教师资源的现实困境，并提出农村教师发展政策的未来改革路径。

## 二　县域教师资源配置整体面貌——"超编缺岗"问题突出

西北地区农村教育发展相对滞后，教师资源短缺与不均衡问题较为突出，具有较强的代表性。由此，笔者选取陕西、甘肃、宁夏三个省份（自治区）的 N 县、T 县、K 县和 L 县四个县进行实证调查，采用分层抽样和随机抽样方法，共选取 34 所小学的 536 位教师进行问卷和访谈调查②，并收集了四县教师资源方面的统计资料。从整体来看，四县小学学校教师呈现整体超编和结构性短缺困境。以 N 县为例，当地现有小学 60 所（包括中心小学 19 所、完全小学 32 所和教学点 9 所），学生16986 人，教职工 1126 人。按照最新城乡统一的师生比 1∶19 测算，应配教职工 894 人，已超 232 人；但以满足现行课程方案教学需求测算，应配备教职工 1490 人，实际短缺 364 人。其他三个县的教师资源配置也呈现类似特征（见表 1）。可见，县域内教师资源的整体配置情况呈现明显的结构性短缺特征，这也是教师资源校际不均衡配置的一个隐蔽性问题。

---

① 《国务院办公厅关于印发乡村教师支持计划（2015—2020 年）的通知》（国办发〔2015〕43 号）（http：//www.gov.cn/zhengce/content/2015-06/08/content_ 9833.htm）。

② 农村小学教师资源在县域内的不均衡问题更加突出，因此本文调查的对象主要包括小学。文中所有数据和案例均来自课题组于 2014 年对陕西省、甘肃省、宁夏回族自治区四县调研的第一手数据。

表1 　　　　　　　　　　　四县小学学校教师资源配置整体情况　　　　　　单位：人

|  | 小学生 | 编制核定教师 | 现有教师 | 超编 | 实际需要人数（按教学需要测算） | 实际短缺人数（按教学需要测算） |
|---|---|---|---|---|---|---|
| N 县 | 16986 | 894 | 1126 | 232 | 1490 | 364 |
| T 县 | 2781 | 146 | 352 | 206 | 543 | 191 |
| L 县 | 19418 | 1022 | 1297 | 275 | 1647 | 350 |
| K 县 | 11147 | 587 | 908 | 321 | 1127 | 219 |

## 三　农村学校教师资源配置不均衡问题突出

### （一）教师数量配置不均衡

　　教师数量的均衡、充足是确保学校间办学质量的根本条件，也是保证各学校开齐新课改课程的基础。但当前农村小规模学校和县镇大规模学校①之间在教师总体数量、工作繁重程度以及特殊科目教师数量方面均存在较大差距。首先，农村小规模学校的教师数量短缺程度远高于县镇大规模学校。在问及教师群体"您所在学校教师是否短缺"问题时，小规模学校教师选择短缺的比例高达89.8%，而大规模学校教师比例为69.0%，卡方检验差异十分显著（见表2）。其次，从每周上课节数和工作任务繁重程度来看，大规模学校和小规模学校教师平均每周上课节数分别为16.961和20.622，其工作压力得分分别为4.183和4.878，T检验结果均呈现显著差异。这说明小规模学校教师的工作量和工作压力都比较大，这也是教师短缺的重要体现。再次，从短缺教师科目看，小规模学校音体美教师的短缺程度远高于大规模学校，当问及"您所在学校最短缺科目教师"时，小规模学校教师群体选择音乐、美术和体育的比例分别为74.2%、68.5%和48.9%；而大规模学校教师选择比例分别为52.1%、38.9%和19.8%。个案调查也发现，L县米店乡范家河教学点共有2个年级，30名学生，仅有2名老师，均在50岁以上，该校没有专职的音体美

---

　　①　本文对小规模学校与大规模学校的区分主要以区位特征为标准，即位于农村地区的村小和教学点界定为小规模学校，而位于县镇的中心学校界定为大规模学校。这一区分与学校的规模大小区分基本一致，即位于农村地区的村小和教学点大多人数在200人以下，而县镇学校规模大多超过200人。这一标准与21世纪教育研究院的界定相一致，参见21世纪教育研究院《发现美丽乡村教育——探索农村教育科学发展高峰论坛专刊》，2014年1月，第46页。

教师，2 名教师承担所有课程的教学工作，工作压力非常大。而与之相对比，该县县城第二中心小学共有 1493 名学生，教师 99 人，音体美教师数量分别为 3 人、5 人和 3 人，情况远好于教学点。

表2　　　　　　　　　　四县县域大规模学校和小规模学校
教师数量配置及工作量差异对比

| 学校类别 | 师资配备情况 | | | | 平均每周上课节数 | 工作任务繁重程度得分 |
|---|---|---|---|---|---|---|
| | 恰好配齐 | 富余 | 短缺 | 合计 | | |
| 小规模 | 4 (8.2%) | 1 (2.0%) | 44 (89.8%) | 49 (100%) | 20.622 | 4.878 |
| 大规模 | 116 (25.7%) | 24 (5.3%) | 312 (69.0%) | 452 (100%) | 16.961 | 4.183 |
| 显著性 | Likelihood Ratio = 9.261, Sig.（双侧）= 0.010 | | | | t = 4.595, Sig.（双侧）= 0.000 | t = 2.153, Sig.（双侧）= 0.032 |

注：有效样本 501。

### （二）教师年龄结构和学历水平不均衡

学校内教师的劳动方式具有鲜明的集体性，即教师群体通过任务分工、协作、交流等方式共同提升教育质量。① 因此，不同年龄、学历水平教师的合理搭配是教育质量提升的前提，这一方面能促进年轻教师学习到丰富的教学经验；另一方面也能促进老龄教师接受新理念，提升教学能力。但现实中，小规模学校教师老龄化问题十分严重，大多处于青黄不接的状态，与大规模学校差距明显。首先，从教师年龄看，小规模学校和大规模学校教师的平均年龄分别为 45.5 岁和 37.5 岁，呈显著性差异（T 检验 Sig. 值为 0.000）；从年龄段看，在"<30 岁、31—40 岁、41—50 岁和>51 岁"四个年龄段中，小规模学校教师的比例分别为 26.5%、10.2%、14.3% 和 49.0%，大规模学校分别为 31.3%、33.0%、22.6% 和13.1%，可见，小规模学校的中青年教师比例明显低于大规模学校，而50 岁以上的老龄教师远多于大规模学校（见表3）。其次，从学历水平来

---

① 范先佐：《教育经济学》，人民教育出版社 2003 年版，第 323 页。

看，小规模学校本科、研究生及以上的教师比例分别为 22.4% 和 0，而大规模学校分别为 52.7% 和 0.2%，卡方检验极其显著（Sig. 值为 0.000）（见表 4）。总之，小规模学校和大规模学校教师年龄和学历结构不均衡问题十分突出，这将直接导致小规模学校教学质量难以提升甚至出现倒退，对教育质量均衡带来很大的负面影响。

表 3　　　　　　　　　　小规模和大规模学校教师年龄对比

| 学校类别 | <30 | 31—40 | 41—50 | >51 | 合计 | 平均年龄 | T 检验 |
|---|---|---|---|---|---|---|---|
| 小规模 | 13（26.5%） | 5（10.2%） | 7（14.3%） | 24（49.0%） | 49（100%） | 45.5 | T=5.239，Sig.（双侧）=0.000 |
| 大规模 | 141（31.3%） | 149（33.0%） | 102（22.6%） | 59（13.1%） | 451（100%） | 37.5 | |
| Likelihood Ratio=35.605，df=3，Sig.（双侧）=0.010 | | | | | | | |

注：有效样本 500。

表 4　　　　　　　小规模学校和大规模学校教师学历对比

| | 高中（中专）以下 | 高中（中专） | 大专 | 本科 | 研究生及以上 | 合计 |
|---|---|---|---|---|---|---|
| 小规模 | 9（18.4%） | 11（22.4%） | 18（36.7%） | 11（22.4%） | 0（0%） | 49（100%） |
| 大规模 | 10（2.2%） | 25（5.5%） | 178（39.4%） | 238（52.7%） | 1（0.2%） | 452（100%） |
| Likelihood Ratio=39.880，df=4，Sig.（双侧）=0.000 | | | | | | |

注：有效样本 501。

### （三）教师专业匹配程度不均衡

教师自身专业与所教学科相匹配是教学质量的重要保证，只有经过长期的正规教育和训练，教师对所学专业才具备坚实的理论、实践基础，才能使自己拥有"一桶水"，从而在课堂上教给学生"一碗水"。反之，如果专业不匹配，教师会因为对教学内容不熟悉导致授课时仅限于传递知识，而不能举一反三、融会贯通，难以达到预期效果。安德森等人的研究也指出，"教师在自己所要教的内容方面的知识影响着教师的教学内容和方法，在教学过程中，教师倾向于强调那些自己更为熟悉的知识而忽略那些自己不太了解的领域"①。而现实中农村小规模学校教师专业不对口问题尤为突出，兼任教师、全科教师现象十分普遍。如宁夏回族自治区 L 县灵谷乡凤山小学是一所小规模学校，共 89 名学生、14 位教师，其中语文教师 7 人、数学教师 6 人、英语教师 1 人，而其他科目音乐、体育、美术等 6 门课的专任教师均为 0 人，由其他教师兼任。与之相对比，该县县城第二中心小学共有学生 1493 人，平均班额 53.3 人，共有教师 88 人，各学科均配备一定数量的专任教师，虽然音体美也存在短缺问题，但现有专任教师能够开齐 10 门课程（见表 5）。在陕西省 T 县、N 县同样有很多小规模学校，通常仅有几名教师，却要开至少 7—8 门课程，学校只能安排 1 名教师主教 1—2 门"主课"（语、数、外），兼教 1—2 门"副课"（音、体、美），很多教师反映音乐课几乎成了歌曲欣赏课，而体育课则变成了做操课或跑步课。

表5　　　　　　　　城乡学校专任教师结构对比

|  | 总数 | 语文 | 数学 | 英语 | 音乐 | 美术 | 体育 | 思品 | 科技 | 劳技 |
|---|---|---|---|---|---|---|---|---|---|---|
| L县二小 | 88 | 28 | 28 | 7 | 3 | 5 | 3 | 6 | 5 | 3 |
| 凤山小学 | 14 | 7 | 6 | 1 | 0 | 0 | 0 | 0 | 0 | 0 |

### （四）教师培训和交流机会差距较大

教师培训和交流对提升专业知识和教学技能，推进教育改革、课程革新、新技术、新教科书的引进等都具有重要的作用，特别是对于农村教师而言，能够最大限度弥补其初始学历低的"先天劣势"，促进其职业发展。② 但现实中，小规模学校教师的培训和交流机会却非常少，因为这类学校教师数量少，他们一旦外出培训就没有老师上课，而且许多教师认为

---

① ［美］L. W. 安德森：《教学》，郭华、綦春霞译审，西南师范大学出版社 2011 年版，第 227 页。

② ［加］J. P. 法雷利：《教育政策与规划》，刘复兴译审，西南师范大学出版社 2011 年版，第 170 页。

培训成本较高而没有动力参加。调查显示，大规模学校和小规模学校教师每学期培训次数分别为 4.070 次和 2.347 次；听优秀教师观摩课次数分别为 5.343 次和 3.469 次；在线听取公开课次数分别为 5.990 次和 1.735 次；教学经验交流次数分别为 2.125 次和 0.878 次。这四类培训和交流活动的差异检验均为显著（Sig. 值均小于 0.01）（见表 6）。而从培训费用来看，大规模学校和小规模学校每学期培训费用均值分别为 347.62 元、526.21 元，差距较大。陕西 N 县毛坝河教学点教师也提出：参加一次为期三天的县级教师培训需要自己支出往返交通费 16 元、住宿费 15 元、伙食费 30 元，共 61 元，自己每月工资仅为 1100 元，培训费用负担过重，因此不太情愿参加。可见，出于培训成本高、教学任务繁重、地理位置偏僻等多种原因，小规模学校教师的培训和交流机会都远少于大规模学校。

表 6　　　　小规模学校和大规模学校教师培训和交流机会情况对比

| | 大规模学校 | | 小规模学校 | | T 检验 | | | |
|---|---|---|---|---|---|---|---|---|
| | 均值 | 标准差 | 均值 | 标准差 | t | df | Sig.（双侧） | 均值差值 |
| 培训次数 | 4.070 | 3.0602 | 2.347 | 1.4833 | -3.889 | 499 | .000 | -1.7228 |
| 听优秀教师观摩课 | 5.343 | 4.2306 | 3.469 | 2.7790 | -3.028 | 499 | .003 | -1.8735 |
| 在线听取公开课 | 5.990 | 7.6408 | 1.735 | 1.9395 | -3.882 | 499 | .000 | -4.2554 |
| 教学经验交流 | 2.125 | 1.6411 | .878 | .7255 | -5.262 | 499 | .000 | -1.2474 |

**（五）教师流失状况差异明显**

小规模学校的优秀年轻教师大多为特岗、轮岗、支教的教师，他们往往将其作为"跳板"，服务期满后大多"想尽办法"到城镇学校教书，还有教师参加公务员考试或辞职下海，优秀教师"孔雀东南飞"现象已成为农村教师队伍不稳定的突出问题。从个案来看，甘肃省 K 县李家坝乡范湾教学点仅有 30 多名学生、2 名教师，其中一名年轻代课教师毕业于陇东学院，任教不到半年就参加了"特岗教师"考试，通过后便调到县城学校。陕西省 N 县燕子砭镇岛湾教学点共 38 名学生，2 名教师，该校仅有的 1 名体育支教老师由于无法忍受山区的落后条件，辞职去了大城市工作。另外，从教师流失意愿来看，对"您是否想离开本校选择其他学校或职业"问题的回答中，大规模学校教师选择"是"的比例为 28.4%，小规模学校教师比例为 61.2%，差异十分显著（见表 7）。可见，无论从流失现状还是从流失意愿来看，小规模学校教师的流失情况更为严重，这对小规模学校的未来发展和教育质量提升无疑带来了极大隐患。

表 7　　　　　　　　小规模学校和大规模学校教师流失意愿对比

| 学校类型 | | 是 | 不确定 | 否 | 合计 |
|---|---|---|---|---|---|
| 大规模学校 | 频数 | 128 | 129 | 194 | 451 |
| | 百分比 | 28.4 | 28.6 | 43.0 | 100 |
| 小规模学校 | 频数 | 30 | 10 | 9 | 49 |
| | 百分比 | 61.2 | 20.4 | 18.4 | 100 |

Likelihood Ratio = 32.672, df = 2, Sig. （双侧） = 0.000

注：有效样本数 500。

### （六）教学效果差异显著

教学效果是衡量教师教学质量、教师资源配置水平的重要变量，教师的知识基础、专业素质和教学水平都最终体现在教学效果上，其评测标准主要有学生学习成绩、课堂表现、满意度、辍学率等。[①] 以学习成绩为例，本文将四县样本学校的平均规模分为大、中、小三个等级，并将期末成绩总分、语文、数学、英语四项成绩作为指标进行分析。四项指标中，除第二等级学校的英语成绩高于第一等级学校外，其他各指标值都随学校规模降低而呈降低趋势。这说明，学校规模越大，学生平均成绩越高，而学校规模较小的第二、第三等级学校，学生成绩逐级降低。现实中，第一等级规模较大的学校恰恰多为县镇中心小学，这类学校师资水平较高，教学效果和质量水平也较高（见表 8）。第二、第三等级学校多为村级小学和教学点，之所以第二类学校英语成绩较高，反映出当前一些学校配置了

---

① ［美］马丁·卡诺依：《国家教育经济学百科全书》，杜育红等译，西南大学出版社 2011 年版，第 247 页。

英语科目特岗教师，其教学水平相对较高，因而促进了这类学校的英语成绩提升。但这些小规模学校其他学科教师均处于严重的"超编缺岗"状态，师资水平较差，特别是村小和教学点，一师一校、全科教学、复式教学现象普遍，而由于教师素质远达不到教学点特殊教学模式的需要，导致教学效果难以保证。

表8　　　　　小规模学校和大规模学校教师教学质量情况对比

| 等级 | 学校规模 | 总分 | | | | 语文 | | | |
|---|---|---|---|---|---|---|---|---|---|
| | | 优秀 | 良好 | 及格 | 人平 | 优秀 | 良好 | 及格 | 人平 |
| 1 | 214.5 | 92.6 | 100.0 | 100.0 | 265.6 | 91.5 | 99.4 | 100.0 | 87.0 |
| 2 | 83.8 | 88.6 | 97.8 | 99.8 | 262.5 | 76.9 | 94.2 | 98.4 | 84.0 |
| 3 | 70.9 | 70.7 | 90.9 | 96.2 | 246.8 | 50.9 | 81.7 | 94.2 | 77.6 |

| 等级 | 学校规模 | 数学 | | | | 英语 | | | |
|---|---|---|---|---|---|---|---|---|---|
| | | 优秀 | 良好 | 及格 | 人平 | 优秀 | 良好 | 及格 | 人平 |
| 1 | 214.5 | 97.7 | 99.5 | 100.0 | 93.2 | 77.3 | 93.8 | 98.4 | 85.4 |
| 2 | 83.8 | 89.3 | 95.7 | 98.2 | 89.6 | 90.2 | 97.6 | 99.6 | 89.0 |
| 3 | 70.9 | 82.0 | 91.2 | 95.9 | 86.4 | 71.6 | 90.3 | 95.6 | 82.8 |

## 四　县域学校教师资源配置不均衡的深层次原因

### （一）城镇化进程中的"推拉合力"在教育领域的投射效应

现代推拉理论认为，人口迁移的推拉因素除了更高的收入以外，还有更好的职业、更好的生活条件、为自己与孩子获得更好的受教育的机会，以及更好的社会环境。[①] 而近年来我国乡—城人口流动及其引发的适龄儿童迁移、农村教师流失恰恰印证了上述理论。如2015年我国城镇常住人口77116万人，比上年末增加2200万人，乡村常住人口60346万人，减少1520万人，城镇人口占总人口比重为56.1%。[②] 在这一进程中，多数

---

① 李强：《影响中国城乡流动人口的推力与拉力因素分析》，《中国社会科学》2003年第1期。

② 《国家统计局：2015年中国城镇化率为56.1%》，2016年1月19日，中国经济网（http：//www.ce.cn/xwzx/gnsz/gdxw/201601/19/t20160119_8371558.shtml）。

有条件的农户会尽量将孩子带到城区就学，甚至从小学起就在学校附近租房陪读；留在农村的儿童大多家庭经济条件较差，和祖辈一起生活。仅有老人和儿童的农村，逐渐成为社会的边缘体，而农村学校、教学点也失去以往的生机和活力，这些学校难以招到新教师，农村教师也日渐被边缘化。由于工作、生活环境恶劣、待遇水平较低，他们日渐失去职业认同感，自尊心被残酷的现实吞噬，难以安心任教。在农村的推力及城市的拉力下，很多骨干教师想尽各种办法逃离乡村，或选择县城、城市学校，或选择考公务员、到大城市就业等。由此，城镇化进程中城乡二元发展的大背景，造就了农村小规模学校招不到人、留不住人，教师资源水平远不及县镇学校。在这种情况下，不少地方政府仍然一味追求教育效率，盲目扩大县镇学校规模，而对于农村小规模学校，采取任其"自生自灭"甚至通过剥夺其现有资源（主要是优秀教师）而导致其逐渐消亡的政策，最终导致县域城乡、校际师资水平差异悬殊。①

### （二）教师编制标准及管理制度脱离小规模学校教学实际

我国中小学教师编制标准长期实行城市和农村两套标准，导致城乡教师不均衡困难难以缓解。尽管在 2012 年各地开始实施城乡统一的教师编制标准（小学师生比为 1∶19），但实际上对于仅有几个或几十个学生的农村小规模学校而言，这一标准仍然远不能满足其需要。如本文调查的陕西省 K 县岸门口镇许家河小学现有 69 名学生（6 个年级）、7 位老师，超过国家规定编制 2 名。因此，该校按要求无法再增加新教师，但实际上这7 名教师工作量每周都超过 20 节课，而且还承担班主任、学校卫生打扫、食堂采买、财务管理、护送学生回家等大量额外工作，工作压力非常大，根本没有精力也没有能力提升教育质量。可见，这种以单一的"生师比"作为标准的教师配置方式，在一定程度上加剧了中小学教师编制的"城乡倒挂"问题。此外，从管理体制来看，教师编制人权、财权和事权"三权分立"，即教育部门只有教师管理权，没有招录权；财政部门按照编制部门核定的编制数下拨教师经费；编制部门按照上级文件规定的师生比严格把关。尽管学校每年都会向教育部门上报教师需求数量，但收不到

---

① 范先佐：《乡村教育发展的根本问题》，《华中师范大学学报》（人文社会科学版）2015年第 9 期。

满意回复，尤其是农村小规模学校，几年补充不到一个新教师，其根源就在于这三个部门相互独立，各行其是。

**（三）不合理的教师调配交流政策导致优秀教师逆向流动、流失**

当前不合理的教师调配交流政策是导致县域内优秀教师逆向流动、流失的政策性诱因，直接导致了农村学校教师越发短缺。首先，从县域内教师调配政策来看，一般是由教育行政部门根据学校的编制余缺和需求情况，由教师个人申请、集体研究、教育人事部门下调令，对农村调往县城学校的教师，采取考试公开选拔的方式。其中，教职工在本镇内的调动，由中心小学负责；教职工跨乡镇调动及初中、县直学校教职工调动，由县编办核编、教育局办理调动手续。乡镇学校教师调往县城学校通过公开考试，择优选调，由县编办核编，调动手续经县人保局办理。该政策虽然一定程度上促进了优秀教师通过公平竞争获得公正待遇，但是很大程度上造成大量优秀农村教师由村流向镇、镇流向县城。偏远农村留不住教师，一些学校能留住的也基本属于城镇学校落聘的教师，使城乡师资差距越来越大。

其次，从教师交流政策来看，很多县在管理上并没有制定出完善的教师交流机制，而且由于缺少经费、人员等配套措施，部分县甚至出现敷衍或架空政策，导致薄弱乡村学校得不到教师资源的支持。同时，从学校层面来说，县镇学校不愿意派骨干教师到农村教学点帮扶任教，而且还以优惠条件吸引农村优秀骨干教师到县镇学校，有部分学校甚至将支教或交流作为惩罚手段，导致县镇学校师资越来越好，农村小规模学校越来越差的"马太效应"。熊丙奇的研究也表明："整个教师的流动，从村里到镇上，从镇里到城区，从普通城区到省会城市、发达地区。这是一个不符合教育公平的流动，优秀教师不断流动向上走，就会导致城乡差距越来越大。"[①]

**（四）教师激励政策虚化导致农村学校难以留住优秀教师**

教师激励（总报酬）水平决定了教师与其他职业相比所具有的吸引力，其内容不仅包括教师的实得薪水，还包括福利、工作条件、社会地位

---

① 《拿什么留住你？聚焦中国330万乡村教师的"去与留"》，2015年9月10日，新华网（http://news.xinhuanet.com/politics/2015-09/10/c_128215345.htm）。

等多项内容。① 而当前农村教师激励政策的虚化直接导致农村教师总报酬
远低于城镇教师，导致大量农村教师流失。首先，在经济激励方面，绩效
工资、住房公积金、社保基金、周转房建设等政策在实施过程中往往被落
空。相关研究发现，在工作条件艰苦、教学任务本来就很繁重的情况下，
农村教学点教师年平均实际收入仅为 21131 元，为非教学点教师收入的
80%左右，其绩效工资得不到保障。② 在很多偏远山区，很多教师只能住
校，办公所在地兼用作卧室和厨房，有的老师搭铺睡学生寝室，有的睡门
卫室，还有的被迫在外租民房住，工作条件十分艰苦。联合国教科文组织
专家萨瓦尔萨也提出："因为教学器材缺乏，或者在乡村地区职业上或社
会上被孤立时，经常会打消合格的人才想进入或者留在教学队伍中的念
头。"③ 其次，政治激励的虚化导致教师社会地位急剧降低，让教师产生
逃离念头。我国长期实行的职称评定体系不利于乡村教师，职称要求的课
题论文、教学大赛成绩、公开课等，在农村都难以实现，很多教师工作几
十年也难晋升职称。这些影响了农村教师的积极性，一些常年难以取得荣
誉和职称晋升的教师产生了职业倦怠，有的教师甚至认为作为乡村教师很
没有尊严。因此，教师激励政策在实践过程中被地方教育行政部门虚化，
导致大量小规模学校教师对自身职业产生犹豫、消极、倦怠心理，最终离
开农村。

## 五　促进县域农村教师资源均衡配置的对策建议

### （一）创新农村教师供给形式，为小规模学校提供充足、有质量的师资

教育创新理论指出："教育政策的创新来源于增援、协助和培育模型
的综合应用，即宏观（国家/省级政府）、中观（县域）和微观（学校社
区）三个主体的互助协作。"④ 那么，农村教师供给便是农村教育政策创

---

① ［加］J. P. 法雷利：《教育政策与规划》，刘复兴译审，西南师范大学出版社 2011 年版，第 167 页。

② 马敏：《用五招破解农村教学点师资难题》，《中国教学报》2015 年 3 月 11 日第 3 版。

③ Eleonora Villegas-Reimers: Teacher professional development: an international review of the literature, UNESCO: International Institute for Educational Planning International Institute for Educational Planning, 2003, http://unesdoc.unesco.org/images/0013/001330/133010e.pdf.

④ ［美］丹·英博：《教育政策基础》，史明洁译，教育科学出版社 2003 年版，第 38 页。

新的一个关键问题，即应从宏观、中观、微观层次探索农村小规模学校教师供给的多种形式。第一，从宏观层面来说，国家和省级人民政府应建立统筹规划、统一选拔的农村教师补充机制，为农村学校持续输送优秀高校毕业生，同时继续扩大农村教师特岗计划实施规模，重点支持中西部贫困地区，并从教师编制、招聘、短缺科目教师配备等方面出台相应政策。第二，从中观和微观层面来说，县级教育行政部门和学校、农村社区都应形成合力，为小规模学校教师供给拓宽渠道。首先，应促进地方政府与地方高校合作，实行"定向招聘与培养"，培养留得住的本土优秀教师，可以将村小、教学点的教师招录学历放宽至全日制师范类专科层次，尤其应鼓励当地籍贯生源、有志于长期在教学点任教的大学毕业生报考。其次，注重培养"全科型"人才，师范院校应制订小学全科教师人才培养方案和教学计划，强化教师基本素质和教学能力训练。再次，积极挖掘并引进农村社区力量充实教师师资，如引进"家长义工"，每周安排一节到两节课让在校生的家长做教师，介绍家长所从事的职业，从实践层面、多元视角向学生介绍社会实践经验。另外，农村学校可以聘请当地老革命、企业家、劳动模范等优秀人物为社会辅导员，在特定纪念日邀请其到学校进行指导、开展活动。

**（二）完善教师编制和调配交流政策，确保县域教师资源均衡配置**

首先，应根据小规模学校实际需求制定合理的编制标准。小规模学校班级、学校规模小，复式教学普遍，这种特殊的教育组织形式在教师编制上需要区别对待，应按照基本编+机动编的综合标准来制定。民进中央调查也提出，按照农村教师基本编测算，180人以下的学校现有教师860845人，缺少教师约116329人，占这些学校教师总量的13.51%，占农村教师总量的5.38%；但如果按照机动编最低比例计算（轮训周期为5年，轮训时间为3个月），180人以下的农村学校缺少教师约165188人，占其教师总量的19.19%，占农村教师总量的7.64%。[①] 可见，实行更加宽松的教职工编制标准势在必行，在生师比基本编的基础上，应将农村教师实际工作量（包括教学人员、寄宿制生活管理、心理辅导教师等）、科师

---

① 《农村教育如何跳出"编制困局"——代表委员关注农村学校"超编缺人"现象》，《中国教育报》2015年3月15日第1版。

比、班师比等多重标准纳入教师编制制定范围，这有助于缓解农村学校教师结构性短缺问题，缓解村小学和教学点等小规模学校教师数量的不足问题。

其次，在教师调配交流政策方面，应加强城乡、校际教师交流，促进优质教师资源共享。县级政府应建立以政府为主导的校际教师交流机制，鼓励校际合作，推广并完善联校走教、强弱捆绑、定期轮岗、跨校竞聘、学区一体化、学校联盟、对口支援等多种途径和方式，推动县城学校教师到乡村学校交流轮岗，乡镇范围内重点推动中心学校教师到村小学、教学点交流轮岗。为克服教师交流机制流于形式，县级教育行政部门应做出具体的交流制度，如在城镇同一学校任教八年的教师，应至少安排参加一次支教活动；所有农村中小学新履职教师，应在三年内至少安排其参加一次城乡教师轮岗支教活动；城镇教师职称评聘之前必须有 2—3 年的农村教师支教经历等。这些具体原则的基本目的就是要重点引导优秀校长和骨干教师向乡村学校流动，促进农村小规模学校教师资源的优化配置。

### （三）完善教师激励政策，使农村教师留得住、教得好

教师工资待遇是关系到农村教师队伍稳定的核心问题，在市场经济条件下，农村教师的育人活动是劳动者的一种劳动投入，教师是否愿意留在农村任教，即是否愿意供给自身的劳动力，取决于其所能得到的报酬，也取决于其过去人力投资的现在收益。[①] 那么，要让农村教师留得住、教得好，教师劳动的经济待遇提升和激励政策是关键。首先，应改变"以县为主"的教育经费投入体制，由中央或省级财政统一发放义务教育教师工资，从制度上保证农村教师工资。如湖北省政府已于 2012 年在全国率先建立农村教师省级统筹补充机制，通过津贴方式，让偏远农村教师工资高于城镇同级教师工资水平，很大程度上稳定、优化了教师队伍。其次，应大幅提高农村学校教师工资标准。相关调查表明：中西部乡村教师如果工资能够达到 4000 元以上（高于现在水平 1 倍左右），有些大学生便会选择从事乡村教育。根据测算，国家需投入 260 亿—750 亿元，便能达到教师期望工资水平。而 2014 年，我国财政收入超过了 14 万亿元，理论上

---

① 范先佐：《教育经济学》，人民教育出版社 2003 年版，第 331 页。

应该有能力从其中拨出几百亿元投入农村教育。[①] 可见，在我国，提高农村教师工资具有财政基础和可行性。再次，大幅提升农村教师及支教教师的绩效奖金和各项补贴，实行"中央定标、省级统筹、县级贴补"的机制，确保农村教师基本工资收入的均衡化。省级地方政府应对辖区内农村教师工薪收入构成的津贴类别、额度等做出全省统一规定，并由省级财政按月发放，并保证教师待遇向条件较差地区的农村教师倾斜。[②] 另外，应实施农村支教奖励计划，选拔重点高校毕业生到农村支教 3—5 年，除正常待遇外，再给予一次性 3 万—5 万元的奖励。最后，健全农村教师福利待遇保障机制，为农村小规模学校教师提供养老、医疗、生育保险和住房保障，特别要保证教学点教师看得起病，将偏远山区教师宿舍覆盖率提高到 100%。

**（四）探索农村教师素质提升的创新机制，确保城乡教师质量的均衡**

教师素质包括政治素质、业务素质、思想素质和身体素质。[③] 只有具备良好的全面素质，农村教师才能真正引导和满足农村学生的教育需求，提高农村教育的质量，为建设美丽乡村、推进城乡一体化建设发挥出最大的作用。因此，农村教师素质提升机制必然要从培训机制、内容、方式等多方面进行改革。第一，应将教师培训机会向农村小规模学校教师倾斜，应构建相应的县域教师培训机制，将农村小规模学校教师的培训比例提高到 100%。在具体安排上，应保证农村教学点教师每人每年至少参加 2 次县级以上级别的培训。县级教育管理部门应增加教师培训经费投入，全额免除农村教师外出培训的学习费用以及交通和住宿费用。教学点教师外出参加培训期间，中心学校安排临时教师到教学点任教，保证教学点的教学工作正常运行，使教师能够安心接受培训。第二，培训内容应加强针对性，针对农村小规模学校以复式教学为主和教师年龄较大等特殊情况，设置不同的培训重点。对年轻新进教师的培训以提升其复式教学能力为主；对年龄大的教师，重点提高他们的现代信息技术素养；对于音体美短缺科

---

① 邬志辉、秦玉友：《中国农村教育发展报告 2012》，北京师范大学出版社 2014 年版，第 327 页。

② 《国务院办公厅关于印发乡村教师支持计划（2015—2020 年）的通知》（国办发〔2015〕43 号）（http：//www.gov.cn/zhengce/content/2015-06/08/content_ 9833.htm）。

③ 范先佐：《教育经济学》，人民教育出版社 2003 年版，第 329 页。

目教师，应增加相应科目培训内容。第三，培训方式应该灵活、多样化，应按照农村教师的实际需求改进培训方式，采取顶岗置换、网络研修、送教下乡、专家指导、校本研修等多种形式，增强培训实效性。同时，应积极利用远程教学、数字化课程等信息技术手段，全面提升乡村教师信息技术应用能力，破解乡村优质教学资源不足的难题。

# 接点推广：农业科技进村入户的内在机制与分化困境

## ——以关中眉县猕猴桃产业发展为例[*]

赵晓峰 陈 辉 张正新[**]

## 一 问题的提出

农业科技进步不仅在中国过去的农业生产增长和贫困人口减少方面发挥了重大作用，而且在未来中国农业的可持续发展中也将扮演不可替代的关键角色[①]。但是，整体来看，现阶段中国农业科技成果的转化率仅为50%左右，与世界发达国家 65%—85% 的转化率相比，仍存在较大的差距，不能满足现代农业发展的客观需要[②]。这是因为我国的农业科技推广体系存在着投资不足、体制不合理、推广方式方法落后等问题[③]，使农业科技推广难以走完"最后一公里"。为了破解原有的五级农业技术推广体系出现的"线断、网破、人散"等体制难题，一方面一些地方政府开始

　＊　本文得到陕西省社会科学基金一般项目"农村社会组织发展与'和谐陕西'建设协同创新机制构建研究"（2015G002）、2015 年（第二批）陕西高校人文社会科学青年英才支持计划（简称"人文英才计划"）、西北农林科技大学委托项目"科技推广支撑三农发展的西农模式研究"（编号：XTG2015-44-01）及 2015 年试验示范站（基地）科技成果推广项目"以导向式评价机制提升农业科技推广效率的模式构建研究"（编号：TGZX2015-39）的资助。

　＊＊　赵晓峰，西北农林科技大学人文社会发展学院副教授，农村社会研究中心副主任；陈辉，博士，西北农林科技大学人文社会发展学院讲师，农村社会研究中心研究人员；张正新，西北农林科技大学科技推广处副处长。

　①　黄季焜、罗泽尔：《迈向二十一世纪的中国粮食经济》，中国农业出版社 1998 年版。

　②　王利清：《农民视角下的农业科技推广困境与出路研究》，《科学管理研究》2013 年第 2 期。

　③　《中国农业技术推广体制改革研究》课题组：《中国农技推广：现状、问题及解决对策》，《管理世界》2004 年第 5 期。

推出创新改制新举措，比如湖北的"以钱养事"改革①；另一方面一些新的利益主体开始进入农业科技推广领域，并在政府的支持下，探索构建出创新农业科技推广体制的新模式，比如西北农林科技大学等高等院校创建的以大学为依托的农业科技推广模式②。其中的一些成功模式，蕴藏着农业科技推广的基本规律，值得深入研究。

农业科技推广指的是将先进、现代、实用的农业科技推广到农村，提高农民从事农业生产的技术水平，使农民家庭增产增收，改善农户福利水平。然而，现代农业科技要想进村入户，必然会与小农耕作传统相碰撞。如果将现代农业科技视作普遍性知识，小农耕作传统则是一种地方性知识，农业科技推广即是要用普遍性知识来替代地方性知识③。但是，作为一种地方性知识，小农耕作传统是农民在长期从事农业生产的实践中总结提炼出来的经验性知识，其对农民而言是一种不言而喻的生产常识。现代农业科技，作为一种科学性知识，其进村入户的过程必然会对农民的经验性知识形成冲击，并在潜移默化的过程中影响和改变农民的日常生产行为逻辑。这个过程的发生，伴随着两套不同的知识体系的冲突和碰撞，由此使现代农业科技推广的价值得以凸显。既然农业科技推广发生在两套不同的知识体系之间，那么在现代农业科技与小农耕作传统之间自然存在着一个"接点"，这个"接点"是两套知识体系发生关系相衔接的地方。因此，农业科技推广的关键即是要在现代农业科技与小农耕作传统之间构建起一种有效衔接机制，推动现代农业科技进村入户到田，从而影响和改变农民的生产方式。为此，笔者尝试提出"接点推广"的理论分析框架，以此来认识和把握农业科技推广的内在机制，厘清现代农业科技进村入户的基本逻辑。

笔者认为农业科技进村入户"接点推广"机制中的"接点"在村庄。费孝通（2006）认为村落是乡土中国社会的基本结构单元。这里的村落指的是自然村，是农民世代居住的地方。农民在这里通过社会化的过程习得生产技术，依靠惯习指导农田耕作。虽然当前中国农村的村落发生了质

---

① 王甲云、陈诗波：《"以钱养事"农技推广体系改革成效分析》，《农业经济问题》2013年第10期。

② 孙武学：《围绕区域主导产业建立试验站　探索现代农业科技推广路径》，《农业经济问题》2013年第4期。

③ 滕瀚、孙超：《知识哲学视域中的农业科技推广》，《自然辩证法研究》2012年第4期。

的变迁，村庄社会正在遭遇"千年未有之大变局"，但是村落依然构成承载乡村社会秩序的基本结构单元①，对农民的生产生活产生着重要影响②。正是在村落社会里，小农耕作传统得以生成，并成为现代农业科技进村入户的主要屏障。同时，需要指出的是小农耕作传统并不是一个完全静态、一成不变的生产知识体系，它对外来的生产技术知识在保持警觉不会轻易接受之外，也会在不断试验示范的基础之上逐渐吸纳其合理的技术成分，重塑经验性知识的构成体系。因此，现代农业科技推广的本质即是通过农技推广机构和推广人员的努力，使科学性知识迈过推广"接点"进村入户，转换成一种指导农民从事农业生产的经验性知识。然而，由于现代农业科技进村后面临的是分散经营的农户，两种知识体系的转化很难实现"无缝对接"，农技的推广往往会出现复杂的现实局面。本文基于眉县猕猴桃产业发展的现实考察，通过对西北农林科技大学创建的以大学为依托的农业科技推广模式进行深入剖析，以"接点推广"为理论分析框架来挖掘农业科技推广的基本规律，并揭示其症结和政策含义。

## 二　接点推广：农业科技进村入户的内在机制

2005 年以来，西北农林科技大学积极打造科技推广支撑"三农"发展的高校模式，为提升农业科技成果转化率、解决农业科技推广"最后一公里"问题做出了有益探索。相关做法为地方产业的健康发展做出了重要贡献，深受地方政府和广大农民的欢迎，被誉为农技推广的"西农模式"③。目前，西北农林科技大学已经在全国 6 个省区 15 个市 23 县（区）建立了 24 个试验站，在 15 个省 36 个市县（区）建立了 40 个示范基地。2014 年 7 月 15 日到 8 月 6 日、2015 年 7 月 16 日到 7 月 24 日，笔者先后两次组建课题组对眉县猕猴桃产业发展中的"西农模式"进行深度调研，掌握了丰富翔实的经验材料，为本文的分析提供了基础条件。

---

① 陈柏峰：《华中村治研究：问题与方法》，《甘肃行政学院学报》2010 年第 3 期。
② 赵晓峰：《找回村庄》，《学术界》2013 年第 6 期。
③ 孙武学：《围绕区域主导产业建立试验站　探索现代农业科技推广路径》，《农业经济问题》2013 年第 4 期。

**（一）眉县猕猴桃产业迅猛发展中的农技推广"1+2+2"模式**

眉县地处关中平原西部，位于秦岭主峰太白山下，是猕猴桃最佳优生区。全县总人口 32 万，共有耕地 35.8 万亩。2005 年，西北农林科技大学以服务区域主导产业发展为基本宗旨，在眉县横渠镇西寨村建立猕猴桃试验站，开始以"校县合作"的形式研发推广猕猴桃生产种植技术。经过 10 年来的迅猛发展，眉县已经成为全国最大的优质猕猴桃生产基地，猕猴桃规模化、产业化、标准化、品牌化的程度显著提升，在县域经济发展中占据着关键位置，成为农民持续增收的主要来源。2006 年，眉县猕猴桃种植面积 6.2 万亩，产量 10 万吨，产值 1.97 亿元，人均产业纯收入797 元。到 2014 年，全县猕猴桃种植面积达到 29.4 万亩，产量 42.3 万斤，产值 24 亿元，人均产业纯收入 9400 元。

眉县猕猴桃产业的发展，离不开西北农林科技大学提供的技术支撑。10 年来，西北农林科技大学依托猕猴桃试验站，研发推广新优品种、优质壮苗、标准架型、充分授粉、生态栽培、科学施肥、合理负载、适时采摘等关键技术八项，引进并改良徐香、海沃德、红阳等多个猕猴桃新品种。为了推广这些新技术，西北农林科技大学紧紧抓住"校县合作"的历史契机，争取眉县党委政府的大力支持，极力促使高校科教专家与基层农技推广力量有机结合，探索中构建起"1+2+2"的合作推广模式。"1+2+2"合作模式是西北农林科技大学猕猴桃试验站与眉县党委政府联合实施科技示范与入户工程时创建的，指的是由学校 1 名专家带 2 名县乡技术人员和 2 名乡村技术骨干（俗称"土专家"）共同从事农业科技推广的实践模式。这种技术推广模式，以西北农林科技大学为牵头单位，以科教专家为技术依靠力量，以激活基层农技推广体系活力为重要举措，使科教专家与基层农技力量融为一体，促进了眉县猕猴桃产业技术推广水平的提升。

**（二）"1+2+2"模式中的多元利益主体参与机制**

"1+2+2"合作推广模式，通过构建"高校+地方政府+社会力量"三方联动协同创新的体制机制，调动了多元利益主体参与农业科技推广的积极性，实现了既使农业科技研发更接地气，更能满足农民的现实需要，又能提升农业科技成果转化率，切实支撑"三农"发展的双重目标，为创新农业科技研发与科技推广体制走出了一条新路子。接下来，笔者将着力分析多元利益主体从事农业科技推广的各自优势及其基本特征。

1. 高校建立试验站的实践价值与从事农业科技推广的基本特征

"重科研成绩，轻推广绩效"是高校管理科教人员的常态。西北农林科技大学为了推动农业科技研发与推广体制机制的创新，致力于营造科教人员管理的新常态，建立起一整套激励制度和政策，吸引、推动科教人才走向生产一线。学校专门成立科技推广处，统筹负责全校农业科技推广的组织管理工作；在岗位设置上创设"推广类别"，为每个试验示范站定岗定编，面向全校招聘驻站专家和工作人员；在职位晋升方面单列技术推广序列，使从事一线科技研发与推广的专家得以获评"推广教授（研究员）"；在"人才强校规划"上，设立"技术推广专家"，对入选者给予每人15万元的奖励；给予驻点驻站工作的推广专家特别津贴，并在学校表彰奖励系列中单设技术推广先进单位和先进工作者奖项。这些激励制度与政策的推出，极大地激发了高校教师从事农业科技研发与推广的积极性，使他们更加重视推广绩效。由此，西北农林科技大学将试验站建立在农业生产一线，客观上使科教人员更容易与农民打成一片，了解农民的技术需要，从而研发出更具推广价值的农业技术。

虽然高校以农民生产需求为导向研发的农业新技术更符合农业生产的实际需要，但是高校研发的农业技术主要依托实验室，注重的是技术的科学性和创新性，仍具有理想化的技术特征，很难直接转化成实用技术，产生直接的经济效益和社会效益。因此，现代农业科技要想从高校实验室与试验田走进田间地头，尚需一个技术转化的过程，以契合农民的技术识别水平，便于农民采纳。同时，单纯依靠高校科教人员从事农业科技推广，力量过于薄弱，西北农林科技大学创建的猕猴桃试验站就只有10名科教人员，远远不能满足技术推广的现实需要。因此，如何高效整合各种科技推广力量就显得尤为重要。

2. 县乡基层农技推广机构从事农业科技推广的优势和基本特征

长期以来，县乡基层农技推广机构是农业科技推广的核心力量。进入新世纪以来，基层农技推广体系逐渐失去活力，多数陷入维持性发展状态，甚至在部分地区还出现了全面瘫痪的失能局面。但是，"1+2+2"合作推广模式激活了县乡基层农技推广机构的活力，使县乡技术人员成为推广猕猴桃新技术的中坚力量，发挥出强大的资源整合能力。其一，中央——

省—市—县—乡五级农技推广机构是一个完整的组织体系，在各级政府中都占据着一定的位置，拥有一定的财政项目资源，掌握着相当数量的农业实用技术。一旦县乡基层农技推广机构焕发活力，重新获得主体性，就能积极整合各种有利资源，承担起推广农业新技术的重任。在眉县猕猴桃产业的发展中，地方政府对县乡基层农技推广机构给予大力支持，使之成为推动产业发展的组织载体。其二，县乡技术人员常年奔走在田间地头，既熟悉各个村庄的基本情况，也掌握着农民的技术需求，便于发挥上通下达的技术信息传递功能。一方面他们与村组干部建立有组织对接关系，对乡村技术骨干的情况也比较熟悉，有利于发挥组织动员的作用；另一方面他们掌握着科学技术知识，能够理解科教专家研发的新技术，有助于将现代农业科技传递给乡村技术骨干。但是，县乡基层农技推广机构和技术人员的力量也比较有限，眉县果业推广中心仅有 17 个人员，需要与高校科教人员一起，整合其他资源，协同创新共同承担起将农业实用技术推广到千家万户的任务。

3. 乡村技术骨干从事农业科技推广的优势和基本特征

乡村技术骨干长年浸染于农田耕作，积累了丰富的经验性知识，是村落社会里农民普遍认可的农技土专家，也是地方政府重点扶持的科技示范户，能够对农民的生产技术采纳行为产生重要影响。他们掌握的农业技术虽然不一定有很高的科学性和创新性，但是却具有较高的实用性，易于被知识水平相对较低的农民接受。乡村技术骨干生活在村落这个熟人社会之中，熟悉农民的思维方式、话语体系与技术接受能力，懂得如何将实用技术转化为农民看得懂的操作技巧。因此，他们从事农业科技推广具有得天独厚的优势。同时，乡村技术骨干之所以能够成为农民心目中的土专家，不仅是因为他们掌握着较多的农业实用技术，更是因为他们有着较强的学习和总结能力。他们熟悉农作物的生产习惯，对周边其他农户的技术创新行为或是引进的外来新技术保持有高度的敏感性。如果这些技术能够产生显著的增产、提质、增收效果，他们会看在眼里，学在心里，迅速加以总结提炼，改造旧的小农耕作传统，形成新的经验性知识，以用于指导农田耕作。这为他们从事现代农业科技推广创造了极好的机会。

**（三）解读"土专家"：理解"接点推广"机制的关键因素**

综合以上所述，我们可以看到以自然村为分界点，农业技术表现为两种不同的知识体系：在村落之外，高等院校的科教专家与县乡基层农技推广机构的技术人员共同分享作为科学性知识的现代农业科技；在村落之内，乡村技术骨干以土专家的身份与普通农民共同享有作为经验性知识的小农耕作传统。这两种知识体系遵循着截然不同的技术运作逻辑，客观上需要以自然村为接点在现代农业科技与小农耕作传统之间构建起一套精巧的承接与转换机制，以实现农业科技推广的目标。这个功能自然是由土专家来承担的。土专家打通了现代农业科技与小农耕作传统之间的区隔关系，他们将理想状态的现代农业科技转换成农民易于识别并认同的实用操作技术，以达到推广农业科技的效果。"1+2+2"合作推广模式正是借助于这套制度设计模式，使西北农林科技大学科教专家研发的农业技术在乡村社会达到了间接推广的良好效果。借助于"接点推广"有机衔接机制的构建，在自上而下的农技推广轨道上，现代农业科技通过县乡基层农技推广机构与村组干部的连接，输入到村落社会传递给土专家，经过土专家的翻译和转录，以可操作的实用技术的形式输出给其他科技示范户及普通村民。而在自下而上的农技需求信息传递轨道上，农民在一线生产实践中遇到的技术难题，如果通过土专家依靠其掌握的既有技术资源无法提供解决办法，就可能通过村组干部等体制性力量向县乡基层农技推广机构反馈农技需求信息，再由县乡基层农技推广机构告知高等院校的科教力量或整合其他科研资源加以技术研发，然后通过自上而下的农技推广轨道加以化解。以土专家为中介，现代农业科技与小农耕作传统之间得以通约，这即是农业科技进村入户过程中"接点推广"的内在机制与实践逻辑。

在"接点推广"中，土专家扮演着关键角色：一方面他们充当着高等院校和地方政府在村落社会的"代理人"角色，负责承接自上而下、自外而内输入的现代农业科技；另一方面他们还充当着普通农民的"保护人"角色，承担着现代农业科技不能匹配地方农业生产条件所带来的农田经营风险。因此，"接点推广"的首要功能是将理想化的现代农业科技转换成农民可以接受的技术形式以推广到千家万户。同时，以土专家为载体，这套机制也具有沉淀与过滤不适用的现代农业科技的功能。虽然高等院校科教人员将试验站建在农村，有助于解决科技研发不接地气的问题，但是试验田里完成的科研成果推广到农户的大田中仍有较大的生产经营风险，尤其是对猕猴桃这样需要较高气候和水源条件的农作物。土专家承接新技术后，先在自家果园中进行试用，等效果明显后才会向其他农户推广。这个过程虽然会延缓新技术的推广速度，但是却为新技术的扩散提供了一个缓冲期，有利于降低不适用的农业新技术快速大面积使用所带来的巨大风险。眉县农技推广机构就曾试图推广西北农林科技大学猕猴桃试验站研发的新品种 95-1，号召当地农民种植，却因增产提质效益不明显而最终没能推广开来。所以，"接点推广"机制的构建，还为现代农业科技的推广起到了"安全阀"的作用，保证了眉县猕猴桃产业的稳步健康发展。

## 三　农技推广的"内卷化"瓶颈与遭遇分化困境的接点推广

西北农林科技大学与眉县党委政府联合创建的"1+2+2"合作推广模式以多元利益主体共同参与协同创新的方式扭转了农业技术"无人推广、无心推广、无力推广"的局面①，推动了现代农业科技进村入户的进程，解决了农业科技成果到户率、到田率、到位率低的难题②，为眉县猕猴桃产业的快速发展提供了强有力的技术支撑。但是，经过 10 年多的发展，眉县猕猴桃产业正在面临农技推广的"内卷化"瓶颈，出现了技术推广的新难题，而这源于接点推广机制内在的分化困境。

### （一）技术推广的"内卷化"现象与农民需求的饱和状态

内卷化，是一个引用频次很高、影响很广泛的分析概念，它最早由美国人类学家格尔茨提出，指的是在土地面积有限的情况下，增长的劳动力不断投入农业生产，导致农业发展水平长期停滞，只是不断地重复简单再生产，人们的生活水平也只有非常小的改善的经济发展现象③。黄宗智将这个概念引入中国农业经济的研究中，将"内卷化"阐释为"无发展的增长"，用来解释"就总产出和总产值的绝对量而言，明清时期长江三角洲的农村经济的确出现了相当幅度的增长……这种增长乃是以单位工作日

---

①　郑家喜、宋彪：《基层公益性农业科技推广的困境对策》，《科技进步与对策》2013 年第 6 期。

②　王磊、王志刚、李建、廖西元：《基于农民视角的农业科技推广行为：形式与内容孰轻孰重》，《中国科技论坛》2009 年第 10 期。

③　Geertz, Clifford, *Agricultural Involution: The Process of Ecological Change in Indonesia*, University of California Press, 1963.

的报酬递减为代价而实现的。家庭年收入的增长，不是来自单位工作日报酬的增加，而是来自家庭劳动力更充分的利用"的现象。不仅在经济学界，而且在政治学和社会学界，内卷化的概念也有很强的影响力，但其共同的意涵均在于指代一种制度变革脱离了理想形态，虽然投入其中的人力与财力等资源越来越多，但是制度变革的效益并无显著的增长，没有达到预期效果。笔者认为，在眉县猕猴桃产业的发展中，农业科技的推广也出现了"内卷化"现象：地方政府和高等院校投入的资源越来越多，推广的技术也越来越广泛，而取得的技术推广效果却越来越不明显。

技术推广的内卷化现象在村落社会显示为农民对猕猴桃种植技术需求的"饱和"，他们缺乏足够的动力采纳新的农业技术。农民认为"技术就那样，谁不会啊？"但是，细细追究就会发现，绝大多数农民只掌握了技术的"形"，而没有掌握技术的"实"。从表面上看，农民对各项猕猴桃种植技术都非常熟悉，也知道基本的操作规范。然而，现实的情况是农民掌握技术的程度差异很大，少部分农户能在田间经营时做到精准操作，使猕猴桃种植能够连年高产，而大部分农户的经营方式仍然是粗放操作，不仅容易出现猕猴桃收获"大年"与"小年"（高产与低产）交替的现象，而且在经营中疲于应对各种病虫害，无法确保猕猴桃的品质，由此导致猕猴桃种植户的亩均经济收益差异很大。猕猴桃技术在推广中出现名实分离现象说明技术在推广的过程中存在着不同程度的损耗现象。普通农民学农业技术，靠的不是文本上的操作规范，而是土专家的现场演示或口头讲述。农民在看与听中好像学会了相关技术，往往只是保留了对技术的模糊印象，掌握了相关技术的"形"，一旦回到自家田地"照葫芦画瓢"，就容易出现有形无实的技术采纳效果。因此，技术推广内卷化瓶颈的本质是农技形式推广绩效显著而实质推广收效不足，并且农户缺乏掌握技术之实和引进新技术的动力。

由此可以发现，现阶段农民对农业技术需求的饱和状态是一种虚假的、表面的现象，技术供给与技术需求之间的平衡是一种低水平的均衡状态。这些情况的出现，说明农业科技的推广走过了快速扩张的阶段，开始受到行政体制环境与市场行情的压力，遭遇内卷化的瓶颈，需要直面村落文化，促进小农耕作传统更深层次的变革。在西北农林科技大学猕猴桃试验站进驻眉县开展农业科技推广的初期，推广的新优品种、标准架型和充分授粉等技术，一方面易于掌握，另一方面经营效益非常显著，因此推广取得了良好的成效。2006 年之前，眉县农民主栽的猕猴桃品种是秦美，经过大力推广，到 2014 年，徐香和海沃德已经在眉县猕猴桃的种植总量中各占 1/3，而徐香和海沃德等新品种更适合消费者的口味，经济效益远远超过秦美等老品种。再以充分授粉技术为例，专家保守估计单是这项技术就能帮助农户亩均增产 20% 以上，且能有效提高猕猴桃的优果率。但是，随着农业技术推广的深入，一些技术要领难以掌握、市场见效慢、与小农耕作传统及地方文化存有冲突的新技术开始进村向农户进行推广。例如，科学施肥技术，虽然看着简单，农民学起来并不难，但是用起来却很不容易，农民既要懂得在何时施用何种肥料，又要能够在多家化肥供销商之间进行选择，并辨识肥料的详细成分。再如果园生草技术，农民觉得采纳这项技术会被别人视作懒汉做法，因为在地方文化中只有懒人的地里才会杂草丛生。

### （二）遭遇分化困境的接点推广：农技推广的现实瓶颈

农技推广"内卷化"瓶颈的出现，说明农业科技进村入户的"接点推广"机制仍会遭遇来自村落社会多方面的分化压力，陷入"形式推广有余而实质推广不足"的现实困境。具体来讲，这些分化压力表现为以下几种形式。

首先，强弱有别的村组力量。村组力量指的是农村基层组织，包括党支部、村委会的成员和村民小组长。高等院校科教专家在推广农业科技的时候，需要依赖县乡基层农技推广机构的组织体系，向下与农村基层组织形成对接，从而实现最有效的推广效果。村组力量强，主动性和积极性高，就有更多机会与县乡基层农技推广机构建立紧密的连接关系以"迎技下乡"，提高土专家与其他科技示范户的技术水平，加快技术扩散传播的速度，推动村内猕猴桃产业的科学发展。目前，在眉县猕猴桃产业发展中，农技推广在不同村庄呈现出迥异的实践效果，均与此有关。在眉县猕猴桃试验站驻站专家联系的第二坡村，全村 95% 的土地都种植上了徐香等高品质的猕猴桃，人均猕猴桃经营收入 15000 元，超过 50% 的农户年收入不低于 10 万元，已经有 70 多户农民购买了小汽车。而在一些村组力量软弱涣散的村庄，虽然猕猴桃的种植面积也在不断增加，但是农民习得的主要是形式上的技术，其种植行为更多是盲从，缺乏现代农业科技的有力支撑，经济效益相对较差。

　　其次，差序格局的社会结构。差序格局是对中国农村社会结构的经典概括，中国人"和别人所联系成的社会关系，不像是团体中的分子一般大家立在一个平面上，而是像水的波纹一般，一圈圈推出去，愈推愈远，也愈推愈薄"。因此，中国人的社会关系是私人联系的增加，社会范围是一根根私人联系所构成的网络①。这就自然会对土专家在村庄里的农业科技推广行为产生重要影响。普通农民学技术的主要途径是跟着土专家和科技示范户"学样子"，而技术真谛往往是隐藏在"样子"背后难以被人察觉的。在差序有别的社会关系影响下，土专家和科技示范户更倾向于优先向跟自身建立有亲密关系的亲朋友邻传播、推广新技术，而那些跟他们关系相对较远的普通农户却很难获得技术的密码，仅能掌握形式上的技术。由此，技术推广在村落内部并不是公平地、等距离地扩散，而是以土专家和科技示范户为中心，形成愈推愈远而愈推愈不明显的推广效果。

　　再次，日益分化的农民阶层。家庭承包责任制实施以来，随着人口流动、土地流转等现象的出现，农村社会日益分化形成不同的农民阶层。简单的区分，可以将留守村庄从事农业生产的农民以家庭为单位划分为两种不同的类型：半工半耕的兼业农民和以耕为主业的专业农民。兼业农民的家庭大多采取"父耕子工"或"男工女耕"的家庭内部分工模式，家庭经济的来源以外出务工就业收入为主，以农田耕作收入为辅。因此，这个阶层的农民缺乏推动农业生产方式变革的经济动力，缺乏引进农业科技提升种植效益的迫切需求。专业农民的家庭收入主要来源于农田耕作，对农业经营的依赖程度较高，有很强的动力去采纳猕猴桃种植新技术，他们更倾向于掌握技术的"实"而不会满足于仅仅掌握技术的"形"。所以，专业农民才会成为迎技下乡的主要推动力量。农民所属的阶层不同，采纳农业技术的积极性不同，自然也就成为技术推广内卷化现象出现的重要原因。

　　最后，生产与消遣有别的经济观念。猕猴桃发展是一个资本与劳动双重密集型的产业。逐渐富裕起来的农民越来越舍得投入资本，但在人口结构老化、劳动力越来越不足的情况下，他们对劳动的投入却越来越吝啬。然而，优质壮苗、生态栽培、合理负载等农业新技术都需要密集的劳动投入。中国农村农民的经济形式是"消遣经济"，他们宁愿节制自己享乐的

---

　　①　费孝通：《乡土中国》，上海人民出版社 2006 年版。

欲望也不愿过多承受体力劳动的痛苦①。更何况，当前眉县农民的生活已经越来越富裕，不少人已经接受农闲外出旅游观光的休闲观念。由此，当农业新技术的采用，需要更多的劳动投入而增产提质增收的效果越来越不明显，猕猴桃种植业出现内卷化的发展格局时，农民的生产生活态度也会随之发生重大改变，不再愿意积极采用先进的农业生产技术，这就会影响现代农业科技的推广效果。

## 四　结论与讨论

本文的理论贡献在于以"接点推广"为理论分析框架，揭示了农业科技进村入户的基本规律，分析了村庄视域中农技推广的内在机制及其症结。通过土专家这个衔接桥梁，作为科学性知识的现代农业科技得以翻译、转录和输出为农民易于接受的经验性知识，并以此重构了小农耕作传统的构成要素，对农民的技术采纳行为产生了决定性影响，为农业科技推广提供了较为畅通的渠道。然而，以村庄为接点、以土专家为中介的农业科技推广，仍然会遭遇来自村庄和农民两个层面多个方面的分化压力，进而陷入内卷化的发展困境。高等院校和县乡基层农技推广机构投入的人力、技术、财政项目等资源越来越多，而农业科技推广却在村庄里呈现出复杂的现实局面。相当数量的农民在采纳现代农业科技时，重形式甚于重内容的情况说明，现阶段的农业科技推广虽然为地方产业的发展提供了必要的技术支撑，满足了当地农民繁杂而不同的技术需要，但是未能从根本上改变农民的小农耕作传统，使农技推广在制度变迁中陷入低水平的均衡状态，制约着眉县猕猴桃产业向生态健康、可持续的方向发展。

接点推广的农业科技进村入户机制虽然并不完美，但其在眉县猕猴桃产业发展中所展现出的活力说明，它仍然是现代农业科技与数以万计的分散农民家庭衔接的有效机制。因此，结合本文的结论，笔者认为应从以下三个方面着力推动农业生产经营方式的变革，以为推动农业科技推广体制的持续完善注入制度变迁的新动力：一是提高专业农户在农户总量中的比重，发展适度规模的家庭农场；二是推动农民合作社规范化发展，支持合作社以农技与农资相配套的方式推广农业新技术；三是在消费者中宣传生

---

① 费孝通：《乡土中国》，上海人民出版社 2006 年版。

态健康的消费理念，培育全方位、多层级的农产品销售市场，以激活市场潜力为抓手，引导农民不断采用新技术、淘汰旧传统，促进农业生产经营方式的变革。

**参考文献**

陈柏峰：《华中村治研究：问题与方法》，《甘肃行政学院学报》2010 年第 3 期。

费孝通：《乡土中国》，上海人民出版社 2006 年版。

黄季焜、罗泽尔：《迈向二十一世纪的中国粮食经济》，中国农业出版社 1998 年版。

黄宗智：《华北的小农经济与社会变迁》，中华书局 2000 年版。

孙武学：《围绕区域主导产业建立试验站　探索现代农业科技推广新路径》，《农业经济问题》2013 年第 4 期。

滕瀚、孙超：《知识哲学视域中的农业科技推广》，《自然辩证法研究》2012 年第 4 期。

王利清：《农民视角下的农业科技推广困境与出路研究》，《科学管理研究》2013 年第 2 期。

《中国农业技术推广体制改革研究》课题组：《中国农技推广：现状、问题及解决对策》，《管理世界》2004 年第 5 期。

王甲云、陈诗波：《"以钱养事"农技推广体系改革成效分析》，《农业经济问题》2013 年第 10 期。

王磊、王志刚、李建、廖西元：《基于农民视角的农业科技推广行为：形式与内容孰轻孰重》，《中国科技论坛》2009 年第 10 期。

赵晓峰：《找回村庄》，《学术界》2013 年第 6 期。

郑家喜、宋彪：《基层公益性农业科技推广的困境与对策》，《科技进步与对策》2013 年第 6 期。

Geertz, Clifford, *Agricultural Involution*: *The Process of Ecological Change in Indonesia*, University of California Press, 1963.

# 集中连片特困地区易地扶贫搬迁：
# 风险及其超越<sup>*</sup>

何得桂[**]

## 一　研究背景与问题的提出

  打赢脱贫攻坚战是全面建成小康社会最艰巨的任务。实施精准扶贫方略，构成了"十三五"时期经济社会发展规划与实践的优先领域、重点领域，相关学术和政策研究也将成为当前及今后一个时期的热点。推进集中连片特困地区加快摆脱贫困既是中国政府和社会长期关注的重大现实课题和战略决策问题，也是新阶段脱贫攻坚最为艰难的主战场、促进区域均衡发展和提高扶贫开发效益的关键领域。集中连片特困地区是脱贫攻坚最难啃的一块"硬骨头"。避灾扶贫移民搬迁政策作为我国新型城镇化背景下精准扶贫最为直接的重要方式，近年来在中西部贫困地区被广泛应用。作为一项重要责任，代表公共利益的政府既要对自然灾害已经发生地区开展移民活动，也要对发生高风险地区尽可能进行有计划的人口迁移，以避免未来可能的灾害损失。从"因灾移民"到"因险移民"是灾害移民的未来动向。[①] 习近平总书记 2015 年 6 月 18 日在贵州调研期间专门组织召开的涉及乌蒙山、武陵山、滇桂黔集中连片特困地区扶贫攻坚座谈会上明

  * 陕西省社会科学界重大理论与现实课题资助项目"陕南避灾扶贫移民生计可持续发展研究"（2015Z023）、陕西省农业协同创新与推广联盟科技项目"陕南地区避灾移民搬迁的成效评价及政策完善研究"（LM2015015）。

  ** 何得桂，博士，西北农林科技大学人文社会发展学院副教授，农村社会研究中心研究人员。

  ① 周洪建：《灾害移民的未来动向：从"因灾移民"到"因险移民"》，《中国减灾》2011 年第 21 期。

确指出要因地制宜研究实施"四个一批"的扶贫攻坚行动计划，即"通过扶持生产和就业发展一批、移民搬迁安置一批、低保政策兜底一批、医疗救助扶持一批"。移民搬迁在精准扶贫中的地位得以正式确立，成为新形势下我国精准扶贫和精准脱贫的主要实现形式之一，并在实践中发挥着愈加重要的作用。

处于秦巴山集中连片特困地区核心腹地的陕南地区既是我国贫困程度较深的区域、地质灾害多发区，也是南水北调中线工程主要水源地、革命老区和地方病较为严重的地区。为有效改善生产生活条件和彻底消除自然灾害等因素对秦巴山区农村居民生命和财产安全的严重威胁，陕西省已于2011年5月6日正式启动实施被称为"新中国成立以来最大的移民工程"——陕南地区避灾移民搬迁工程。它计划用十年时间（2011—2020年）对陕南地区63.54万户、240万人进行搬迁，占陕南总户数和总人口的21.98%和26.38%，也远超过三峡工程的移民规模，将产生广泛而又深远的社会影响。移民搬迁地域涉及陕南3市（安康、商洛、汉中）28个县（区）。纳入搬迁的村庄和农户主要有：受地质灾害、洪涝灾害或其他自然灾害影响严重的村、户；距离行政村中心较远，服务设施、基础设施落后，发展条件较差，基础设施配套困难，无发展潜力的村、户；经济收入来源少，人口规模过小的村、户；距乡、村公路5公里以上的偏远山区，交通不便的村、户；位于风景名胜区、自然保护区、文物保护区和生态敏感区范围内，影响区内环境的村、户。因涉及洪涝灾害移民、地质灾害移民和生态移民等多种类型，统称为避灾移民搬迁。为推进此项工作，陕西省成立陕南地区移民搬迁工作领导小组，具体指导实施移民搬迁安置工作，领导小组办公室设在省国土资源厅；成立陕南地区移民搬迁工作指挥部，负责具体工作开展；各市、县（区）比照省上做法，成立移民搬迁工作机构，负责本行政区域的移民搬迁安置工作。县级人民政府是移民搬迁的责任主体。安置方式以集中安置为主、分散安置为辅。该工程的基本要求是"搬得出、稳得住、能致富"。整个工程分为两个阶段：2011—2015年重点安排洪涝灾害和地质灾害频发易发区、贫困山区以及生态移民搬迁安置约140万人；2016—2020年对其他100万人进行搬迁安置。陕南移民搬迁工作领导小组依据《目标责任书》对移民工作进行年度检查考核。截至2012年底，已有20多万群众搬到远离灾害、设施完备、交通便利的新社区，促进陕南城镇化率提高2%，移民活动取得较为显著效果。

　　作为新中国成立以来涉及人口最多的区域经济、社会发展项目的陕南地区避灾移民搬迁工程已引起政策研究者和学者的密切关注并产生不少研究成果。有的从公共财政的视角来研究如何有效整合、利用公共财政以加快陕南移民搬迁的进程；① 一些学者探讨了陕南地区移民搬迁过程中要注意的若干重要问题；②③ 有学者已经探析陕南避灾移民过程中的社会排斥问题及其发生机制；④ 也有研究者针对移民安置点的选择因素进行分析。⑤ 与此同时，有的研究成果已经对移民搬迁型社区管理问题等进行了较为深入的探讨。⑥ 有学者基于实证分析对西部山区易地扶贫搬迁政策执行偏差问题展开相应研究。⑦ 此外，还有学者重点从移民搬迁对象的视角出发，同时结合公共部门和基层治理视野，对山区精准扶贫政策的实施及效果进行多视角、多维度的描述、分析和展望。⑧ 这些成果从不同维度对陕南避灾扶贫移民展开富有建设性的探索，具有重要理论价值和政策意义，但是它们大都侧重于移民搬迁政策执行存在的问题等具体方面，系统性和前瞻性的研究相对较少。诚然，易地扶贫移民无论是对人居环境提升、生态环境保护，还是促进减灾扶贫、推进城镇化等方面均有重要的积极作用，但该工程具有规模宏大、类型复杂和持续时间长等特点，如何实现易地扶贫搬迁政策所追求的"挖险根"和"挖穷根"的目标，特别是究竟如何化解并超越易地扶贫搬迁所蕴含的风险，已有研究对此关注不足，相关研究迫在眉睫。实际上，大规模移民搬迁并不仅仅是空间地域上的迁移，更是一次涉及城乡统筹发展和社会整合的过程。从根本上讲，易地扶贫搬迁面临着规划形态、整合形态与发展形态的三大调整或转变。本文也循此框架

① 安莉：《公共财政加快陕南移民搬迁进程》，《西部财会》2011 年第 11 期。
② 冯明放：《陕南移民搬迁当前需要解决好的几个问题》，《产业经济论坛》2012 年第 1 期。
③ 冯明放、彭洁：《浅析陕南移民搬迁面临的几个突出问题》，《特区经济》2012 年第 10 期。
④ 何得桂、党国英：《陕南避灾移民搬迁中的社会排斥机制研究》，《社会科学战线》2012 年第 12 期。
⑤ 彭洁、冯明放：《陕南移民搬迁安置点选择的影响因素》，《安徽农业科学》2011 年第 36 期。
⑥ 何得桂：《西部山区避灾扶贫移民型管理创新研究——基于安康的实践》，《国家行政学院学报》2014 年第 3 期。
⑦ 何得桂、党国英：《西部山区易地扶贫搬迁政策执行偏差研究》，《国家行政学院学报》2015 年第 6 期。
⑧ 何得桂：《山区避灾移民搬迁政策执行研究——陕南的表述》，人民出版社 2016 年版，第 289 页。

展开，以实现对易地扶贫搬迁政策风险的超越。

## 二　生存环境重建的风险及其可持续发展导向的规划调整

避灾移民搬迁首先面临的是生存环境变迁与重构的问题。规划初衷是将受灾害威胁的民众就近迁移到安全、便利的地方。但现实情况往往更加复杂，如果政策规划不当，很可能导致灾害转移、搬家，引起二次环境破坏问题，影响人居环境的有效重构。

### （一）客观条件制约及其生存环境重建风险的生成

1. 人地关系高度紧张下的移民规划

陕南地区移民的最大问题是山地多、平地少，土地资源稀缺，大规模避灾移民搬迁用地选址问题凸显。受地理条件制约，陕南的人地矛盾要比陕北和关中更加突出。陕南可耕地只占土地总面积的1%左右，每平方公里只能养活10人左右，而目前生活着800多万人，已远超过土地承载能力，可供选择的移民安置地点严重不足。根据《陕南地区移民搬迁安置总体规划（2011—2020年）》，整个移民工程需占地1万多公顷，主要采取就近安置方式，而不是类似三峡工程那样跨地区、跨省安置，难以有效减轻陕南人口承载力。在国家和陕西省的政策倾斜下，陕南移民搬迁用地的近期指标已有专项安排，但因市县发展产业的积极性较高，许多指标被挪作他用，难以落实安置用地。即使不被挪用，随着避灾扶贫移民工程的推进，今后可供移民的土地也将越来越少。中国在灾害移民和扶贫移民的政策法规、理论研究和规划设计等方面较为薄弱，陕南地质灾害具有高发、易发特点，要寻找足够多的安全地带也是个难题。出于安全因素考虑，移民安置点选择势必占用一部分耕地；迁入地距离原有社区较远，导致一些较偏远的土地被撂荒；搬迁户住房面积普遍偏大，存在土地浪费现象。这将造成有限的耕地资源进一步流失，加剧人地关系紧张。土地资源供需的尖锐矛盾将对规划实施的"有土安置"构成挑战，也会影响整个陕南移民工程的开展。此外，规划确定的移民节奏过快，不利于及时总结经验和纠错校偏。

2. 自然生态条件脆弱下的移民活动

陕南地质环境极其脆弱，山体稳定性较差，以崩塌、泥石流、滑坡为主的地质灾害隐患分布广、密度大且危害严重。据不完全统计，陕西省地质灾害易发区占到全部国土面积的 49%，安康市则超过 60%；仅 2001—2010 年，陕南就发生各类地质灾害 2000 多起，致使 590 多人死亡或失踪。在自然生态条件脆弱区内部开展大规模移民活动可能导致或引发一系列的生态、社会问题。目前关于原住地地质灾害威胁程度还缺乏科学评估，对不少安置地是否已避开可能发生地质或气象灾害的区域以及安全与否还有疑问。陕南 28 个县均处于水源源头地，提供南水北调中线工程 70%的水，面临严格环境标准。如果选址安排不当，很有可能导致灾害转移、搬家，产生新的环境、生态等灾害问题。调研发现，移民迁出后原有的耕地、山林若不能及时流转，将导致土地撂荒现象和地权纠纷的增多；搬迁户迁入新居住地增加了当地人口密度，造成人均资源拥有量减少；被问到"耕地资源不断流失的可能性"时，调查对象回答"较大"、"一般"和"较小"所占比重分别为 38.0%、19.5%和 42.5%。[1] 移民过程中自然环境遭到破坏的可能性达 53.1%。一些农户为获得更好的发展机会和空间，社区建设过程中出现自然资源过度开发或不合理利用的现象，森林资源遭到破坏。集中居住也会出现生产生活污水及垃圾任意排放现象。可见，移民活动可能阻碍环境可持续发展。

### （二）以可持续发展为导向的规划调整

破解上述风险的策略是适当调整移民搬迁规划与规范移民活动，促进避灾扶贫移民协同发展。

#### 1. 以"三最"思想规划利用土地资源

如果陕南移民规划不当，将造成土地资源不断流失、破坏生态环境和引发各种矛盾。加强对陕南避灾扶贫移民理论研究、规划设计以及制度安排，用科学的理论和方法指导移民活动；要树立土地资源利用效益最大化、移民利益受损最小化和安置点选择最优化的"三最"思想。严控移民搬迁占用耕地，尽量使用未利用地、闲散地等。加快迁出地山林、耕地等资源的流转，提高利用率。控制好移民搬迁住房面积，确保占地面积不超标。

---

① 这些数据是课题组 2012 年 8 月对陕南移民搬迁问卷调查和田野访谈所得，下文如无特别说明均如此。

2. 规范移民搬迁活动，确保"挖险根"

适当放缓移民活动的节奏，而不能一蹴而就。建议采取加强地质监测和渐进式迁出的方式开展移民。安置点选择应树立全局观和系统观，集中安置用地选址要符合防灾减灾等要求，要有利于生活生产。针对搬迁方案和移民安置点，要从环境效益、社会效益和经济效益等方面进行评估论证和科学决策。移民搬迁规划要更具科学性和前瞻性。制定和执行移民政策坚持可持续发展理念，要对避灾移民工程开展社会影响评估。

3. 争取更多支持，拓展移民安置区域

在政府推动下，西部地区开展以避灾减贫为特色的避灾移民活动，要实现推进力量协同化、政策制定科学化、制度执行高效化、保障体系衔接化[①]，事实上离不开强化和完善顶层设计，也离不开更多的支持。打破行政区划限制，在全市乃至全省范围内统筹利用土地资源和开展集中安置点的布局。可充分利用西咸新区发展的有利条件，吸纳陕南移民中的 30 万—40 万人到此安居乐业。努力借助外部资源开展有业安置或有技安置，进一步争取国务院对陕南移民工程的资金支持、土地使用和政策倾斜；力争将它上升为国家层面的工程，开展跨省移民活动，使陕南土地承载力保持合理水平。

## 三　社会文化重构的风险及其治理提升取向的整合趋势

移民活动面临的另一个风险就是社会—文化系统重构的风险。迁移到资源竞争更加激烈的安置区可能造成移民原有的社会关系网络被削弱、生产性收入来源丧失、文化认同和社会凝聚力降低以及潜在的相互帮助作用被减弱等一系列问题。

### （一）社会文化重构风险的主要体现及其成因

1. 搬迁中的社会排斥与公平问题

"从大局考虑，即使是正确的政策在具体实施中也未必能保证充分稳妥，很容易向错误的方向转变，在实践过程中发生的一些实际问题在任何

---

① 何得桂、廖白平：《机遇与挑战：西部山区开展避灾移民的 SWOT 态势分析》，《灾害学》2014 年第 2 期。

国家都有可能发生。"① 陕南避灾移民搬迁工程 2011—2015 年重点安排洪涝灾害和地质灾害频发易发区、贫困山区以及生态移民搬迁安置约 140 万人，2016—2020 年对其他 100 万人进行移民搬迁。避灾移民活动开展时间还不长，但在不少山区以效率优先为取向的移民搬迁在提高当地城镇化水平的同时出现了不同程度的"搬富不搬穷"现象。② 大多数普通农户和最需要帮助的村民因遭受政策排斥、信息排斥和资金排斥等因素的影响而被排除在移民搬迁之外，其结果是村庄中的富人、能人通常先享受政策，最先撤离危险。避灾移民政策落实不到位，出现不少偏差。大部分村民从移民搬迁中获益很有限，基本丧失了优先搬迁的机会，依然生活在危险和贫困的山村。这在一定程度上偏离了移民搬迁"挖险根"和"挖穷根"的规划目标；大多数农户对移民搬迁政策不满意，被调查者认为不满意发生"较大"、"一般"和"较小"的可能性分别是 34.5%、31.9% 和 33.6%。移民活动是否兼顾公平与效率原则受到质疑。

2. 移民安置社区的基层治理问题

从移民搬迁型社区的规模与结构上看，具有"规模小、布点多、跨行政区划的安置点稀少"等突出特点，存在"求数量不求质量"等问题。有的移民干部认为，不少地方未能严格坚持"三靠近"、"三为主"搬迁思路和模式，开展搬迁安置工作，集中安置点布局分散、安置规模小、存在复制农村的问题。大规模移民如果安置不当将导致移民群体和迁入地居民群体在自然资源、就业机会和公共服务方面出现争夺，产生社会冲突。移民安置社区大多是由原来几个甚至更多村庄合并而成，容易形成小团体而相互争夺有限的资源，影响社区和谐。搬迁后新社区公共服务和公共品的供给还不完善，多数集中安置点只解决了门前硬化、上下水排污等小型配套设施，卫生室、学校、文化活动室等大的配套设施建设跟不上。组织体系不健全，移民参与社区管理的程度不足。认为移民搬迁造成安置区内的治安状况不如从前的，占被调查对象的 47.8%；搬迁后农户对新社区缺乏归属感，21.5% 的移民对是否愿意返回原居住地或留下来要视情况而定。由于社区管理跟不上，与搬迁前的村庄相比，新社区的人心凝聚力和组织动员能力有所下降。若处理不好这些问题将影响移民社区的社会管理

① 杜发春：《三江源生态移民研究》，中国社会科学出版社 2014 年版，第 12 页。
② 王登记：《陕南地区移民搬迁工作报告》，《陕西日报》2012 年 10 月 15 日第 5 版。

与社会稳定。

3. 易地扶贫搬迁移民社会文化适应问题

文化适应问题是移民过程中不容忽视的，如果处理不当将会引发文化断裂和社会摩擦。大规模移民往往会导致一些历史文化的消亡，安置区及周边的人文景观因搬迁而遭破坏的可能性增大，有些文化习俗逐渐消亡。一些迁移户难以有效融入更具现代性特征的社区。大规模人口迁移活动会对社会—文化环境产生影响，移民人口面对新的社会环境容易出现社会适应问题。有31%的被调查者认为自己对新搬迁的居住环境难以适应，心理难以调适，对故土仍恋恋不舍；78.8%的搬迁户觉得自己对新迁入地的劳动适应性一般，仅有12.4%的人觉得自己对搬迁后的劳动适应较好，仍有8.9%的人口认为自己对新迁入地的社会环境不适应或很难适应。这些问题将影响移民融入新社区的进程，蕴藏社会适应等潜在风险。

**（二）以治理提升为取向的整合趋势**

1. 完善移民搬迁政策与提高执行力

对于已纳入避灾扶贫移民搬迁的村庄，不论其空间远近、农民的穷富，都要进行全员化的移民搬迁，特别要关注待迁人口中的贫困户、老人等相对弱势群体。要严把搬迁"准入关"，严格审定移民对象，确保最需要迁移的对象及时迁移。兼顾社会公平与效率的原则，消除各种社会排斥因素，防止"搬富不搬穷现象"的发生。防止和减少执行偏差，提升避灾扶贫移民搬迁各项政策的执行力。要加大公共设施配套力度，加强对土地治理等项目的扶持。大规模移民活动改变了许多人群的生存状态，有必要进行立法规范；建议加快《陕南避灾扶贫移民搬迁管理条例》的制定，更好维护移民合法权益。

2. 增强搬迁移民的社会文化认同

移民搬迁活动是一项错综复杂的系统工程，也是社会系统重新建构的体现。要以增强移民的社会文化认同为核心，促进基层社会管理与善治。居住集中化后，要实现"管理社区化"，加强整合力度，提高参与程度。大力培育移民社区的公共参与精神，培育新型农村社区居民。创新移民基层党组织、自治组织建设，凝聚和增强社区的组织动员能力和社会管理水平；加强民间组织建设，弥补社区中权力结构的不足，提高治理绩效。可以尝试建立一个反映移民贫困情况和生活质量情况的评估体系，评价移民所经受的机会损失和痛苦程度的综合指标体系，监测非自愿移民社会风险可能出现的严重程度，为政府及时恰当地做出科学决策提供信息，这也是实现移民社会风险过程控制的重要条件。[①]

## 四　发展能力重塑的风险及其人本发展导向的发展转变

迁移户在摆脱恶劣人居环境后，如何降低生计风险、增强发展能力是一道难题。避灾扶贫移民搬迁涉及的户数和人口占到陕南地区总户数和总人口的 21.98% 和 26.38%。若不能解决好"能致富"问题，可能导致大批脱离土地的移民和次生贫困人群，出现"回迁"现象。

### （一）发展能力重塑风险的主要表现

1. 资金短缺下的移民搬迁压力

财政资金紧缺是最大的难点，也是影响"搬得出、能致富"的首要因素。虽然陕南移民搬迁工程的启动资金初步解决，但是资金问题的隐忧尚存。陕南移民工程建设资金缺口巨大。该工程计划投资 1109.4 亿元，按照"三四三"的补助方案，地方政府需支付 360 亿—420 亿元。陕南地区 2010 年财政收入只占全省的 2.38%。虽然有省财政的直接投入和转移支付，但市、县财政依然严重短缺。除建房配套资金外，落实移民社区基础设施项目配套难度也很大。原材料和人工费不断上涨也困扰着移民工程。上述 1109.4 亿元不是最终投资，缺乏动态预算，假如考虑通胀因素并按年均 5% 的通胀率测算，所需资金接近 2000 亿元。在政府资金短缺情势下，搬迁户所承受的经济压力明显增大。实际上，各级政府用于补助搬迁户建房的资金仅 60 多亿元，真正的大头还要移民承担。一些地方的建房补贴标准"缩水"较严重。陕西省统计局社情民意调查中心对已搬迁入住的 6 万户移民随机调查发现，33% 的搬迁对象住房总花费 20 万元左右。[②] 政府对移民的直接补贴只占搬迁费用的 20% 左右，难以解决实际问

---

① 曾富生、朱启臻：《整村搬迁移民扶贫中存在的问题及对策》，《西北农林科技大学学报》（社会科学版）2006 年第 3 期。

② 乔佳妮：《九成多受访者满意陕南移民搬迁工作》，《陕西日报》2013 年 2 月 7 日第 1 版。

题。能够搬迁出来的大多是村中最富有的人，目前急需搬迁的对象大都自筹资金能力弱，缺乏抵押物和稳定收入。调查表明，移民的建房资金来源渠道：主要向亲戚朋友借钱的占 78.8%，选择向银行贷款有 65.5%，1.8% 的人甚至借助于高利贷，导致移民的生活面临较大的经济压力。

2. 迁移后的移民生计状况

陕南山区耕地资源少而贫瘠，农民以外出务工为生，但是农民与土地之间的关系不仅是农村最主要的经济关系，也是最重要的政治关系。原承包地难以远距离耕种或处于退耕还林的情况下，移民户生产用地调剂难，移民的基本生活无法得到有效保障。调查表明，搬迁后农民拥有的林地和耕地面积减少趋势较明显。迁移后农户的生计资本有所削弱。避灾移民是一项反贫困的制度安排，但一些农户因迁移而致贫。搬迁前，村民日常生活开销成本较低，用水、蔬菜瓜果，甚至粮食等大都能自给自足，生计方式也较为多样；搬迁后的生活成本不断攀升，生计方式变得相对单一，外出务工成为主要选择。缺乏有效组织的移民难以应对市场化带来的巨大冲击。受这些因素影响，搬迁户的生活状况普遍不佳，11.5% 的移民认为目前生活状况"很好"，认为"一般"、"有点差"和"很不理想"的分别占 53.1%、18.6% 和 12.4%。对搬迁后家庭经济收入提高"没有信心"、"信心一般"和"比较有信心"所占比重分别是 15.0%、48.7% 和 36.3%。大部分人对迁移后经济收入的改善存有顾虑。在对未来改善生活的途径方面，有 29.2% 的被调查者希望政府增加就业机会，36.3% 的人希望增加个人收入。可见，移民搬迁加重了农户的心理压力和经济负担，存在一定的生计风险。

**（二）以人本发展为导向的发展转变**

"搬得出、稳得住、能致富"是任何移民活动都要努力实现的目标。如果不能解决好搬迁户可持续生计问题，势必加剧移民风险，影响工程的进程和效果。

1. 加大公共财政等各类资金的投入

作为政府推动型的移民工程离不开公共财政的有力支持。现有陕南移民政策是人均建房补助 2500—3800 元，每户 1 万—1.5 万元，特困户加补 1 万元，地方政府对农户 3 万元贴息贷款，获得的帮助共计 5 万元左右，仅为建房费用的一半。① 多数待迁户是移民搬迁中"最难啃的骨头"，安置这部分居民要进一步提高建房补助标准。避免经济贫困的移民因生计困难而回迁的应对之策有赖于开展社会救助。② 要在公共财政的扶持下成立各种以摆脱贫困为目标的经济合作组织，优化生产要素组合，提高市场竞争力。做好移民原来的房产、田地和宅基地等债权债务的妥善处理。整合各类项目资金向陕南移民倾斜，集中捆绑使用，也要完善和拓展资金筹措机制和渠道，撬动民间资本进入陕南移民搬迁。争取设立陕南国家级生态移民示范区，吸引国家更多的支持。与此同时，还要用足用活国土资源部《关于支持陕西省陕南地区生态扶贫避灾移民搬迁有关政策实施的函》（国土资源函〔2013〕837 号）的政策规定，在优先满足陕南搬迁区域移民安置和发展用地需求的前提下，可将腾退节约的农村建设用地在市域内安排使用，并将土地增值收益返还移民搬迁区。此外，可以考虑通过发行社会福利彩票、地方债券的方式募集资金。

2. 加快产业发展，促进可持续生计

安居只是基础，乐业才是保障。实现"搬得出、稳得住、能致富"的要求，归根结底是要为移民建立起稳定的增收渠道。拓宽避灾扶贫移民就业安置渠道，实施开发性移民，建立稳定收入来源，才能不断提高搬迁移民的生活质量。山区开展移民搬迁是"农民下山"的过程，也是推进城镇化的重要手段。移民活动要进一步与产业发展、劳动就业相衔接，开展教育和技能培训，提高移民人力资本。出台更多优惠政策，因地制宜促进特色产业发展，拓展移民就业空间。地方政府要加大招商引资力度，鼓励外来企业瞄准当地优势资源进行综合开发，引导移民发展核桃、茶叶、中草药、柑橘等特色农业，或建门面房、搞特色养殖和发展农家乐等，借助旅游资源延长产业链。移民搬迁既要注重解决移民群体当前的生产生活困难，更要积极探索长效发展机制，在技能培训与信贷支持等方面进行改革和完善，促进搬迁群众自我发展能力的提升。建议集中使用就业培训经费和小额贷款贴息，有计划地开展实用技术培训。发展劳动密集型产业，创造更多就业机会，使移民家庭有长期、可持续的生计出路和收入。

---

① 王彦青：《关于陕南三市移民搬迁的政策建议》，《陕西发展和改革》2011 年第 3 期。
② 田朝晖、孙饶斌、张凯：《三江源生态移民的贫困问题及其社会救助策略》，《生态经济》2012 年第 9 期。

# 五　小结与展望

　　地处秦巴山片区核心腹地的陕南地区大规模避灾扶贫移民搬迁活动虽然某种程度上实现了既定目标，但至少面临上述三大潜在风险。包括避灾移民、扶贫移民在内的各类移民活动要改变原居民赖以生存的自然环境和社会环境，迁移户的生活、生产、资源、就业和社会关系网络都发生了变化，移民搬迁安置绝非易事。陕南山区受自然灾害胁迫由来已久，但在此之前政府对自然灾害隐患更多采取"治理"策略，而不是"规避"策略，缺乏"预见性治理"的眼光和能力。随着灾难给人类带来巨大影响以及对人与自然关系认识的深化，不仅要对大型工程建设区、贫困地区的民众实行迁移，也要对生态环境恶劣、受地质灾害胁迫的居民及时搬迁；这可以有效规避自然灾害，改善人居环境，也可优化人口布局，促进城镇化发展。陕南地区大规模避灾扶贫移民搬迁是在上述大背景下应运而生的。显然，移民搬迁工程正是在政府治理策略与城乡统筹发展等的不断变化中进行的有益探索。

　　为此，不仅要注重相关制度安排对移民搬迁工程的约束与引导的重要作用，更要关注城乡发展断裂、移民社区特点、迁移户生计等变量之间错综复杂的动态关联。事实上，当前易地扶贫搬迁要面对规划形态、整合形态与发展形态这三大转变，而其中蕴含着不同的风险，超越风险需要形成相应策略，策略选择与实施的核心在于究竟确立怎样的导向。伴随移民搬迁活动的持续推进，政策、环境、资源和人口因素的变化，陕南地区避灾扶贫移民搬迁工程又将面临新的挑战。本文所做的努力正是期待能对我国西部山区特别是秦巴山集中连片特困地区易地扶贫搬迁的发展逻辑、潜在风险和制度创新等进一步的探索有所裨益。最后要指出，以个案实证方式探讨秦巴山区避灾扶贫移民搬迁的风险并不是要否定它，而是为了更好实现其预期目标，促进区域经济社会的更好发展。

# 人口流动背景下农村妇女对公婆代际支持的影响因素分析
## ——来自关中四个村庄的调查发现

刘利鸽　白志鹏*

## 一　研究背景

在我国，人口老龄化正在成为突出的人口社会问题。在农村青壮年劳动力普遍外流的背景下，农村地区人口老龄化和老年人口的养老问题尤为突出。与此相对应的是，我国的养老保障制度尚未广泛覆盖广大农村地区，居家养老仍是最为常见的养老方式。① 受传统"单系偏重"的父系家族制度的影响，多数老年人口同儿子居住；与女儿相比，儿子承担赡养父母的主要责任。

在农村青壮年劳动力城乡流动背景下，儿子承担的赡养父母责任更多地通过妻子实现：一方面，伴随着社会的变迁和性别平等意识的增强，家庭权力结构发生变化，女性的家庭地位显著提高，她们越来越多地参与为公婆提供养老支持的决策。② 另一方面，在家庭分工中，男性承担家庭主要的经济支撑角色，而女性承担着主要的家庭照料角色。随着城市化进程的加快，大量农村男性青壮年劳动力流向城市寻找就业机会，儿童、妇女

---

*　刘利鸽，西北农林科技大学人文社会发展学院副教授，农村社会研究中心研究人员；白志鹏，西北农林科技大学人文社会发展学院本科生。

① 张文娟、李树茁：《农村老年人家庭代际支持研究——运用指数混合模型验证合作群体理论》，《统计研究》2004年第5期，第33—37页。

② 狄金华、尤鑫、钟涨宝：《家庭权力、代际交换与养老资源供给》，《青年研究》2013年第4期，第84—96页。

和老人成为留守农村的主要人口。[①] 这就极大地改变了农村家庭的代际关系，家庭养老中的责任分担也发生改变，为父母提供养老支持的任务实际上更多地由留守妇女承担。[②] 因此，如果说与女儿相比，儿子是父母养老责任的主要承担者，那么，儿媳则是公婆养老支持的关键人物和直接提供者。[③]

因此，从儿媳的角度入手，研究农村已婚妇女对公婆的代际支持，讨论影响儿媳为公婆提供养老支持的因素，对于揭示农村老年人口的养老现状和问题，充分发挥居家养老的功能，促进老年人口的生活福利，具有重要的现实意义。遗憾的是，当前代际支持的相关研究主要关注儿子和女儿对父母的代际支持，而儿媳这一重要的参与者却尚未得到学界的重视。较多研究关注成年子女外流对留守父母养老的影响，而留守妇女对公婆的养老仍有较大的研究空间。本文在已有研究基础上，基于互惠交换理论，关注人口流动背景下农村已婚妇女对公婆的经济支持和器械支持及其影响因素，并探索留守妇女和非留守妇女之间的差异。

## 二　理论和假设

目前西方学者关于家庭养老支持的理论解释主要有互惠交换模型、群体合作模型、权利与协商模型。其中互惠交换模型和群体合作模型常被用于解释我国家庭的代际支持行为。[④] 两个理论模型均是基于互惠原则，认为成年子女向其父母提供的支持是依赖于父母早先提供给他们的资源。所不同的是，群体合作模型认为父母对子女的人力投资行为是减少其晚年养老不确定性的一种长期策略；而交换模型则认为父母为成年子女提供家务帮助或照料孙子女是一种可以得到子女类似回报的短期策略。[⑤] 本文认

---

① 吴惠芳、饶静：《农村留守妇女研究综述》，《中国农业大学学报》（社会科学版）2009年第26卷第2期，第18—23页。

② 李树茁、费尔德曼、靳小怡：《儿子与女儿：中国农村的婚姻形式和老年支持》，《人口研究》2003年第1期，第67—75页。

③ Pei, X., Pillai, V. K., "Old age support in China: The role of the state and the family", *The International Journal of Aging and Human Development*, Vol. 49, No. 3, 1999, pp. 197-212.

④ Xiaoyi Jin, Qiuju Guo, Marcus W. Feldman., "Marriage Squeeze and Intergenerational Support in Contemporary Rural China: Evidence from Yi County of Anhui Province", *International Journal of Aging and Human Development*, Vol. 80, No. 2, 2015, pp. 115-139.

⑤ 宋璐、李树茁：《当代农村家庭养老性别分工》，社会科学文献出版社2011年版。

为，由于儿媳在成长早期并未得到公婆提供的人力资本投资，因此强调短期策略的互惠交换模型更适用于解释儿媳与公婆之间的代际支持。

互惠交换理论认为，代际支持遵循"投桃报李"的原则进行，以交换的双方有提供回报的意愿以及能力为默认前提，以交换者自己的福利最大化为目标，家庭成员间存在广泛的互助与交换。一些实证研究验证了老年父母为成年子女的家庭照料和子女对老年父母的经济支持之间呈现显著的正相关关系：成年子女为老年父母提供金钱和实物等物质支持，作为对父母提供家务帮助、照顾子女等器械支持的回报。宋璐等对外出务工子女对父母代际支持的研究进一步指出，在劳动力迁移和城市化进程中，传统的养老责任对子女的约束作用不断减弱，老年父母只好付出更多的支持和帮助以增强子女的养老能力，并使得与子女的养老契约得以巩固。[1] 张文娟的研究也有类似的发现，那些由父母提供劳务帮助和照看子女帮助的外出成年子女，往往会遵从代际交换和互惠的模式，为父母提供更多的经济支持，以履行赡养父母的责任。[2] 刘春梅等认为，代际养老支持是一种代际双向交流的形式，父母对子女的付出越多，则子女的代际养老支持意愿越强。[3] 上述研究发现主要是基于成年子女和父母的代际互动得出的，那么上述结论是否同样适用于儿媳？

经济支持和器械支持是代际支持的主要内容，其中经济支持包括现金和实物，器械支持包括帮助儿媳照顾孩子、做家务、干农活。因此，根据互惠交换理论，本文提出以下假设：

假设1：公婆给予儿媳的经济支持越多，则儿媳为公婆提供的养老支持越多。

假设1—1：公婆给予儿媳的经济支持越多，则儿媳为公婆提供的经济支持越多；

假设1—2：公婆给予儿媳的经济支持越多，则儿媳为公婆提供的器械支持越多。

---

① 刘春梅、李录堂：《外出务工农村子女的代际养老支持意愿研究》，《农业技术经济》2013年第12期，第25—32页。

② 张文娟：《成年子女的流动对其经济支持行为的影响分析》，《人口研究》2012年第3期，第68—80页。

③ 刘春梅、李录堂：《外出务工农村子女的代际养老支持意愿研究》，《农业技术经济》2013年第12期，第25—32页。

　　假设 2：公婆给予儿媳的器械支持越多，则儿媳提供的公婆的养老支持越多。

　　假设 2—1：公婆给予儿媳的器械支持越多，则儿媳提供的公婆的经济支持越多；

　　假设 2—2：公婆给予儿媳的器械支持越多，则儿媳提供的公婆的器械支持越多。

　　对代际支持的实证研究发现，成年子女的社会经济状况越好，则为父母提供的经济支持越多。当前外出务工已经成为农民收入增加的主要途径。外出务工由于提高了成年子女的经济收入，从而可能进一步提高子女对父母的经济支持。张文娟发现，迁移带来成年子女经济状况的改善，提高了子女为父母提供经济帮助的能力和意愿，从而导致其为父母提供经济支持可能性和经济支持量的明显增加。[1] 与此同时，也有学者持相反的观点，认为迁移会导致传统养老观念的弱化，并进一步导致老年人对子女控制能力及子女对老年人经济供养体系的削弱。[2] 张文娟等的另一项研究发现，虽然劳动力外流一定程度上增加了老年人的经济支持，但由于劳动力外流所引起的家庭结构和居住距离的变化，削弱了家庭的养老功能，并导致老年人的代际支持，尤其是器械和情感支持的减少。[3] 刘春梅等对外出务工子女代际支持意愿的研究则发现，子女为父母提供精神支持的意愿高于提供经济支持和器械支持的意愿，并认为这一定程度上反映了外出务工子女的代际支持意愿表现出下降的趋势。[4]

　　总体来说，对流动背景下代际支持的研究较多关注流动的成年子女对留守父母的养老支持，而留守妇女对公婆的代际支持尚未引起足够的关注。那么会不会由于丈夫外出务工提高了家庭的收入水平，留守妇女能够为公婆提供更多的经济支持；由于儿子照料角色的缺位，留守妇女承担起更多的照顾公婆的责任？因此本文提出假设 3，并包括两个子假设：

―――――――――

　　[1]　张文娟：《成年子女的流动对其经济支持行为的影响分析》，《人口研究》2012 年第 3 期，第 68—80 页。

　　[2]　Chan，Angelique，"The Social and Economic Consequences of Ageing in Asia"，*Southeast Asian Journal of Social Science*，Vol. 27，No. 2，1999，pp. 1-8。

　　[3]　张文娟、李树苗：《劳动力外流对农村家庭养老的影响分析》，《中国软科学》2004 年第 8 期，第 34—39 页。

　　[4]　刘春梅、李录堂：《外出务工农村子女的代际养老支持意愿研究》，《农业技术经济》2013 年第 12 期，第 25—32 页。

假设3：与非留守妇女相比，留守妇女为公婆提供更多的代际支持。

假设3—1：与非留守妇女相比，留守妇女为公婆提供更多的经济支持；

假设3—2：与非留守妇女相比，留守妇女为公婆提供更多的器械支持。

## 三　数据和方法

### （一）数据

本文所用数据来自西北农林科技大学人文社会发展学院于2014年8月在陕西省凤翔县彪角镇进行的农村妇女生活状况调查。凤翔县位于关中平原，隶属于宝鸡市。彪角镇位于凤翔县城东南，是凤翔文化古镇之一。该镇目前有31个行政村238个村民组，共有6.39万人口。彪角镇以农业为主导，是凤翔县主要的农业大镇。与此同时，外出务工成为本镇农民的主要经济来源，在2013年，全镇外出务工人口2.16万人，其中2/3左右为跨省流动。因此，以彪角镇为调查点，可以较好地研究人口流动背景下农村妇女的生活状况。

调查采取多层抽样和整群抽样相结合的抽样方法：首先，根据到达县城的距离和村庄经济水平，随机抽取四个村庄；在每个村庄，选取2—3个村民组；在被选中的村民小组中，采取整群抽样的方法，即所有在调查时间内能够且愿意接受调查的50岁以下的已婚妇女，均参加问卷调查。调查共获得360个有效样本。本文以公婆至少有一方健在的已婚妇女为分析对象，共有290个样本纳入分析。

### （二）变量设置

1. 因变量

研究模型中的因变量为已婚妇女为公婆提供的经济支持和器械支持。在问卷调查中，被调查者回答了"在过去12个月里您为公婆提供的经济帮助（含现金和实物）总量"。因此，经济支持变量通过对数运算值ln（N+1）（N为已婚妇女提供给公婆的经济支持额）计算。调查通过测量已婚妇女"帮助公婆做家务"和"为公婆提供生活照料"的频率，来测量其为公婆提供器械支持的水平，选项包括"没有、很少、有时和经常"，分别赋值为1—4。将已婚妇女提供家务和照料两种支持的频率进行累加，得到已婚妇女对公婆的器械支持水平。得分越高，表明儿媳提供的器械支持水平越高。

2. 自变量

自变量与因变量相对应，包括公婆为儿媳提供的经济支持和器械支持。其中经济支持通过"在过去12个月里公婆为您提供的经济帮助（含现金和实物）总量"测量，并通过对数运算值 ln（N+1）进行计算。器械支持通过公婆帮忙照顾孩子和做家务的频率进行测量，选项包括"没有、很少、有时和经常"，分别赋值为1—4。将公婆提供照顾孩子和做家务两种支持的频率进行累加，得到公婆对儿媳的器械支持水平。"留守状况"通过丈夫外出务工距离确定：丈夫在县城以外地方务工的妇女界定为留守妇女，否则为非留守妇女。

3. 控制变量

控制变量包括家庭特征、儿媳人口社会特征和公婆人口特征。家庭特征变量包括居住安排、丈夫的兄弟姐妹数量、家庭收入对数、子女数量。反映已婚妇女人口社会特征的变量包括年龄、年龄平方、受教育程度、与公婆关系。反映公婆人口特征的有存活状况、平均年龄（对于公婆一方健在的，直接取这一方的年龄；对于双方均健在的，取二者年龄的平均数）、健康状况（对于公婆一方健在的，直接取这一方的健康情况；对于双方均健在的，取其中健康状况较差的）。各个变量的取值、含义和描述统计均在表1中有所体现。

表1                         各变量的取值、含义和描述统计

|  | 取值及含义 | 均值 | 标准差 |
|---|---|---|---|
| 因变量 |  |  |  |
| 给公婆提供的经济支持 | 给公婆经济支持量的 ln（N+1）运算值 | 5.528 | 3.342 |
| 给公婆提供的器械支持 | 给公婆家务支持和照顾支持的频率之和 | 5.298 | 2.319 |
| 自变量 |  |  |  |
| 公婆提供的经济支持 | 公婆提供的经济支持量的 ln（N+1）运算值 | 2.320 | 3.478 |
| 公婆提供的器械支持 | 公婆提供照顾孙子女和做家务支持的频率之和 | 6.702 | 1.766 |
| 是否留守 | 0＝非留守，1＝留守 | 0.632 | 0.483 |

| | 取值及含义 | 均值 | 标准差 |
|---|---|---|---|
| 控制变量 | | | |
| 家庭居住安排 | 0＝与公婆分住，1＝与公婆同住 | 0.562 | 0.497 |
| 夫妻收入对数 | 夫妻共同年收入的 ln（N+1）运算值 | 9.720 | 1.482 |
| 丈夫兄弟姐妹数量 | 丈夫的兄弟姐妹数量（含丈夫自己） | 3.693 | 1.536 |
| 子女数量 | 已婚妇女的子女数量 | 1.610 | 0.620 |
| 妇女年龄 | 调查对象的年龄，以周岁计（岁） | 37.872 | 7.044 |
| 妇女年龄平方 | 调查对象年龄的平方 | 14.838 | 5.275 |
| 妇女受教育程度 | 1—6，得分越高，受教育水平越高 | 3.125 | 1.016 |
| 妇女和公婆关系 | 1—5，得分越高，婆媳关系越差 | 2.152 | 0.801 |
| 公婆是否健在 | 0＝一方健在，1＝双方健在 | 0.555 | 0.498 |
| 公婆平均年龄 | 公婆双方的平均年龄或一方的年龄 | 68.045 | 9.107 |
| 公婆健康状况 | 1—5，得分越高，健康状况越差 | 3.048 | 1.058 |

### （三）分析方法

本文主要采用多元线性回归方法，分别以"儿媳为公婆提供经济支持"和"儿媳为公婆提供器械支持"为因变量，分析了儿媳为公婆提供养老支持（包括经济支持和器械支持）的影响因素（分别见表3和表4）。每个表分别包括三个统计模型，其中模型1和模型2分别显示了自变量和控制变量对因变量影响的粗效应，模型3则在纳入控制变量的基础上，进一步揭示了自变量对因变量影响的净效应。

## 四　结果分析

### （一）农村妇女和公婆间代际支持的比较

表2分析结果显示，首先，就代际比较来看，不管是留守妇女还是非留守妇女，儿媳为公婆提供的代际支持（包括经济和器械支持）均明显高于公婆为儿媳提供的支持，这表明儿媳已经承担起赡养公婆的责任。

其次，就不同留守状况差异来看，不同留守状况妇女和公婆之间的差异均不显著，但差异的方向仍然值得关注：在经济支持方面，相对于非留守妇女，留守妇女为公婆提供的经济支持较少，而反过来，公婆为留守妇女提供的经济支持反而高于非留守妇女。这与假设3—1提出的"与非留守妇女相比，留守妇女为公婆提供更多的经济支持"是相悖的。这可能反映了不同流动状况成年儿子对父母的经济支持的模式不同：对于儿子外出务工的家庭，儿子拥有较高的经济自主权，儿媳较难掌握丈夫的全部收入信息，因此儿媳给予公婆的经济支持只是公婆从儿子家庭获得的部分经济支持。反之，对于儿子留守在农村的家庭，儿媳能够较好地掌握丈夫的经济状况，并全程参与到为公婆提供经济支持的决策中，因此公婆从儿媳那里得到的经济支持可能是其从儿子家庭获得的全部经济支持。当然，这一解释还有待进一步的验证。

在器械支持方面，留守妇女为公婆提供的器械支持，以及其公婆反过来为留守妇女提供的器械支持均高于非留守妇女，这与假设3—2提出的"与非留守妇女相比，留守妇女为公婆提供更多的器械支持"是一致的，表明由于丈夫的外出，留守妇女和公婆在实际支持方面的互动更加密切。

表2　　　　　不同留守状况的农村妇女和公婆间的代际支持比较

| | 留守妇女 | 非留守妇女 | T检验 |
|---|---|---|---|
| 代际的经济支持 | | | |
| 公婆为儿媳提供的经济支持（元） | 1147.26 | 700.94 | Ns |
| 儿媳为公婆提供的经济支持（元） | 2058.85 | 2453.05 | Ns |
| 代际的器械支持 | | | |
| 公婆为儿媳提供的器械支持（照顾孙子女和做家务） | 5.48 | 5.08 | Ns |
| 儿媳为公婆提供的器械支持（照顾老人和做家务） | 6.81 | 6.55 | Ns |

注：＊＊＊在0.001水平显著；＊＊在0.01水平显著；＊在0.05水平显著；+在0.1水平显著；Ns，不显著。

### （二）儿媳为公婆提供经济支持的影响因素分析

表3显示了儿媳为公婆提供经济支持量影响因素的多元线性回归结果。模型1分析发现，公婆给予的经济支持量对因变量存在显著影响，其显著水平达到0.01，说明公婆给予的经济支持越多，作为回报，儿媳为公婆提供经济支持的数量也越多，假设1—1初步得到验证。但公婆给予器械支持和留守状况对儿媳为公婆提供经济支持的支持量的影响均不显

著，假设2—1和假设3—1没有得到验证。

表3　　　　　　　　儿媳为公婆提供经济支持量影响因素的
多元线性回归结果（N＝290）

| | M1 | M2 | M3 |
|---|---|---|---|
| 公婆提供的代际支持 | | | |
| 　公婆提供的经济支持 | 0.184＊＊ | | .235＊＊＊ |
| 　公婆提供的器械支持 | 0.133 | | 0.102 |
| 留守妇女（否） | | | |
| 　是 | 0.026 | | 0.038 |
| 家庭 | | | |
| 　居住安排ᵃ（与公婆分住） | | | |
| 　与公婆同住 | | 0.785⁺ | 0.585 |
| 　丈夫兄弟姐妹数量 | | −0.025 | −0.072 |
| 　子女数量 | | −0.047 | −0.225 |
| 　夫妻收入对数 | | 0.481＊＊＊ | 0.460＊＊＊ |
| 儿媳个人 | | | |
| 　年龄 | | 0.446 | 0.415 |
| 　年龄平方 | | −0.555 | −0.471 |
| 　教育 | | 0.508 | 0.500 |
| 　和公婆关系 | | −0.367 | −0.182 |
| 公婆状况 | | | |
| 　是否健在（一方健在） | | | |
| 　双方都健在 | | −0.252 | −0.629 |
| 　平均年龄 | | −0.016 | 0.005 |
| 　健康状况 | | −0.107 | 0.043 |
| $R^2$ | 0.059 | 0.089 | 0.140 |

注：＊＊＊在0.001水平显著；＊＊在0.01水平显著；＊在0.05水平显著；＋在0.1水平显著；Ns，不显著。a "与公婆同住" 和 "兄弟数量" 有较强的共线性，即丈夫没有其他兄弟的，多和公婆同住。因此在分析中只纳入 "与公婆同住"。

　　模型3在模型1的基础之上，加入模型2中的控制变量，考察自变量影响的净效应。与模型 1 相比较，分析结果基本相似，公婆给予经济支持的影响仍然显著，并且显著水平提高到 0.001，说明公婆提供经济支持数量对儿媳为公婆提供经济支持数量有显著的正向影响。至此，公婆给予子代家庭经济支持不论是在粗效应还是在净效应上都具有显著影响，这与假设 1—1 是一致的，也与很多原有研究相符合。但公婆给予的器械支持对获得来自儿媳的经济支持没有产生显著影响，假设 2—1 没有通过验证。这表明儿媳和公婆之间的经济支持遵循着严格的"同类"交换原则，即当公婆为儿媳提供过较多的经济支持时，作为"对等交换"和回报，他们也获得了更多的来自儿媳的经济支持；但是公婆给予儿媳的器械支持并不能转化为经济回报，一些研究认为老人为儿女提供做家务、照料孙子女等器械支持，往往得到子女提供更多的经济支持作为补偿的结论，并不适用于儿媳与公婆。模型 3 同样发现，儿媳留守状况并未对公婆获得的经济支持量有明显影响，假设 3—1 没有通过验证。这与一些研究认为外出务工常常增加成年儿子对父母的经济支持是相悖的，可能的解释是除了儿媳直接或所知晓的提供给公婆的经济支持之外，外出务工的儿子可能会私下提供给父母额外的经济支持。

模型 3 的控制因素中，与模型 2 相比较，夫妻收入对数的影响依然显著，家庭收入的增加提高了儿媳为公婆提供更多现金实物支持的概率。这表明儿媳在向公婆提供经济支持时遵循着"量入为出"的原则，家庭经济状况成为其提供支持量的依据；"与公婆同住"的影响不再显著，这可能反映了在农村，为公婆提供经济支持往往被视为所有儿子共同承担的责任，并不会因为共同居住而表现出明显的增多或减少。

与模型 2 相比，除了与公婆同住，模型 3 中各控制变量的回归系数和显著性水平没有发生明显变化，即夫妻收入对数对因变量的影响是显著的，说明家庭经济状况是决定儿媳为公婆提供经济支持量的重要因素，家庭经济状况越好，公婆获得的经济支持量越多。

### （三）儿媳为公婆提供器械支持的支持量分析

表 4 提供了儿媳为公婆提供器械支持影响因素的多元线性回归结果。模型 1 分析发现，公婆给予器械支持对因变量存在显著影响，其显著水平达到 0.001，说明公婆为儿媳提供的器械支持越频繁，则儿媳为公婆提供器械支持也越频繁，假设 2—2 初步得到验证。留守状况和公婆给予经济

支持对儿媳为公婆提供器械支持的支持量的影响不显著，假设1—2和假设3—2未通过验证。

模型3在控制了家庭、儿媳和公婆特征的基础上，揭示了自变量对因变量影响的净效应。分析发现，公婆给予的器械支持仍与儿媳提供器械支持量显著相关，表明公婆和儿媳之间的器械支持呈现代际的交换性，即公婆给予儿媳的器械支持越多，帮忙照顾孩子、干农活和做家务的频率越高，作为回报，儿媳反过来为公婆提供的器械支持越多，包括帮忙做家务、提供个人照料等，这与假设2—2是一致的。与此同时，公婆给予儿媳的经济支持并不能显著提高来自儿媳的器械支持，假设1—2未通过验证。这表明，与儿媳和公婆之间的经济支持"交换"模式相同，儿媳和公婆之间的器械支持同样遵循着严格的"同类交换"，即公婆付出了较多的器械支持，同样获得较多的来自儿媳的器械支持；但其给予的经济支持并不能转化为器械支持回报。模型3同样发现，留守状况并没有影响儿媳向公婆提供的器械支持状况，假设3—2没有通过验证。对于留守父母而言，由于儿子外出难以提供体己的照料，同时儿媳也没有因丈夫的外出而显著增加对公婆的器械帮助。已有研究认为子女的外出将降低老年父母的代际支持从儿媳的角度得到验证。我们担心，对于那些健康状况较差、丧失或基本丧失劳动能力的高龄老人来说，如果他们的子女不在身边，那么他们将难以获得足够的实际照料，他们的生活福利可能会进一步下降。

与模型2相比，在模型3中，除了年龄因素，各控制变量的回归系数和显著性水平没有发生明显变化。家庭因素中，居住安排和儿媳子女数量对因变量有显著影响。尽管居住安排的显著水平从0.001变为0.01，但仍说明相比于与公婆分住，与公婆同住的儿媳可能向公婆提供更多的器械支持。儿媳的孩子数量与其提供的器械支持量呈负影响，表明孩子越多，则儿媳需要投入更多的精力照顾子女，因此其花费在照顾公婆上的时间和精力减少。儿媳个人因素中，只有与公婆关系对因变量的影响显著，表明和谐的婆媳关系使得公婆可以获得更多的器械支持，而儿媳和公婆关系越差，则提供给公婆的器械支持量越少。公婆因素中，公婆年龄对因变量有显著的正向影响，表明公婆年龄越大，则获得的器械支持就越多。这表明随着公婆年龄的增加，他们对子女的照料的需求增加，与此相适应，他们也能获得更多的照料。

表4　　　　　儿媳为公婆提供器械支持量影响因素的
多元线性回归结果（N=290）

| | M1 | M2 | M3 |
|---|---|---|---|
| 公婆提供的代际支持 | | | |
| 公婆提供经济支持 | -0.21 | | 0.018 |
| 公婆提供器械支持 | 0.316 * * * | | 0.299 * * * |
| 留守妇女（否） | | | |
| 是 | 0.152 | | 0.258 |
| 家庭 | | | |
| 居住安排ª（与公婆分住） | | | |
| 与公婆同住 | | 0.995 * * * | 0.665 * * |
| 丈夫兄弟姐妹数量 | | -0.092 | -0.112 |
| 子女数量 | | -0.373 * | -0.403 * |
| 夫妻收入对数 | | -0.013 | -0.070 |
| 儿媳个人 | | | |
| 年龄 | | 0.261 + | 0.157 |
| 年龄平方 | | -0.354 + | -0.173 |
| 教育 | | 0.135 | 0.172 |
| 和公婆关系 | | -0.640 * * * | -0.486 * * * |
| 公婆状况 | | | |
| 是否健在（一方健在） | | | |
| 双方都健在 | | 0.076 | -0.162 |
| 平均年龄 | | 0.036 * | 0.049 * * |
| 健康状况 | | 0.104 | 0.166 |
| $R^2$ | 0.165 | 0.222 | 0.327 |

注：＊＊＊在0.001水平显著；＊＊在0.01水平显著；＊在0.05水平显著；+在0.1水平显著；Ns，不显著。a "与公婆同住"和"兄弟数量"有较强的共线性，即丈夫没有其他兄弟的，多和公婆同住。因此在分析中只纳入"与公婆同住"。

# 五　结论与讨论

本文以互惠交换理论为指导，从经济支持和器械支持入手，分析了丈夫外出流动背景下儿媳对公婆的代际支持，并得出以下结论。

首先，儿媳和公婆之间的代际支持遵循着严格的"同类"代际交换和互惠。一方面，互惠交换模型在文章中得到验证，即公婆给予儿媳较多的经济支持或器械支持，作为回报，儿媳同样为公婆提供较多的经济支持或器械支持。这说明了代际支持是双向和互惠的交换，儿媳为公婆提供养老支持类似以一种有来有往的市场交换形式进行。另一方面，儿媳和公婆之间的代际支持遵循着严格的"同类"代际交换原则，即公婆给予的经济支持，而非器械支持，显著影响儿媳提供的经济支持；同样地，公婆给予的器械支持，而非经济支持，显著影响儿媳提供的器械支持。这表明，儿媳和公婆之间的代际支持，以"同类"交换的方式存在，而不存在不同类型支持之间的"转化"。这不同于关于成年子女和父母之间的代际支持交换模式，即父母更多为成年子女提供家务帮助、照顾子女等器械支持，而成年子女为老年父母提供金钱和实物等物质支持，作为对父母的回报。

其次，不管是经济支持还是器械支持，留守状况并没有成为影响儿媳为公婆提供养老支持的因素。有研究发现，成年子女的外出务工影响了父母获得的代际支持，且表现出经济支持增加和器械支持减少的特征。本文则发现，儿媳并没有因为丈夫外出带来的家庭经济的改善而增加对公婆的经济支持，也未因为儿子照料父母角色的缺位而为老人提供明显增多的器械支持。这从侧面证实了子女外出打工导致老年人口的养老支持水平下降和生活福利降低，必须强调的是本文认为公婆养老支持水平的下降并不是说儿媳不够孝顺，而是表明在丈夫外出务工过程中，妻子不得不花费更多的精力，同时挑起家庭和农业劳动的重担，她们本身也是农村中的弱势群体。

最后，影响经济支持和器械支持的因素存在明显差异。影响儿媳为公婆提供经济支持量的因素比较单一且都是与经济相关的因素，包括公婆给予的经济支持和夫妻的共同收入，说明与经济相关的因素是影响公婆获得经济支持量的主要因素；而影响儿媳为公婆提供器械支持量的因素比较多元且多为非经济因素，包括公婆给予的器械支持、居住安排、儿媳和公婆关系等。因此，经济因素和非经济因素共同构成了农村老年人代际支持的外部环境，要改善农村老年人的代际支持状况，既要着手于改善和提高经济因素，同时非经济因素也不容忽视。

　　本文的调查在一个乡镇的四个村庄进行，存在着样本量较少、结论的普适性有待进一步验证等不足。但不同于代际支持的已有研究只关注成年子女和父母之间的互动，本文将代际支持的重要参与者——儿媳作为研究对象，拓展了代际支持研究的研究对象。本文发现，在人口流动背景下，儿媳对公婆的代际支持及其影响因素并不完全相同于成年子女对父母的代际支持，已有研究的结论也并不能完全适用于儿媳与公婆之间的代际支持。因此对代际支持的研究有必要关注儿媳和公婆之间的互动。

# 村庄水利合作问题的突出
# 表现与对策建议

陈　辉<sup>*</sup>

农田水利灌溉系统中，"大水利"指以大中型水库、泵站为依托，为多个村或多个乡甚至多个市（县）提供灌溉服务的水利设施，它所服务的区域通常构成大中型灌区;① "小水利"指以堰塘、机井、小河坝为代表的，只能为少数村民甚至是单家独户提供灌溉服务的水利设施。② 农田水利建设不仅仅是一个资金投入问题，还需要提高村庄层面的水利合作能力——在有效对接村庄外"大水利"的同时，经营村庄内的"小水利"，使大水利和小水利互为补充、相得益彰。③

近两年，课题组在武功农村调研水利问题，分别关注了村庄"大水利"（如宝鸡峡）和"小水利"（如机井）的运转状况。调研发现：当地农田水利灌溉既与机井、渠道等"硬件"因素有关，又与基层政府组织能力、管理水平、农民合作能力等"软件"因素有关。其中，"硬件"是基础，"软件"是保障。有些村庄虽有较好的水利硬件条件，但因为缺乏有效组织和管理，不能抑制"钉子户"搭便车问题，极大地影响了灌溉效率。

## 一　大水利的运转困境

目前，一些村庄与宝鸡峡各支渠对接的渠道损毁严重，极大地削弱了

＊　陈辉，博士，西北农林科技大学人文社会发展学院讲师，农村社会研究中心研究人员。

①　陈靖：《基层水利的系统性与节点治理》，《水利发展研究》2012 年第 1 卷，第 23—28 页。

②　罗兴佐：《治水：国家介入与农民合作》，湖北人民出版社 2006 年版，第 23—24 页。

③　陈辉、朱静辉：《村庄水利合作的逻辑困境》，《中国农村观察》2012 年第 5 期，第 80—86 页。

抗旱能力。分田到户后，特别是税费改革以来，自流斗渠和村庄水渠无法得到良好维护。有些村庄的渠道废弃不用，导致村民完全依赖机井；有的村庄尚能利用宝鸡峡的水，但依然面临组织管理难和用水成本高等问题。

例如，D村机井已经无法满足2015年抗击大旱的需求，村民希望干部出面申请宝鸡峡用水，以解燃眉之急。遗憾的是，村干部一直犹豫不决。书记指望村长，村长指望文书，结果最后白白把时间浪费掉。村民看到村干部没有出面，除了焦急等待和偶尔抱怨几句外，别无他法，根本没人敢"出头"给干部施压。7月下旬，旱情越发严重，但直到7月31日，村主任才在"走投无路"的情况下向宝鸡峡管理局申请用水，并于8月1日雇用四位村民修整渠道，按每人每天80元支付工资。在村干部组织下，总算把宝鸡峡的水引来，但出乎意料，效果并不好。因为上游用水量大，本段水位已经大幅下降，流速大不如前，灌溉效率降低——1亩地要浇1个多小时，平均费用为1分钟1元钱，每亩水费约60元。而机井灌溉成本仅为每亩30元左右。面对这种情况，一些村民开始抱怨宝鸡峡的水"不好用"，亦有人指责村干部申请用水太晚。

为什么村干部在大水利组织方面缺少积极性？村干部们心里清楚，谁去申请用水，就会成为渠灌责任人。渠灌是村庄中的一项"大型工作"，需要动员和组织许多村民参与，亦面临较多纠纷和矛盾，耗费村干部的时间和精力。

首先，渠灌极度依赖渠道条件，要求村干部动员和组织村民进行渠道维护。当前，通过行政动员方式组织村民进行公共事务建设的难度越来越大，只能通过雇工方式来修渠、看水，费用全由集体承担，加重了集体经济负担。

其次，水从斗渠流到地头之后，需要得到合理分配，这令一些村干部费神。他们要管理好水源，安排好村民的浇灌顺序，计算各家各户的用水时间和用水量，可谓全面统筹。因为灌溉水源属于稀缺资源，在空间和时间上都具有排他性，只能在一定时间内灌溉一定位置和一定范围的农田，村民们容易因为争取水源而产生矛盾和纠纷，增加村干部的管理成本。

再次，渠灌完成后，收取水费也有一定困难。自流斗闸口安装测量仪器，测算从开闸到关闸流过的水方数，再依此计算渠灌费用。虽然总费用容易确定，但对农户来说，根本无法准确测量他们的用水量，只能采取类似井灌的计算方法，依每户用水时间来估算水费。由于每块农田的地势有差异，毛渠流量亦不一样，单纯按时间计算水费令一些农户感觉吃亏。由于水流量不稳定，每次渠灌收费标准不一致。2015 年，高价水费又增加了村干部收取水费的难度，加上偶尔遇到"钉子户"，使"交水费"比"浇水"更难。

最后，干部们缺少有效的激励制度。每月领着几百元的"死工资"，不会因为自己做得多而增加，也不会因为自己做得少而减少，他们缺乏主动开展治理工作的积极性。由于内部松散，村干部在思想和行动上有时难以统一，间接影响工作开展。如同 2015 年，干部之间相互推脱，都指望别人"出头"，错过了最佳抗旱时机。

在以上四方面因素的共同作用下，村庄内大水利运转效率越来越低。表面上看，大水利成本高是水渠等硬件问题，但实质上，大水利不好用是"基层水利管理"的软件问题。村级组织缺少行动能力，不愿意承担组织成本和管理成本，这才是大水利"不好用"的最根本原因。一旦大水利"不好用"成为共识，那么村民就会更加依赖"机井"等小水利。

## 二　小水利的"公有公营"和"公有私营"

此处所说的"小水利"，主要指村集体或村民小组的"机井"——有的是人民公社时期修建，有的是分田到户后村民集资修建，还有近年各种扶贫项目资助修建。目前机井管理主要有两种模式，即"公有公营"和"公有私营"。所谓公有公营，即机井产权归集体，亦由集体推选看井人负责管理。管理者征收水费、维护用水秩序，领取工资，灌溉费用由集体统一核算，机井维修费用亦由集体承担——如果缺乏集体经济收入，只能靠农户集资完成。所谓公有私营，即集体将机井经营权承包给某个村民，由其自负盈亏——水费收益个人所有，并承担机井维修费用。下面以 J 村 2 组和 3 组为例介绍两种模式。

J 村 2 组共有 300 亩地，灌溉依靠 2 口机井。（20 世纪 90 年代，2 组水利条件很好，因为靠近"漆水河"，可以直接从河里抽水灌溉近百亩。后由于线路整改，河边不能拉电，不能再用河水灌溉，完全依靠 2 个机井。）目前 22 千瓦的水泵每小时灌溉费用 16.2 元，17 千瓦的水泵每小时灌溉费用 13.2 元。水费由看井人收取，除去电费后，剩余为看井人工资。

目前 2 组机井使用和管理方面主要存在以下问题：第一，水费问题。

村民认为水费偏高，且没有给集体提留，日后一旦维修，缺乏经费保障。第二，用水顺序。一般而言，按照地块离机井远近确定用水顺序。浇地时，机井 24 小时运转。有的村民不想在晚上浇，即使轮到他，也要"耍赖"，要求第二天白天再浇。一位村民说："生产队有时拿这种人没有办法，为了不得罪人，只有满足其无理要求，避免打锤（打架）。"第三，渠道维修。目前渠道以土渠为主，按村民习惯，自己家地块的渠道自己维修，公共渠道由地块相连的几家人共同维修。但有个别人在修渠时不参与，"等别人把渠道修好了，他又要浇——有的人就是不讲道德，光想占便宜，你也没办法"。第四，机井维修。这是当前机井管理中的最大隐患。有些村民小组集体经济有限，之前又没有在水费中提留维修款，一旦机井损坏，就陷入困境——只因集资太难——正如老百姓所说："发钱容易收钱难。"

J 村 2 组的机井在 2012 年坏过一次，维修费用近 9000 元，用本组承包地的承包费支付。主管维修工作的组长介绍："如果当时没有承包地，就没法修井。没有人愿意掏钱，群众都是一个'靠'一个，你弄好了我就用，有利的时候群众高兴得很，没利就不往前去。现在集体经济用得差不多了，井损坏也不知道该怎么办。"

为了规避机井损坏与维修费用高的风险，存在着另外一种经营模式，即上文提到的承包方法。2 组组长提议把机井承包给私人管理，但许多组员不同意，担心承包人私自提高水价。与 2 组不同，3 组机井目前实行的就是"公有私营"模式，从灌溉效果来说，当前并没有 2 组组员想象的那么"悲观"。

3 组将机井承包给私人的根本原因是为了解决机井损坏后的维修难题。承包过程很复杂。第一步，由队委会商议。队委会由七人组成，其中包括三个小组干部（组长、副组长、会计）和四个村民代表。七人商议，提议将机井承包给私人管理，但"只卖设备，井的'终身'永远是集体的"。第二步，开社员大会。大部分组员都参加。组长将参会组员分为三个小组，小组内部自由讨论，每个社员发表意见，其间亦有很多争论，然后表决。第三步，报名和竞标。一开始没人报名，虽有人想承包，但没有钱。最后只有两人报名，一个是当时的会计，一个是当时的组长。会计承包了 70 年代修建的老井，承包费为 1.8 万元；组长承包了 2000 年修建的新井，承包费为 1.5 万元。第四步，交承包费，签协议，完成交接。

从目前情况来看，3 组水费为每小时 18 元，灌溉成本和承包之前没有多大变化，只要电费不涨，水费就不能涨；如果电费涨了，再由小组开会研究水价——这是承包时定下的规矩。很多村民认为，机井承包给私人后，管理比以前好。"之前队上管理的时候，看井人容易睁一只眼闭一只眼，反正集体的井。现在私人买断了，就是他的井——收钱顺得很，你不给钱，下次就不给你浇地了。'集体'对'私人'不行，'私人'对'私人'可以，你这次不交钱，以后就别想浇地了。"

通过老百姓的叙述，我们可以发现，"公有私营"在某种程度上具有一定"优势"。一方面，有利于抑制个别农户的"搭便车"行为，从而维系用水秩序。另一方面，有利于克服维修难的问题，让承包人来承担收益权和维修风险，更利于机井的有效运转。其实，让"公有私营"发挥优势，这有一个大前提，那就是承包人具有基本的责任心和公益心，不是极度追求个人经济利益。否则，机井灌溉将是另一番局面。

F 村有口机井本来是"公有公营"，运转一直正常。但在 2004 年，这口大井的变压器和水泵被偷。此时，机井账户尚结余 5000 多元，看井人王某用这笔钱买了一台旧变压器和一台旧水泵。不到一年，变压器又不翼而飞。看井人再无办法，提议村委会购置变压器。但村集体也拿不出钱，于是发布消息：谁购买变压器，就可获得机井承包权。

村里有个"混混"花 2000 元钱买了台旧变压器，获得承包权后立即提高水费。有村民算过账，每亩灌溉收益最高可达 50 元，按灌溉面积 200 亩计算，一年浇两次，总收益可达 2 万元。吊诡的是，这个"混混"并不是亲自看井，而是按每日 70 元工资雇用之前的看井人王某进行管理，自己则在镇上做生意。村民反映，"混混"承包机井后，只管收钱，极少组织维修，许多水渠年久失修，杂草丛生，影响灌溉效率。但村干部不管，村民也不敢公开指出来，只是私下发牢骚，忌惮"混混"报复。

"混混"承包机井的现象虽然不多见，但还是间接反映了机井"公有私营"模式的潜在风险，有可能削弱水利设施的公共性，反而增加其营利性，甚至成为某些人攫取不当利益的工具。当然，我们不能就此完全否定"公有私营"模式，应该反过来思考：为什么有的村组不能依靠"公有公营"模式来组织水利？

## 三　"钉子户"瓦解水利合作

在 J 村 1 组调研时，几乎每位访谈对象都会向笔者抱怨水利问题，并不是水利条件不好，而是组织管理问题。据村民反映，1 组 2014 年没有开井浇地，幸好雨水多，机井停转并没有导致严重减产。然而，2015 年大旱，其余 3 个组都在抗旱，而 1 组机井迟迟没有动静。村民说："再不开井，2015 年的玉米就完了。"为什么明明井里有水，却不开井灌溉？

一位村民解释道："没队长！一盘散沙，没人抓。我们水利条件好得很，但有个别人浇水不给钱，好多次都不给钱，最后队长不干了——真是一个老鼠屎坏了一锅汤。"

随着访谈的逐步深入，一个叫 WDM 的村民进入了笔者视野。他在本组水利、修路等集体事务中经常扮演"钉子户"角色。其实，WDM 曾经是组长。任职期间，许多村民对其经济账目心存疑虑，最后在一位教师组织下查账，果然查出问题，WDM 也因此下台，但一直怀恨在心，处处跟村组对着干——以前有人当队长，现在队长也没人愿意当了，大家都怕他！

有村民介绍："他有一米八的个子，你打也打不过他，说也说不过他。他站在你面前，像一堵墙。他不讲道理，尖巧，会算得很，怎么有利怎么来。他把每个人的利益都损害了。我们老百姓没人出头，只要不撞（惹）谁，谁都不得罪那个人。"村民用简单的语言描述了两类村民形象，一类是非常霸道强势的"钉子户"，另一类是不惹事的"老好人"。

在一个村民小组内，沉默的大多数就是一盘散沙，不能抑制和惩治个别成员的搭便车行为，进而瓦解村组层面的水利合作。究其根本，我们不能将这种现象简单归因于个别人的自私自利，而应该探讨水利合作困境的社会性原因。

传统社会，如要抑制"钉子户"的搭便车行为，要依靠两种力量，一个是舆论，另一个是权威。舆论就是"唾沫星子淹死人"，通过一套评价机制来维持乡土社会基本的公正观念和行为规范。坏名声将严重影响自己的村庄生活，每个人都特别依赖这个熟人社会，所以必须融入，谨小慎微，中规中矩，讲究做人。而现在，每个家庭对村落的依赖度下降了，他的生计依赖市场，日益变得独立自由、我行我素，不怕别人的负面评价，可以承受唾沫星子的压力。WDM 就是一个典型案例，虽然许多人背地骂他，但是并没有什么实质性损害，他依然可以浇水但不交水费，"谁不让他浇，他就跟谁闹仗打锤"。"钉子户"之所以能够以"少"敌"多"，还因为村组内缺乏权威性人物。传统社会舆论从来不是单独发挥作用，他还需要有人"出头"，主持公道，惩恶扬善，通过打击少数"钉子户"来塑造正义和公平。当前，村庄中极其缺少这样的人物，即使有，他们的生活重心依然在村庄之外，不再关心村务。权威的缺乏和舆论的弱化，降低了"钉子户"搭便车行为的社会成本和心理成本，进一步增加了水利合作的难度。

## 四　对策建议

基于以上分析，课题组认为当地农田灌溉中最突出的问题是"水利合作能力"弱化，主要表现在两方面：（1）行政村层面，缺少一定的统合能力，不能对接村庄外的"大水利"；（2）村民小组层面，小水利同样运转不顺，在机井管理维修、水费征收方面不能形成高效合作。

取消农业税后，"中国水利体制改革全面开始，农业用水进一步商品化，农业灌溉走上了更彻底的市场化道路，农田水利正在从一种'公共物品'转向'私人物品'"。[①] 更为突出的是，乡村水利事业的组织性降低，水利的公共性从村级组织开始弱化，村民进行水利合作所能依托的组织资源变少，水利合作的制度环境不容乐观。

农田水利建设不仅需要资金投入，还要有水利合作能力做保障。取消农业税后，乡村水利事业的组织性降低，水利的公共性从村级组织开始弱化，水利越来越成为村民小组特别是村民的私事；村民进行水利合作所能依托的组织资源变少，水利合作的制度环境不容乐观。对此，课题组提出四点建议。

首先，强化村级组织在乡村水利组织中的基础性作用。在村庄水利合作过程中，无论是对接村庄外大水利，还是建立村组范围内的小水利，都必须重视村级组织的功能。在乡村水利系统中，村级组织起到承上启下的

---

① 郭亮：《对当前农田水利现状的社会学解释》，《毛泽东邓小平理论研究》2011 年第 4 期，第 37—42 页。

作用。取消农业税之前，村级组织发挥了重要的"统"的作用，很好地对接了大水利。取消农业税之后，村级组织"统"的作用弱化了，反映在水利问题上就是村庄水利的组织性下降，因为没有强大力量来整合分散村民进行水利合作，水利公共性从村级组织开始弱化。有学者调研时发现，一些地区"以村民小组为单位从大水利放水，中间环节的漏水往往会高到无法承受的地步"①。如何让分散的村民与大水利对接，是当前乡村水利建设中必须解决的首要问题。

其次，要重视培养村民小组内部的水利合作能力，特别是发挥村民组长在水利组织管理中不可或缺的作用。目前，许多村庄已经取消了小组长，极大地影响了水利等公共事务的组织工作。虽然小组长的"官"不大，但是对于村庄治理的作用不容小觑。权威性人物站出来，有利于提高村组水利合作能力。不仅有人操心农田灌溉，还能够一定程度上抑制搭便车行为，改变"沉默的大多数"的不良状态。

再次，要因地制宜地完善村组内的机井管理模式。公有私营和公有公营，仅仅是经营方式不同，并无绝对优劣之分。关键问题在于，水利经营能否保障水利的公共性。一方面，是否有利于维护灌溉秩序和收取灌溉费用；另一方面，是否有利于机井的维修管理，使机井处于持续运转。对于公有公营的机井来说，要坚持机井管理的公正公开透明，并适当提留维修基金。对于公有私营来说，在承包过程中必须尊重民意，充分讨论，建立对承包人的约束机制，防止承包人将机井作为攫取私人利益的工具。

最后，要从战略高度处理好"小水利"和"大水利"的关系。二者虽然共同服务于农田灌溉，但在某种意义上说，大水利和小水利具有一定竞争性。当村民更多依赖大水利，就可能抑制村庄内小水利的发展。当村民更多发展小水利，就可能降低对大水利的需求和期待，并弱化对大水利渠道的管理和维护，甚至导致渠道荒废。问题在于，小水利不能抗击大旱。一旦遭遇大旱，机井水位下降，区域内的机井灌溉效率就会全面下降，甚至无水可抽。此时，大水利的战略意义就凸显出来。可怕的是，数年未维护的渠道很难马上与大水利对接，延误抗旱时机。这正是当前一些村庄的水利隐患，也是急需解决的关键问题之一。

---

①　贺雪峰、罗兴佐：《乡村水利的组织基础》，《学海》2003 年第 6 期，第 38—44 页。

# 农村社会治理的多元路径

## ——陕西户县三村调查

袁君刚[*]

## 一 "三农"成为一个问题

"三农"这一提法自20世纪90年代出现以来，关于中国农村的研究日益增多。其中多数研究都有明确的问题意识，甚至是危机意识。其实，"三农"被问题化始自20世纪初，随着近代以来商业化因素不断渗透进传统农村，传统的小农生产以及建立其上的一整套村庄社会结构都在逐步发生变化。[①] 有识之士遂生出担心，唯恐儒家道统随村庄的蜕变而一同退出历史。

传统农业生产的基本特点在于，生产范围小，生产效率低，产品主要维持生命延续，积累率低。如此特征的农业生产方式塑造了一整套稳定的小农文化心理，诸如由靠天吃饭的生产方式塑造的祖先崇拜、孝道文化，由生产技术的口耳相传塑造的严格的社会等级秩序等。也由此，官—绅—民的社会权力结构逐渐形成。尤其绅权在皇权与农民之间构建出稳定的缓冲地带，地方社会能够在士绅阶层的维护下得以稳定。皇权也在此过程中与基层社会保持了相对的均衡状态。[②]

但清朝中期以后人口的大量增长，导致农业生产中的人地矛盾越发突

---

   \* 袁君刚，博士，西北农林科技大学人文社会发展学院讲师，农村社会研究中心研究人员。

   ① 赵旭东：《乡村成为问题与成为问题的乡村研究》，《中国社会科学》2008年第3期，第111—113页。

   ② 张鸣：《乡村社会权力与文化结构的变迁：1903—1953》，陕西人民出版社2013年版，第7页。

出。长期稳定的农业生产受到了巨大挑战：人口增长对粮食需求大增，但由于耕地面积长期保持稳定，导致所谓"过密化"农业的出现。农村剩余劳动力逐步增多。为解决生计，人们自然会想方设法在农业以外的领域寻求出路。尤其是鸦片战争以后，随着商业化因素不断引入中国，工商业的发展、城市的兴起对劳动力都有大量的需求，临近沿海发达地区的农村剩余劳动力有了向外转移的机会。他们逐步脱离农业生产，摆脱对土地的依附关系。由此，会逐步改变既有的文化心理。①

农村剩余劳动力的转移使原有的人地矛盾逐步化解，农业生产得以慢慢恢复到原有的平衡状态。这就导致近代以来中国社会第一次出现了城乡二元的格局，两种生产方式塑造出了迥异的生活方式和思维方式。

到民国时期，国家政权把多数注意力放在城市，民族工商业虽得以发展，但广大农民仍然维持了自给自足的自然经济，只不过由于战乱频仍，其发展水平只能停留在糊口层次。这期间，现代国家政权极少深入乡土社会，即使民国政府曾经建立了以治安和税收为名义的基层政权，但却无法构成对传统乡村社会结构的实质影响。

从20世纪40年代后期开始，新生政权开始在解放区进行土地改革，新中国成立后又扩展至全国范围。紧随土改的，是对粮食的统购统销政策以及由农业合作化运动开始完成于人民公社制度的对传统农村的集体化改造。上述运动的效果有三：确立农民对新生政权的支持从而实现国家政权对基层农村的全面控制，土地权属的变更进一步变革了村庄社会权力结构，农民的文化心理结构产生了微妙变化。至此，整个农村与国家政权建设、工业化进程和城市化进程紧密联系在一起。新中国工业发展的原始资本来自于国家对农业剩余财富的掌控，而实现这一目标的主要手段是通过社会主义改造将基层政权的自治原则彻底消除。传统的家族势力逐步被边缘化，血亲关系逐步让位于现代性意义上的人民关系甚至是革命意义上的同志关系；农业生产除了维系生命延续之外，又与革命理想建立起紧密关系。

中国农村由此开始进入现代性的话语体系和政策体系中，农民的命运与整个国家的命运联系在了一起，村庄治理的问题同时就是建设基层政权的问题，农业生产也为工业生产奠定了坚实的资本基础。也正因为如此，

---

① 应星：《中国社会》，中国人民大学出版社2015年版，第24—26页。

"三农"开始被"问题化"，人们开始关注"三农"的一举一动，也开始不断为"三农"问题出谋划策，理性原则成为理解"三农"问题的基本原则。尤其在改革开放之后，农村的一举一动就不仅与整个国家发生联系，更与全球化的进程紧密相关。农业再也无法"落后"，村庄再也无法平静，农民再也无法淡定。于是，农村社会治理问题就被提了出来，需要再次高举理性的大旗重新为"三农"问题寻找出路。

## 二　农村社会治理的真实问题

近年以来，关于"三农"问题的研究成果汗牛充栋，人们通过这些成果感受到的是"三农"领域危机重重，如不采取果断措施就将面临严重后果。"空疏化"、"三留守"、"农民工"、"返乡农民工"等时髦学术概念应运而生。如若把研究视野放大，就会发现农村已经被绑在了现代化的快车上，现代化的话语体系成为"三农"研究的思想前提。对于中国这样的后发展国家而言，国家政权在现代化的征途中扮演着极其重要的角色——它是设计者、推动者、执行者、裁决者和调节者。因此，面对新一轮的治理研究大潮，需要冷静思考的是：由众多研究成果所描述的"三农"特征背后，国家政权正在进行何种形式的重新布局。质言之，改革开放以来的国家政权力量需要在市场化改革的过程中，重新确立起在农村的合法性基础，以使得农村的发展与整个国家的发展战略同步。

从国家政权合法性的社会基础角度出发理解"三农"，需要将问题落实在国家与农户的关系上，进而需要分析近代以来，尤其是改革开放以来农村民情的演化机制。社会学意义上的民情指的是社会成员共同享有的一整套思维方式和行动意义来源，是维系社会秩序的重要基础。[①] 换言之，村庄社会治理就是指国家行政力量能够有效嵌入村庄民情之中，后者成为前者得以铺陈的前提，从而使农户的基本行动原则与国家意志处于相对一致状态。

进入 21 世纪以来，因国家取消了农业税的征收，计划生育政策的执行也慢慢从政治问题转变成经济问题——超生上缴罚款，大量农村人口外

---

① 　应星：《农户、集体与国家——国家与农民关系的六十年变迁》，中国社会科学出版社2014 年版，第 8—12 页。

出务工等现象的出现，国家政权在基层村庄的影响力逐渐减弱。随着市场化程度的不断加深，个体农户在市场竞争中的劣势逐步显现。由此，国家又通过对农业生产的各种补贴政策重新回到村庄的治理结构当中。但市场的力量终究太过强大，通过外出务工、升学、参军等途径，农村的人、财、物大量流向城市。农村能否成为中国现代化的稳定后方成为核心议题。[①] 事实表明，没有中国农村的现代化，就没有整个中国的现代化，中国的城市化必须与村庄的现代化同步。这也是当前有关国家发展战略的顶层判断。

通过调查笔者发现，维系村庄社会秩序的核心原则是多元的，即不同的村庄在与国家行政力量和市场力量的双重博弈中逐渐获得了相对稳定的民情，村庄成员的思维方式和行动原则不断趋同，村庄社会秩序和农户的生活方式都处于相对稳定状态。因此，当国家行政力量主导的社会治理试图打破上述力量的平衡状态时，势必引发新一轮的博弈过程。

## 三　农村社会治理格局的多元选择

以下部分将展示三个典型村庄的社会治理格局，试图总结不同村庄在与国家行政力量、市场力量的博弈过程中逐步形成的稳定的社会权力结构和民情基础。

### （一）同兴村：经济主导

2001 年，同兴村的一位退伍军人从山东战友处得知种植西瓜可以赚钱，于是向村里建议推广西瓜种植。在说服村干部之后，部分积极分子开始试种西瓜，并且向镇里汇报了此事。镇里领导也急于找到新的经济发展增长点，于是表示给予政策支持。由于种植经济作物有一定的市场风险，很多群众持观望态度。于是村庄发动党员干部和一部分农户率先种植，镇政府也帮忙联系了低息贷款。在大家的共同努力下，西瓜获得丰收。在销售阶段，镇上领导将同兴村的情况上报给了户县政府，户县政府对此表示大力支持，他们决定在西瓜成熟之际在县城给同兴村的西瓜开"绿灯"，让他们在县城内不限制时间、空间进行销售，并且把价钱定高一点，由县

---

① 贺雪峰：《城市化的中国道路》，东方出版社 2014 年版，第 235 页。

政府亲自出面为同兴西瓜打品牌。就这样，同兴西瓜顺利开始在县城销售，由于价钱高于其他西瓜，并且县上帮助打品牌，加上本身西瓜质量可以，种植户获得了不错的收益。

有此示范，第二年西瓜种植户大为增长，加之村上推广种植反季节蔬菜，同兴村对传统粮食生产的依赖性逐年降低。政府加大投资，免费提供水管，村民将水管直接埋到了地下，方便了用水季节直接浇水。这些水管是国家和镇政府投资的，村民只负责埋管子。县政府也为推动同兴西瓜的发展，决定开展"西瓜推介会"，让村民将成熟优质的西瓜拿到推介会上，向大家介绍同兴西瓜的质量，引起了不小的轰动，增强了品牌效应，吸引了更多的商家前来收购。

到了第三年，更多村民加入到种植西瓜的行列，据村干部介绍，现在西瓜种植户已经占到了全村的 90% 以上。而此时，同兴西瓜的种植已经形成了规模效应，形成了品牌。协会还邀请了西北农林科技大学的教授前来指导西瓜种植。据村干部介绍，现在村民人均年收入有 1 万元以上。全村也全部实现了种植大棚化，灌溉自动化，品种先进化。同兴村经过这么多年的发展，已经实现了村民基本不用外出打工、生活相对富裕的目标。

通过调查发现，在同兴村致富的过程中基层政权、农户以及村庄三者之间已经形成了良性互动的关系。他们拥有发展经济的共同愿望，也会在此过程中协商式地解决遇到的各种问题。经济发展带来了该村老百姓思维方式和行动原则的一系列变化。人们不再认为靠天吃饭的农业是唯一的生活出路，有了钱的农民也开始"享受生活"——他们认为城里人有的他们也可以有；在传统的婚丧嫁娶活动中，人们也逐步把传统遗留下的各种繁复过程简化处理，更加强调能够显示自己经济水平的各种象征物，如汽车、城里的房子、好工作等。

村里为了提高收益，增大规模，决定重新分配土地。原则是将肥沃的土地优先分给西瓜种植户，不想种西瓜的村民只能分到较差的土地。很多村民就有了反对意见，他们认为凭什么不种西瓜，就不能分到好地，我们这么多年都种庄稼，你有什么权力突然不让我们种庄稼了，你不是说自愿种西瓜，你凭什么这么做？这样的声音一时间在全村广泛传播，大家都纷纷反对重新分配土地。村干部一时感到了巨大的压力，他们不知道该如何是好。此时，村干部和村民之间的矛盾达到了最高点。最后，村干部们想到了一个比较好的办法。对于那些最后分到土地比较贫瘠的村民，可以多分一些地，以弥补土地贫瘠的不足。这个措施实施的时候，还有一部分村民反对。村干部就主动上门劝说那些不同意的村民，再三努力下，他们终于接受了这个方案，即使有几个还不想同意，却也无能为力，只好被迫接受现实。最终，土地分配工作就这么完成了。这是村干部与村民妥协的结果。

调查发现，多数农户每天都忙于打理自己的经济作物，而无暇顾及村上的公共事务。据村干部讲，这些年村上的公共事务也出奇的少。村民之间虽然少有参与公共生活，但并不影响其对整个村庄的认同。提到自己的村子，人们都一脸骄傲，会细数这些年村子的发展成果。

村干部也强调了镇、乡两级政府对该村的巨大支持。国家政权有效地参与到了村庄的经济发展过程中，并在此过程中维系了村庄的社会秩序稳定。通过同兴村的调查，笔者发现该村优先发展经济，随后以此为中心逐步解决村庄社会秩序、农户个体行为与国家政权之间的有效平衡，村庄社会治理的效果是显而易见的。

### （二）蒋村：文化传承

蒋村是一个文化气息浓郁的村庄，传统文化在这里得到了较好的保存。正月里的民俗活动非常丰富，形式多样。尤以出板对、歪官戏等活动出名，得到了县里甚至省上的重视。当地的民俗活动一般准备时间较长，耗资较大，规模庞大。最近一次举办大型的民俗活动得到县里的大力支持，蒋村也因为村子里流传已久的这些民俗活动而远近闻名。这一系列的民俗活动目前也已列入陕西省非物质文化遗产保护名录。甚至文化主管机关表示，将会尽全力支持村民传承这一独特民间活动。

蒋村现在还保存有好几处庙宇，有几处还是后来群众集资翻新的，这里还保留着过庙会的习俗，而庙会现在也主要是以买卖物品等交流贸易活动为主了，真正去庙里烧香拜佛的人没有之前那么多了，上年纪的村民多认为是由于"文化大革命"时期对文化的破坏造成的。因为蒋村人口众多，所以蒋村的庙会是周围有庙会的村子里最热闹的。

该村有两座寺庙，村民都是每年正月的时候才去庙里烧香拜佛。但是问到去庙里的人信不信佛的时候，大家都说不清楚，说是一般都不太信，但是也还会去庙里拜——"不是很信这个，但是还是求个心安"。而且是不管里面供的是什么佛，都会去拜一拜，保佑一家平安——"反正拜一拜又没什么坏处"。去庙里的大都是老年妇女。这个庙并没有什么庙会，都是人们自发地去烧香，有事要求佛祖菩萨的保佑，比如保佑孩子考上大学、家里生个小孩、生病的早点康复之类的。如果家里小孩真的考上好的大学了、家里添个小孩、生病的人也很快就康复了，一般老人都会带着孩子、家里人去庙里还愿，但平时并没有多少人去庙里。

相比于同兴村，蒋村的经济发展水平稍显落后。改革开放以来，该村也像多数村庄一样出现了外出务工人员、种植经济作物面积逐步增长以及村庄公共生活减少等现象。但由于该村对传统文化的保护效果优于周边其他村，所以该村百姓的凝聚力也高于其他村。

调查发现，该村百姓对教育的重视程度很高。蒋村共有两所幼儿园，一所小学，一所初中。其中三所学校都位于公路旁边，交通便利，可辐射附近的多个村庄。近几年，学校由国家出资进行了翻修重建，硬件设施较之前得到了较大的改善。村民对孩子的教育问题大都比较重视，大多数村民都表示如果有条件的话非常愿意孩子继续读书，并且希望可以把孩子送到条件更好的地方接受良好的教育，考上更好的大学。

给调查者留下深刻印象的是该村的文书。虽不是村上的党政一把手，但在村上的影响力非常之大。他当过兵，爱好文艺，口才极佳，写得一手好字，家里一双儿女又都是大学毕业且有较好的工作。他经常担任村上年轻人婚礼的主持人，也对策划重大民俗活动有着丰富的经验。他对村中各家各户的状况了如指掌，在村中具有较高的威信。很多村上的家庭纠纷和公共事务纠纷都在他的调解下达成了和解。在他的积极倡导下，该村在某退休小学教师的主持下独立编写过村史。

调查发现，蒋村近年来所发生的一系列变化，诸如村庄社会权力结构的变化、人们对婚丧嫁娶等仪式性活动的态度、对村干部的态度以及对自己未来生活的谋划等方面都与该村的文化因素息息相关；村民通过对村庄庙宇的祭拜来寻求内心的平静和未来生活的希望，重大节日的民俗活动也把整个村庄都进行了有效动员，地方政府也乐于将该村作为一个文化符号进行大力宣传，并给予各种民俗活动的积极支持。蒋村通过保护和传承传统文化，从而通过对教育的重视，将个体农户、村庄公共生活与基层政权建设紧密结合。在重大的民俗活动中，都能够见到对国家大政方针的积极宣传；村民也通过排演民俗活动而拉近彼此之间的距离。

由此看出，蒋村社会治理过程中的文化印记非常明显，已经围绕这一核心因素形成了相对稳定的社会权力结构和社会运行秩序。国家行政力量通过与村民一同对文化传统的保护，确立起在民众中的威信。

### （三）付家庄村：借力宗教

付家庄是一个教民村，宗教是这个村的一大特色，村里的居民普遍信仰天主教。村子里有一个教堂，修建于 20 世纪 90 年代，每逢星期二和星期日，教民们便前往教堂在牧师的带领下进行礼拜、祷告以及弥撒。因为信仰天主教，因此村里的居民很少有赌博、聚众娱乐，在某些村庄中屡见不鲜的坐在路边打麻将的现象在付家庄是见不到的，每天晚上在其他村村民热火朝天跳广场舞的时候付家庄则是一片宁静。据村支书讲，在 100 多年前便有西方的传教士来到付家庄传教，最初的传教带来的是先进的医疗、教育和器物，村长也提到村里的第一辆自行车便是传教士带来的。"教堂在'文革'期间是没有的，在 1995 年，在党的中央政策落实了以后，教民们自发捐款修建了教堂。"村委会文书说，20 世纪八九十年代，随着改革开放的推进、思想的逐步重新解放，付家庄的天主教信仰又重新复兴了，村子里逐渐恢复了日常的礼拜等宗教活动。到了 90 年代，付家庄村民与教会在旧的教堂原址上重新集资修建了一座新的大教堂，也就是我们现在所看到的教堂。"现在中国人没有信仰，是严重的问题，没有规范，没有害怕的东西，无所事事。按宗教礼仪，是征服人心，矫正人。"对于重建教堂、重建信仰的问题文书这么回答道，在他看来人们不应该没有信仰，缺少信仰会让人心无所恃、胡作非为，因此他觉得当时修建一座新的教堂、重新树立起村民们的天主教信仰是十分有必要的。

对于当时贫困落后的付家庄来说，宗教带来的极大好处和利益被迅速接受，到目前为止村子里 90% 以上的本地村民都是信仰天主教的教民。因此与传统宗族势力相比，天主教教会在人们心中的地位显得更有分量，传统的宗族势力在付家庄也并没有特别大的影响。另外，天主教的教义也是主张人与人之间能够和睦相处平等相待，而宗族组织有着严格的等级区别，因此宗教在本村的影响就更大了。与此同时，由于教会乐善好施，在村民遇到困难时会为村民募捐、帮忙，再加上经常举办各种宗教活动，教会给付家庄村民所带来的亲切感与归属感是远远超过宗族的。

付家庄村的结婚习俗可以说是"中西合璧"的。村民在结婚的时候首先是要遵循西方天主教的礼仪，新人们需要到教堂让神甫为他们主持婚礼，在这一天村子里的教民们无论亲疏远近，基本上也都会自发前往教堂见证他们的婚礼。在婚礼上，新人们接受所有人的祈祷和祝福，走进婚礼的殿堂。"在教堂里做的是神的事，"村委会文书如是说，"拜天地是人的事。"在结束完教堂里的天主教婚礼仪式之后，新人们还需要返回家中做"人的事"——拜天地。离开了教堂，一切便按照中国传统的方式展开了。"早上吃面，下午坐席"，新人们早上在家里邀请大家吃面条，午后开始传统结婚仪式：拜堂、拜天地，以及摆酒席邀请亲朋好友来一起参加。由此可见，即使是在付家庄这样的教民村也依旧充满了浓浓的乡土气息，中国传统思想的影响也是根深蒂固。

天主教教义不主张离婚而主张家庭和睦、与家里人不吵架，在出现严重家庭纠纷要闹离婚的时候，村里的教会也会主动出面调停让当事双方协商和好。因此，对于大多数村民来说婚姻生活都过得和睦而美满，村子里已经很多年没有离婚现象了。

对于虔诚信仰天主教的付家庄村民来说，天主教文化已经渗透进了生活中的每一个角落。就日常来说，每天早上、中午、晚上、用餐前、睡前，虔诚的教民们都会进行祈祷表达对主的感恩与问候。在每周二和每周日以及神甫来到村子的那几天，付家庄的教民们会暂时放下手中的工作前往教堂听取神甫的教诲，在神甫的带领下诵读《圣经》，抒发各自的感想与体会，在神甫的帮助下反省消除罪孽解决生活中的烦恼。除此之外，他们还会随着教会一起过天主教的节日，如圣母升天节、复活节、圣诞节。在这些节日里，教堂都会举办隆重的活动。

该村建有一座教会出资修建的敬老院，设施完备，功能齐全，目前入住了九位老人。村干部介绍说，镇政府与村上都比较支持教会的这一举动，在土地规划等方面给予了政策支持。每逢重大宗教节日举办的公共活动，不仅会吸引本村及周边村庄的教民参加，基层政府也会借此机会宣传各种涉农政策。

由此可见，渗透了中国传统文化特质的基督教文化已经成为该村社会有效治理的核心力量。笔者发现该村经济不发达，村中也不乏贫困户；外出务工人员也多于邻近村庄。但村庄里平日的宁静与重大教俗节日的隆重与热闹共同塑造了转型中的村庄秩序。

## 四　结语

一般而论，治理理论强调的是社会成员对社会政策制定、社区公共事务的积极参与，是实现"善治"的主要手段。① 从社会管理到社会治理，凸显了近年来中国政府执政理念的变化，也反映了"社会时代"的到来。近代以来的中国乡村治理，首要问题是在国家行政力量推动的工业化、城市化进程中，农村必须在城乡二元的格局中打破自然经济的封闭性和循环性，必须面对以理性原则为核心要旨的一系列现代国家的政策谋划。

通过对上述三座村庄的实地调查，笔者发现了不同村庄都在发展过程中寻找到了重新调适自身发展的核心变量，从而因应由社会转型给村庄和农户带来的巨大心理挑战和生活压力。以此本文提出了"社会治理的多元路径"这一对当前村庄社会治理问题的分析视角。

也许，时代巨变中的村庄并未如许多论者所想象的那般不堪，中国农民正在用充满智慧的行动诠释着自身发展的独特路径。当然，现代政体要求国家发展理念必须被有效贯彻。如若处理不好与既有村庄民情之间的关系，或者说国家行政力量不能有效嵌入既有村庄社会权力结构中，将会打破村庄的平静——农民会利用"上有政策、下有对策"的博弈逻辑在实践中不断寻求新的平衡状态。

需要指出的是，虽然村庄社会治理的过程需要有效处理外在力量对农村的"惊扰"，但既有的村庄治理秩序也并非"空穴来风"——它也是在实践中不断被创制出来的，因此要求村庄社会治理的研究必须将形成史与当前史的维度相结合，以期较为完整地展示村庄社会治理的"前世今生"。

---

① 俞可平：《论国家治理现代化》，社会科学文献出版社 2015 年版，第 23、26—32 页。

# 论"人生任务"

## ——基于关中邢村生命价值的考察*

陈 靖**

    贯穿农民生命历程的最终意义是什么？对"最终意义"的讨论通常属于宗教研究的范畴，而宗教是获得人生圆满的途径，涂尔干以降的宗教研究关注价值的超验性（圣）与生活的经验性（俗）之间的冲突。在圣俗二分的分析框架中，中国宗教的研究者很难处理民间宗教这一"模糊"领域，如果说佛教、道教等建制性宗教符合涂尔干进路对于宗教的超验性社会事实的判断，民间宗教则因其非建制性、草根性与群众性而无法被纳入涂尔干的理论谱系。民间宗教的研究者们也发展出"制度性宗教"与"弥散性宗教"的分类来表述这种宗教经验之间的张力；① 一些从民间宗教的实践经验出发的研究，已经关注到了"制度性"与"弥散性"并非截然二分，而是有着复杂关联和交织，因而分类或形态的界定仅有相对意义。民间宗教中，民间信仰这种"不受制度性专门人员控制的行为与信仰"② 虽然是发生在田野乡间的非理性的、不够精致的宗教形式，但其理论背景仍是关注神明、祖先等超自然力量所展示出的"圣"与"俗"。

    梁漱溟认为"中国缺乏宗教，以家庭伦理生活来填补它"（2005：79)，来自农民日常生活的分析能更进一步地理解农民在家庭仪式、代际

---

    \*   此文已被《西北农林科技大学学报》（社会科学版）2007 年第 1 期录用，特此说明。

  \*\*   陈靖，博士，西北农林科技大学人文社会发展学院讲师，农村社会研究中心研究人员。

    ①   杨庆堃将统治中国社会的宗教形式界定为分散性宗教或弥散性宗教（diffused religion），以之与西方社会中以制度化宗教（institutional religion）为主导的情况进行区分。前者因被整合进世俗社会制度中，混杂在日常生活、道德意识等其他社会面向中，因而缺乏清晰的组织形式。

    ②   Robert Schreiter, *Constructing Local Theologies*, Maryknoll, New York, Orbis, 1985, p. 125.

关系中的意义实现，由此扩展"宗教"在民间社会中的分析视域。贺雪峰通过"农民价值"这一分析工具来认识农民生活中的"终极意义"，他认为农民的本体性价值突出地体现在生儿育女与过日子中，社会性价值则表现在面子竞争上，二者构成了农民生命价值的二维。桂华关于中国家庭生活中的"礼"与生命价值的讨论，以"礼"为表述对象，阐述了中国农民的日常生活中的价值体验。① 本文借鉴了"生命价值"这一概念，它关注农民的人生意义问题，即"生命如何不朽"的问题。有关农民生命价值及其实现方式的研究，构成了中国民间宗教研究的另一种取向，这种取向表现在，越来越多的社会科学研究者开始摈弃对于"宗教"概念界定的讨论，转而寻找来自日常生活经验中人们价值与意义的实现方式，从而凝练出了一批具有社会学解释力的本土概念。其中最有代表性的，是吴飞关于"过日子"的阐释，他将"一个人以家庭为中心经营生活的过程"称为"过日子"，通过自杀这一"唯一严肃的哲学命题"来审视活人的意义世界和生存逻辑。陈辉在关中农村的调查中强调了"过日子"更是一套生存伦理，刘燕舞同样通过自杀的村庄演绎，讨论了"奔头儿"这一本土概念对于生命价值实现的意义。"过日子"、"奔头儿"是农民日常生活中的语言，在特定的社会文化语境中，农民都对这些概念有共同的想象和言说方式。笔者在关中西府邢村的调研中，农民习惯以"人生任务"、"负担"、"圆满"来表达对于日常生活、人生历程的理解。深受佛教传统影响的关中地区，关于"圆满"人生的想象，是指完成人生必需的功课，达到无缺憾的境界，因而有关"圆满"人生的想象构成了人们生命价值的基本内涵，而"圆满"与否，取决于对人生中的功课——人生任务——是否能无缺憾地完成。

"生命价值"是理解农民人生价值的概念，是涉及农民安身立命的价值基础，是回答"为什么而生活"的超验哲学，"生命价值"虽不是一个通用的学术分析概念，但可以通过社会性操作化来推进其理解力，本文中使用"人生任务"这一具体生活实践来阐述农民生命价值的实现方式。本文通过农民在不同家庭生命周期中的"任务"来考察农民的生命价值。"人生任务"来自村民的日常语言，通常表述为"任务还没完成"，或

———————

① 参见桂华《礼与生命价值——家庭生活中的道德、宗教与法律》，商务印书馆2014年版，第9页。

"尽义务"、"完成任务"等。与前文所述的"过日子"、"奔头儿"等民间词汇一样，"人生任务"在特定的群体以及语境中，村民都明白其所指为何。本文将剖析"人生任务"的具体内涵，并从中发掘这一概念对于农民伦理与价值的解释意义。

## 一　"人生任务"的阐释

关中地区是中国传统文化保存较为完整的区域，邢村位于关中平原西部的平原丘陵过渡带，村民以庄子为聚落，同姓家户聚居，庄子不仅构成了村民日常生活的物理空间，也构成了村庄交往互动的基本场景，更是一种共同的经济单元。邢村目前共有四个村民小组，小组之间相互独立且存在明显的物理边界。目前村庄共有 2400 多人，500 多户，耕地面积 3700 多亩，整体处于"人均一亩三分、户均不过十亩"的经营规模。从社会结构上看，邢村注重以"五服"为边界的户族结构，也注重以庄子为单元的地缘认同。因宗族力量并不存在，户族是基本的认同单位，贺雪峰在关中地区的武功县调研提出了户族作为当地农民的认同与行动单位，邢村的"户族"并不像武功户族那样庞大，一般是同一曾祖繁衍的子孙。该村缺乏武功地区那样的村庄历史感，该村较早的居民大多为外迁户，据村庄老人介绍，村民的大部分都是 1928—1930 年关中饥馑之后搬迁到此地的逃荒者，因而村庄历史至今不过百年。一般户族延续至今也不过五六代，并没有形成宗族性文化，同一姓氏为一户族，因为历史感较短、亲属关系较近，按照经典的家族理论，仍处于"五服"结构，一些姓氏甚至只能达到"四服"规模。

### （一）家庭中的伦理生活

在讨论农民的价值实现问题中，家庭是论述的关键对象，也是价值实现的最终归宿。"中国人的家，实即中国人的教堂"[①]，宗教的仪式就是农民讲的"过日子"，价值、伦理等抽象命题在日常生活中得以展现。日常生活包含了一种面向具体实践的社会学的转向（郑震，2013）。吴飞、桂华等人的研究将视角限定在农民司空见惯、习以为常的琐碎生活中，讨论

---

① 钱穆：《灵魂与心》，九州出版社 2011 年版，第 30 页。

了蕴含在熟悉的、不断重复的社会情境中的有关着"义"、"生命伦理"等关涉宗教的终极命题。①

从关中人习惯使用的词汇来看,"过日子"不仅是农民日常生活的总体概括,也是人们对于生命历程与生命意义的凝练。吴飞以"过日子"来类比西方人的终极宗教追求,来对应缺乏宗教价值的中国人的生活目标。"过日子"这一来自乡土、源自农民自我表述的概念的确可以作为理解农民生命价值的概念。只不过,吴飞的"过日子"逻辑体现在家庭政治的正义性原则之中,陈辉在关中 Z 村的研究则关注在家庭观念主导下的生活逻辑是如何围绕"过日子"铺展开来。二者共同之处在于缺乏家庭生命周期的视角,从农民个体生命历程的视角来看,其在家庭生命周期的不同阶段所承担的"人生任务",不仅可以凸显"过日子"的线性展开方式,也有助于探寻生命意义的实现及其再生产机制。

在邢村的农民看来,"过日子"的主要场域是在家庭,但不同阶段有不同"过法",特别是在代际关系的维系、社会性"面子"的获得以及物质支配的方式上会表现出明显的不同。例如,已经"完成任务"的人,其物质享受是理所当然的,而如果哪户村民还没"完成任务"就开始大手大脚花钱、注重物质享受,在村民那里会被认为"不会为人",不将物质分配在该用的地方,会影响代际关系的互动。与宗教体验不同的是,"过日子"本身是一种世俗性的实践,这种具有世俗意味的"过日子"追求是因地方而异的,是地方性知识的重要方面。在追逐"好日子"的生命历程中,每个阶段的"好日子"标准是不同的。丰裕的物质基础、和谐的家庭关系与传宗接代是农民公认的"好日子"的必要条件。在家庭生命周期的不同阶段,对三者的追逐是不同的。

"过日子"是一个人走完一辈子的过程,其过程性体现在出生、成长、成家、立业、生子、教子、养老、送终、年老、寿终等这些环节(吴飞,2007)。"过日子"作为日常生活实践,塑造着农民的价值实现的方式,当"过日子"的过程主要是在家庭中完成时,农民的价值与意义就围绕着家庭关系来展开。在家庭中需要处理的是夫妻关系和亲子关系,

---

① 值得一提的是,近年来有一批对于家庭生活伦理的社会学研究成果均以关中农村作为表述对象,且这批研究成果都是基于农村日常生活与农民家庭生活的调查之后所出产的,如桂华有关"圆满人生"的研究(2011)、陈辉关于"过日子"的讨论(2011),以及张建雷关于"家庭正义"的研究(2016)。

特别是由亲子关系所代表的代际关系，是农民家庭再生产的主要内容。

### （二）"人生任务"的内容

在村庄调查中笔者总会听到农民说："某某某现在是村里最享福的人了，家里没有什么负担，任务都完成了。"在农民的意义世界中，幸福与否与人生任务息息相关，而人生任务是与生俱来的"天命"责任，只有完成了任务才算人生圆满。"人生任务"观念就是这样一种具有义务性的、规训着生活实践的文化律令。邢村人认为，一生之中需要完成的任务很多，但细究起来都是围绕家庭再生产而展开的。

1. 生儿子与传宗接代

家庭的主要功能是继嗣和抚育，子代的繁衍与养育倾注着父代的血脉、情感和物质，也是中国人重要的人生价值。关中家庭以男丁为核心，男丁是继嗣和绵延香火的主体和对象，父代与子代家庭的物质与情感互动中，传宗接代是首要功能。子孙是自己生命的延续，必须生儿子，绝后是令人恐惧的。生育观念中蕴含着农民对于生命价值的理解，血脉绵延、香火传递这种先验性价值追求依然存在，承载着农民的生命延续，承载着农民对家族、血缘的义务性。

为什么必须生儿子？村民的解释是："男娃能干重体力活，扛袋子，女娃能扛吗？""夜里浇水，男娃去父母放心，女娃去的话父母不放心。"实际上，村庄种植的小麦和玉米等粮食作物早已经实现机械化生产，关于劳动承担的理由已经很难成立，为什么村民依然有强烈的生子冲动？在90年代中期国家严厉推行计划生育政策之时，邢村依然有很普遍的超生行为。为了生儿子，弃婴、溺婴的现象曾不断出现，"逃计划生育"的现象也屡见不鲜。一组的48岁多的村民宋根宝，一生养育了两个女儿，实际上在小女儿之前还生了两胎女婴，生出来都送到了别人家。他的兄长则比较幸运，头胎女儿之后又生了一胎女儿，送养到别人家后，第三胎终于生了个儿子。我们问及宋根宝的老伴，为什么生了几个女儿后还要继续再生儿子，她和很多村民回答的一样："生儿子能干体力活，女娃很多重活干不动，夜里浇水也不放心让女娃去。"后来笔者继续追问道："没有儿子，在村庄里是不是抬不起头，被人看不起呢？"她立即稍激动地应道："你说对了！没有儿子，别人会说，会被别人看不起的。"

在以男性作为"传宗接代"主体的关中农村，没有儿子被视为是失败的人生，既无绵延的子嗣作为慎终追远的传承者，人生价值也就无从实现，因而"绝后"是件令人恐惧的事情，这种恐惧在男系偏重的地区具有普遍性。[①] 这种恐惧感不仅来自本体性价值缺失而产生的焦虑，也来自村庄共识与面子竞争所制造的压力。如果没有儿子，家庭就在村庄中抬不起头。民间社会认为没有儿子是因为上辈子没有"积德"，这家人与别家骂仗的时被骂"你连个儿子都没有"，根本就无法接话，这是最大的侮辱。村计生主任告诉笔者，以前头胎是女子的，肯定还会生二胎，而且肯定生儿子，村民会去做 B 超检测，如果二胎是女儿的话就打掉。没有男娃，别人嘴上不说，心里会说，而且自己心里都觉得矮人一等。生育儿子除了表层的强功能性目的之外，还有深层的价值性追求，而这种价值性追求主要是一种社会性价值，即参与村庄社会的面子竞争，当然也混合了较弱的传宗接代的本体性价值追求，以此获得在村庄安身立命的圆满人生。

2. 为子娶妻

在生了儿子之后，如何让儿子体面地生活、尽早"顶门立户"，这是一件需要父代家庭耗费巨大物质财富与情感倾注的事情。物质财富支持体现在儿子结婚完全是父母的"任务"，结婚需要建新房、付彩礼以及办喜事，每一件都能够为父代家庭带来经济压力。过去儿子娶媳妇不用另建新房，结婚后和父母一起住在老房子里，分给他们一间厢房或者重建一套房就行了，但需要给彩礼。而彩礼是女方父母进行要价并给女方父母的，算是对女方父母养育的补偿和回报，女方家庭一般只会从彩礼中拿出一小部分钱做陪嫁，大宗的家具电器等室内物品则是由男方父母置办。当前邢村的现状是，女方父母家庭条件越是贫穷的，一般要的彩礼会越多，因为女儿的彩礼可以留作为自己的儿子说媳妇。女方家庭条件比较好的，现在父母一般要的彩礼都不会再留给自己花，而是帮女儿把彩礼储蓄起来，等到女儿将来有事要用时再给她，甚至父母还会额外贴钱给女儿陪嫁。总体来讲，本地彩礼水平在不断攀升，2011 年彩礼一般的还在 3 万多元，而现在彩礼的要价已经涨到 6 万—10 万了。

由于男系偏重的长期影响，本地出现了非常显著的适婚男女比例失

---

① 杨华在南方宗族性村庄的调研发现，村民存在着"绝后的恐惧"，农民要体验人生的意义，在村落里实现生命存在的价值，就得确保有延绵的男嗣后裔，否则就成了废人。废人就是一辈子活得没有奔头，没有意义，难以在村落里安身立命的人。参见杨华《绝后的恐惧》，《文化纵横》2010 年第 3 期。

衡，特别是打工经济兴起之后，本地女孩子更愿意将婚嫁的范围延伸到东部的平原地区，地方婚姻市场因而出现了女孩稀缺、彩礼暴涨的新问题，更加加深了代际剥削与人生任务的强度。为儿子早早找好媳妇，这成了父母的头等大事。虽然现在女儿出嫁彩礼水涨船高，但是现在家里多为只有一个儿子，而且女方的家庭经济条件处于中上等水平的话，要的彩礼一般都会给女儿留着，甚至还有贴钱给女儿陪嫁，这就改变了过去由男方的家庭单向度地向新成立的小家庭输入和供给资源的格局，演变成了男女双方的家庭共同向小家庭输入资源，以求实现小家庭的快速再生产。

上述理由构成了父代家庭的极大压力。父代家庭不仅要向媳妇的父代家庭单向度地输入资源，而且需要单向度地向新成立的小家庭输入资源，如建新房、购置家具家电、添置汽车等生活资料，以求实现小家庭快速完成再生产。激烈的婚姻市场竞争已经使本地许多年轻小伙找不到合适的对象，在村民看来这主要是"父母没本事"，为了早些给儿子完婚，父母们只能依靠巨大的物质投入来获得竞争优势，或者提早为儿子物色合适对象，能早婚就早婚。早婚构成了另一种对父母的物质剥削。四组的刚娃是个17岁的小孩，刚读完初中。仅两三年的时间，还没给父母一个喘息的机会，就又带回来一个新媳妇和未来需要抚养的孙子，这在村民看来是一件"有本事"的事情，能不能引来媳妇，这是评价一个男青年在外务工是否有成就的标准。但早婚所产生的成本，极大地加重了父代的抚育责任。由结婚盖房子、准备彩礼到养孙子。这时候父母都较年轻，基本上可以管理和操心孙子的一切。孩子外出打工了，给儿子种田的收入仍然要归儿子。孙子的开销即读书花费，体谅老人的年轻人寄回家点钱；不体谅的也不管，认为这是老人的责任，也是老人应该的。

### 3. 盖房

关中人以勤劳节俭闻名，但勤劳节俭是完成"人生任务"的必然过程。村民终其一生最为重要的两件事就是建立一栋新房子，为儿子娶媳妇。建房也需要耗费极大的成本，在经济水平较低的关中农村，能否修建一栋体面漂亮的房屋，是"好日子"的必要内容，也是完成"儿子结婚"这一任务的基本条件，更是"面子"这一社会性价值的来源。一位村民告诉我们，"一辈子盖院房子是最基本的"；该村民盖了一栋新房子，觉得"街坊邻居再也不会嘲笑我了，反而认为我很有本事"。

关中人的勤俭节约表现在饮食上，餐桌上很少看到荤菜，而且吃饭非常简单。通常早餐吃馒头、咸菜、稀饭，中午吃面条、炒一个简单的蔬菜，初夏一般就是洋葱、土豆或者包菜之类的，晚餐和早餐相似，都非常简单。口腹之欲的过度满足在关中农村叫作"不会过"，吃到肚里谁看得见，只有把从牙缝里挤出来的口粮积累数十年建楼房才是人生价值的重要体现，才会得到别人的认可、邻居的羡慕、亲戚朋友的祝贺，这样才有面子，才会有人把女儿嫁给你的儿子。笔者在关中农村行走一个月的时间里，到处看到建新房子的，而且一家比一家漂亮，往往是二层小洋楼，内部粉刷装修，外部贴满瓷片，还要打好围墙和门楼。有房子是"会过日子"的证明，这样能"招来媳妇"。

4. 带孙子

在邢村，尽早让子代家庭"顶门立户"是核心任务，为了完成这一任务，父代家庭还要承担子代家庭中的某些延伸的义务，如抚养孙辈。在村民看来，隔代抚育不仅是一种必须完成的任务，而且是"有福"的象征，正因为为儿子结婚娶了媳妇，且有了孙辈，才有了"带孙子"的可能。当前村庄年轻人大多在城市打工，或者外出打工时将孩子留在农村，由此父代家庭成为"带孙子"的主力，年龄偏大的父母在本地很难有挣钱的机会，正好承担抚育职责。隔代抚育也成了父代家庭的"人生任务"，父母作为辅助劳动来承担子代家庭再生产功能，以节省子代家庭的社会再生产成本，有利于子代家庭尽早地"顶门立户"。

许多村民在50多岁的时候已经成了爷爷奶奶，此时无论是否还能在城市打工，都必须回到家来"带孙子"，或者到城市的子女家帮忙"带孙子"。这是近十年才新兴起的"人生任务"，也已被广大村民公认；在完成这一项"人生任务"时，父代家庭不需要过多的物质投入，而是需要大量的时间精力以及情感的投入，这一任务也是令父代家庭获得满足感的事情，在很多村民50多岁就停止工作进入"带孙子"的阶段，而同年龄段但还没抱孙子的村民就感到焦虑。"带孙子"是有福的象征。

5. 养老送终

为父母"养老送终"也属于"人生任务"之一，是反馈型代际关系下人们对上的义务。传统的"养儿防老"功能衰退，在邢村，除非老人失去劳动能力，否则都是自己单过，不与子女家庭有过多物质往来。老年人自养意味着独立起居、自起炉灶、自己劳动，在光明村的老年人大多住在老庄子，在破旧的瓦房中做饭、生活，自己耕种土地或打工，或由儿子供给粮食。从老年人的理由看，自己是子女的负担，不能拖累子女的家庭；两代人的生活习惯不同，难以长期共处；独立起居自由方便，所以自养就成为普遍的选择。如果说养老是件必须完成的"人生任务"的话，送终就更显任务的庄重性。关中地区流行厚葬，邢村丧事要办一周，仪式非常繁琐。能不能体面地"睡到土里"是老年人关心的头等大事，也是子女需要投入资源来完成的硬性任务。

## 二　义务性的社会根源

邢村村民所讲的"人生任务"的核心是围绕生子以及为子娶妻、抚育孙辈来展开的，子代家庭的再生产是人生任务的主要内容。这种线性展开的生命历程所涵盖的是代际的情感与物质交换，以及在"任务"完成过程中的价值获得，没法完成任务的父母就会在村庄中"丢面子"，是不称职的父母。父母完成"人生任务"，意味着对子辈有了传递，子辈也应有相应的反馈，即完成养老送终的任务，"人生任务"也具有代际反馈特征，代际反馈的义务性使得相互的期待较深，即子女期待父母完成建房、婚嫁的任务，而父母期待子辈的养老送终，在反馈的意义上，人生任务是重要的。从邢村的经验看，"人生任务"的义务性来源不仅是代际反馈的期待，也来自于社区竞争，即人生任务更多地呈现为村庄的共识，完不成任务会受到村民的嘲笑，是件"没面子"的事情。

### （一）反馈的义务

中国式的代际关系表现为一种向后繁衍和向前追溯的"绵延之维"，代际具有深刻的物质与情感交换，同时也要保持代际基本的平衡。父代家庭与子代家庭之间存在的物质与情感交换是"人生任务"的重要内容，尽早让子代家庭"顶门立户"，就意味着父代家庭必须提前进行物质基础的准备。"户族"结构衍生出的村庄行为逻辑，导致当地具有极强的生子冲动，尽一切可能增强"后人"的力量，通过代际倾斜来完成对子辈的支持，这种支持既包括物质的输入，也包含强烈的情感传递，这种被村民称为"恩往下流"的方式是本地代际关系的基本特征。

"恩往下流"意味着代际的单向传递，并包含丰富的物质传递的内涵。这种"恩往下流"突出地表现为村民所认可的几种人生任务，包括生儿子、给儿子结婚，以及儿子婚后的带孙子。为儿子结婚这是每位老人"天经地义"的任务，按照村民的说法，不完成这项任务，父母做的就不称职。而在目前打工经济背景下，在家带孙子成为父母新的"人生任务"。父母不仅要把子辈抚养长大，还要继续抚养孙辈，不抚养孙子的是"不会做老人"。在村民看来，父母的任务就是"渡"子女，再由子女"渡"他们的后人，一切为了后人，一代"渡"一代，这是人活着的意义所在。这种代际是单向度的，无反馈的流动，父辈将物质与情感倾注在后人身上，后人则向自己的下一代传递，代际缺乏反馈。村庄中有老人已经六七十岁，但仍每天辛苦劳动挣钱，攒下的钱并不是为了自己消费，而是传给后人，交给儿子继承，村民评价这种行为是"会做老人"，"父母攒下钱给儿子那是天经地义的"。

在男系偏重的关中地区，代际的行为特征代表现为资源的单向传递，这是增强户族力量、壮大子代家庭的途径，因此出现了父代家庭辛辛苦苦支持子辈家庭的情况，农民生命价值的寄托永远是下一代，家庭生活逻辑就围绕"恩往下流"展开，生活的期待是向下的，代际关系也是向下的，父辈对子辈的传递也成为合理的必然。笔者调研中有位老人在家带孙子，对自己的小孙子十分溺爱，他说"让孙子喝我的血我都愿意，只要他们好就行了"，老两口在家吃得很差，却给小孙子买贵奶粉，每天给买各种零食吃。这种单向的代际传递已经延伸到爷孙之间，父代家庭成为代际关系中最为失衡的主体。

### （二）社区竞争

"人生任务"是一句地方词汇，地方性知识的内涵与外延只有在当地日常生活的具体语境中才能得到充分的理解。邢村村民认同"人生任务"，是因为它已经成为村民的共识，且在不断生成并再生产出价值与意义。在"生儿子"的问题上农民体验着"传宗接代"的宗族绵延的话，"生儿子"的竞争也同时作为社区竞争的内容。这种社会性价值性的追求主要来源于参与村庄社会的面子竞争，获得社区尊重。村庄中普遍的"别人有儿子我也得有"的心态是社会性价值的集中体现，其功能性在于养儿防老和"有儿子有拳头"，没有儿子意味着"丢面子"，子嗣的社会意义作为人生实现的先验性价值，也作为功能性的社会价值。同样，建房的竞争也是社区竞争的重要内容。房屋的体面关涉家庭的体面，不仅是

"好日子"象征，也是完成"儿子结婚"前提条件，更是"面子"这一社会性价值的来源。

在村庄中获得"面子"也是村民价值的一个维度，但与生命价值不同，这种社会性价值决定的是农民是否生活得"体面"、有尊严，社会性价值推动着生命价值的实现。"生儿子"成为村庄共识后，也就成为衡量社会性价值的基本要素，纯女户在村庄中没面子，也促使农民家庭更加专注于完成这一"人生任务"。只有完得成"人生任务"，才在村庄中站得住脚，也才能有体面。

## 三 "人生任务"与"圆满"人生

前文分析了"人生任务"的社会性根源，其义务性更多地来源于一种代际互动与社会竞争机制。实际上，农民在执行"人生任务"的过程中所获得的也是一种宗教般的体验。农民在"过日子"的谱系中获得人生价值的实现，这种"谱系"体现在不同阶段承担的"人生任务"，当完成特定的"人生任务"之后，农民就能够进入"最享福"的状态，本文称之为"圆满"人生。这种具有宗教性的生活发生在家庭这一特定场景，且家庭并非特定时间点上的、静态不变的社会单元，而是按照时间流逝所形成的家庭内部舒展生命的过程。

### （一）完成任务的人

完成了"人生任务"的人在村庄中是受到羡慕和尊重的，这构成了农民对于"幸福"的理解。四组的村民王户胜是村民们公认的"享福"的人，他的儿子大学毕业后留在北京，娶了个家境富裕的北京儿媳，两年后又生了个孙子。他的女儿虽是初中毕业，但嫁给了本地一个家境不错的老板，且即将有外孙。如今的王户胜不再下地劳动，每天的工作就是闲转、打牌，没事就去北京看孙子。

农民自出生以来就进入了"过日子"的状态中，而对于个体的农民来讲，"人生任务"的展开要从结婚生子开始，当自己的子代呱呱坠地，对家庭的使命就开始进入一种"任务"谱系。儿子的出生就意味着家族的"香火"传递，这是农民完成家庭延续的最重要的人生任务。在儿子结婚之前，父母对孩子的养育也是重要任务，尽其所有供孩子读书，无论孩子能读到多高的学历程度，父母都有义务来供养，否则就是"人生任务"完成得不彻底。当子代结婚并且与兄弟分家之后，新的家庭生命周期立即展开，这时子代家庭形成了一个新的"过日子"单位，新家庭最重要的"人生任务"同样是生儿子，为了家庭延续就需要生育接班人，继而要妥善安排家庭生产，处理好村庄社会关系。自儿子出世起，做父母的就想着"要将儿子养大，要为他建房子、娶媳妇"。儿子是父母的"奔头儿"，他们起早摸黑、辛苦劳动、勤俭持家，都是在"为娃过日子"。四组小组长周德发已经62岁了，他的二儿子快30岁了还没找到对象，这令老两口天天都愁得睡不着觉，用他们的话说，自己"义务还没尽到"。父代家庭负担最重的"人生任务"就是为儿子娶亲，这需要建房、彩礼做物质基础，还需要父代家庭委托各种社会关系来"说媒"，只有将儿媳妇娶到家，做父亲就可以自豪地认为"基本完成人生任务"。

可见，"人生任务"的核心内容及根本目的，都是为了子代家庭的再生产。而当儿子成家"顶门立户"之后，父母就成为"负担不重"的人，进入这一阶段的农民就可以心安理得地"享福"，不再需要勤俭节约、辛苦打拼，"过日子"就成为享受的事情。完成了"人生任务"之后还在拼命劳动的人，村民会称之为"有福不会享"。随着子代家庭的成长，父代会逐步交出"当家权"并逐步退出社区活动。当然，当前父代家庭还关心的一件事情是"抱孙子"，这仍是在替儿子"操心"，只有当他看到孙子出世以后，才能够"死得瞑目"，他闭上眼睛的那一刻，人生就画上圆满的句号。

### （二）死后世界的想象

能够"死得瞑目"，这表明"人生任务"的过程中包含着关涉"终极价值"的宗教因素，"人生任务"的完成是村民生命价值的来源，完成任务后的"圆满"体验能够顺利化解个体存在所面临的死亡恐惧。"人生任务"的阶段性转换是家庭再生产过程，农民的"过日子"就是有条不紊地生产出新的家庭，农民每时每刻都要进入"过日子"这个序列中，来体验生命的价值，做孩子的要服从家庭的安排，做父母的要为儿子操心，做爷爷的要向列祖列宗交代。离开了家庭，离开了"过日子"，生活变成"煎熬"，人生就无所依托。可以作为对照的是，村庄中存在少量的光棍，他们的人生被认为是没有价值的，终其一生无可依托。

　　在"过日子"这一琐碎的日常生活场景中，农民很少在一举一动的行为中体验到生命价值，只有拉长生命历程，将生命价值放置在家庭再生产的阶段性与过程性中才能体会人生的意义。一轮一轮的家庭再生产的"节点"是生儿子传宗接代，为儿子结婚娶妻，对于农民来说，只有有了儿子，其他一切行为才会有意义和价值。没有儿子的人，生命是苍白和虚无的，因为他的生活缺乏意义基础和价值的来源。这样的人生过程就是打发没有内涵的时间，活着似乎成为一种生物本能，"吃喝拉撒睡"仅存体肤之感，这样的生活就是"混日子"。作为对照的是，纯女户的家庭即使生活的物质条件再好，村民仍觉得生活是有缺憾的。

　　完成"人生任务"的老人理所当然地能够得到"厚葬"，关中素有厚葬的习俗，丧礼是最大的"事"。在调研期间笔者遇到村民办葬礼，整整办了七天仪式，虽然这是户族很小的人家，但是祭奠的场面和丧葬仪式要隆重得多。五服之内的孝子都要穿孝衣戴孝帽，庄子里的人还要来帮忙，亲戚朋友来祭奠。如今一场丧葬仪式最低需要2万元左右，最高的有花五六万元的。儿子多且经济宽裕的还会请电影或唱大戏，光大戏都要2万元左右。隆重的葬礼能够给逝者及其子代家庭带来"面子"，获得村民的羡慕和赞誉。但有一位村民告诉我们，逝者获得这样隆重的葬礼待遇是"应该的"，因为父代家庭为儿子尽完了义务，葬礼就成了子代"尽义务"的事，获得厚葬也成为理所当然的事情。

### （三）福与苦的辩证关系

　　完成"人生任务"之后可以享福，但完成任务的过程是辛苦的，村民们将劳动称之为"下苦"，不"下苦"的人是有福之人，但村民都知道不"下苦"是"下苦"的结果，只有经过了辛苦的劳动，才能具备完成"人生任务"的物质基础。任务的完成是艰辛的过程，是父代家庭通过失衡的代际传递来完成的，人生任务也就有了成本计算。调查中村民很多都反映"人生任务"的高成本，村民李宇生算了这样一笔账，自己儿子从抚育到大学需要花费10万元，结婚好赖都得10万元，还有凑钱买房给了10万元；女儿初中毕业出去开店，要支持2万元；小女儿读大学花费近10万元，结婚还得倒贴2万元。

　　要完成"人生任务"的人是有压力的，因为完成人生任务的成本越来越高，村民李宇生说："别人都这样，你为人父母对自己子女怎么能不管?"由于抚育成本增加，农民在中年阶段必须努力劳动才能支付人生任务的成本，人生任务的确成为父母的"负担"，并且是令人头疼的任务。一些能力不够的父母如果完不成任务，不仅会受到村民的嘲讽，也会受到子辈的逆反，如果不能完成人生任务，子辈更有理由不负担养老任务。

儿子、房子、孙子、日子、面子是当地农民生活的一根主线，在家庭中实践和完成人生的意义。生育儿子是家庭过上好日子的前提，也是家庭参与村庄生活竞赛的基础。因此，这种"过日子"的逻辑就不单纯是追求物质性层面的享受，如吃喝穿住行等以个人的舒适为目的，而是一种超越性的价值追求。邢村所在的关中地区，村民家家户户省吃俭用，吃饭尤其节俭，一年四季都很少吃肉，但几乎家家户户都盖起了高大宽敞的楼房，在村中房子是一种具有象征价值的耐久物品，村民不知道别人家里能赚多少钱，经济条件如何，则主要是通过盖的房子来判断，村民在私下议论就会说，谁谁家盖了多漂亮的房子，房子都盖了说明家里有钱。因此，生儿子、建房子、抱孙子是村民获得社会地位和尊严的基础，普通村民即便难以挤进为数不多的上层地位，但也至少保证能在村中处于中等水平，谨防滑入贫弱窝囊的下层地位。现在对于普通村民而言，年收入至少3万—5万元，才能保障处于中等水平。

## 四　结语

本文对于"人生任务"的讨论，试图建构理解中国农民生命价值的本土概念。农民在日常生活中实践的价值实现是贯穿在人生开展的阶段与家庭再生产的连续周期中的，通过特定过程节点中"任务"的完成来获得"圆满"人生，生命价值的"圆满"蕴含着宗教性。"人生任务"是一个地方性概念，农民个体的人生历程是体现在以"过日子"为核心的家庭生命周期中，其生命价值的实现是通过不同周期与阶段的"任务"来获得的。"人生任务"是农民度过有限生命的具体方式，也是获得无限意义的途径。有限生命与无限意义之间的矛盾与贯通本来就是宗教关注的核心问题。

只不过，按照宗教研究的理论范式，这种细致琐碎而又繁杂的日常生活很难从中生发出宗教般的体验，因而中国农民的日常生活还不足以描述和分析农民的宗教形态。但反过来看，宗教讨论的生命价值问题，却需要放置在农民日常的"过日子"过程中去理解，特别是放置在"过日子"的历时性序列中"人生任务"的概念中去理解。"过日子"包含着日常生活的"柴米油盐酱醋茶"等物质性内容，也包含着"传宗接代"、"恩往下流"这类情感性内容，但物质生活与情感体验，都服从于对"人生任务"的义务性与庄重性。"人生任务"的完成或许并不需要通过神明崇拜、巫术或祭祀仪式等宗教行为，但对于农民获得生命价值和意义而言则是不可或缺的，农民在"人生任务"的实现中获得了生命圆满，即浮生之中也有"义"的存在。因此，世俗生活中蕴含着神圣性，邢村人那些口口声声称自己"不信鬼神"的农民，本身就在日常生活中践行着宗教性，正如许烺光所说："没有一个可以称得上是彻底的无神论者。"

**参考文献**

陈辉：《"过日子"与农民的生活逻辑——基于陕西关中 Z 村的考察》，《民俗研究》2011 年第 4 期。

桂华：《"过日子"与圆满人生——论农民宗教生活的基本形式》，《中国农村研究青年论坛》2011 年。

桂华：《礼与生命价值——家庭生活中的道德、宗教与法律》，商务印书馆 2014 年版。

贺雪峰：《关中村治模式的关键词》，《人文杂志》2005 年第 1 期。

贺雪峰：《农民价值观的类型及相互关系——对当前中国农村严重伦理危机的讨论》，《开放时代》2008 年第 3 期。

梁漱溟：《中国文化要义》，上海人民出版 2005 年版。

刘燕舞：《论"奔头"——理解冀村农民自杀的一个本土概念》，《社会学评论》2014 年第 5 期。

钱穆：《钱穆先生全集：灵魂与心》（新校本），九州出版社 2011 年版。

［法］迪尔凯姆：《迪尔凯姆论宗教》，周秋良译，华夏出版社 2000 年版。

吴飞：《论"过日子"》，《社会学研究》2007 年第 6 期。

许烺光：《祖荫下——中国的亲属关系、文化人格和社会流动》，台北南天书局 2001 年版。

杨华：《绝后的恐惧》，《文化纵横》2010 年第 3 期。

杨庆堃：《中国社会中的宗教》，范丽珠译，上海人民出版社 2007 年版。

张建雷：《无正义的家庭政治：理解当前农村养老危机的一个框架——基于关中农村的调查》，《南京农业大学学报》（社会科学版）2016 年第 1 期。

# 庙会：时代转型期农村居民凝聚和身份认同的重要实现路径

苏燕平*

扶风县和周至县皆地处关中平原，同为西周祖先活动区域，周文化诞生于此，并成为儒、道文化的源头之一。据文献记载，扶风县在黄帝时期，属后稷周国部落，尧舜时代，为周始祖弃的封地，属后稷有邰氏；此外，扶风又是佛教圣地法门寺所在地，寺内有供奉佛骨舍利子的舍利塔。周至县道教文化繁盛，相传老子在楼观台讲经，财神赵公明为周至县赵代村人，他的师妹为三霄，在传说中同与姜子牙作战，后败亡而封神。因此，周至、扶风一带混合了儒道释的民间信仰文化盛行，各类神仙人物的传说广为流传，村庙林立，大小庙会数以百计。在我国农村城镇化快速发展的今天，庙会成为农村传统文化的重要载体之一，又成为新时期农村社区凝聚和身份认同的具有重大意义和价值的文化场域。

在扶风周至一带，群众信仰一位索娘娘，又称其为索姑，敬其为索圣母。相传东汉时，扶风县有索村（青龙村）住着一户索姓人家，索姑为该户人家的女儿，母亲早逝，父亲常年在外经商，索姑和哥嫂一起生活。索姑的外婆家在周至县东大坚村，索姑自幼由外婆抚养教导，长到 12 岁才回到索村。哥哥常在田地劳作，索姑和嫂子持家，索姑头上长满癞痢不生头发而被嫂子嫌恶。嫂子对索姑颇为苛刻，要求其日日放羊，又日纺二斤棉纱线。索姑为仙人点化，放羊纺线两不误。索姑长大成人，嫂子因其为癞痢头而为其定了一门恶亲，夫婿为有名浪荡子（一说索父为索姑定下胡人为婿）。在成婚前夕，索姑褪下秃壳，穿戴一新，

* 苏燕平，西北农林科技大学人文社会发展学院副教授，农村社会研究中心研究人员。

骑上白马，一路经过扶风绛中村、杨凌田家寨、周至官村等村，直奔周至终南山一脉——青山，直上青山盖顶。相传索姑在盖顶修道。后索姑在青山遇到三霄娘娘，为其教导，能为百姓送子、治病，索姑遇到三霄的地方就是遇仙宫。索姑修炼得道成仙后，坐轿子回到青龙庙索村，为故里乡亲治病救人，惩治恶霸，制服妖怪。由于索姑一生未嫁，索村世世代代称其为姑婆。青龙村（索村为其自然村之一）修有青龙庙，青龙庙内有索姑神女祠，以示纪念和敬拜。索姑祠有庙会为每年农历三月十五、七月十五。抬轿子是青龙庙最为隆重的盛事，它是一段传说的形象化表演。一群青年小伙簇拥着索姑乘坐的轿子，而索姑因为回想起当年在家里的种种遭遇，心情不好，所以轿子时而前行，时而折回，时而向东，时而向西。抬轿子的年轻小伙人数有 20 多个，簇拥着轿子，互相推挤，小轿子忽东忽西，一路徘徊，直到进了青龙庙的索姑神女祠。

传说李世民在青山打猎，梦中索姑前来献茶，所以青山一带有唐王井、煎茶坪等地名。每年农历三月初十，青山一带的庙宇齐齐敬拜索圣母，举办庙会，共有官村庙、遇仙宫、三霄洞、天竺院、唐王井、煎茶坪、双柏树、盖顶等大小庙宇十几座，这些庙宇分属于周至县翠峰乡、哑柏镇、终南镇、四屯镇等 7 个左右的乡镇共 20 多个行政村。到了庙会期间，由索姑庙的各村庙委会和村委会组织村民，把内有索圣母像的轿子抬到庙里，组织人各司其职，守堂、收布施、做饭等，不一而足。为了办好庙会，基本上是负责举办庙会的村子全员参与。

庙会从三月初十一直延续到十五日，索姑庙会期间，人潮汹涌。扶风、武功、周至、杨凌、眉县、户县、西安市等地的人络绎不绝，祈子、祈病愈等不一而足。庙会连续三四天，前往赶庙会的民众多可达几万人。青山从山下直到盖顶的十几家索姑庙香火旺盛，2014 年香火收入多则 20 多万元，少则 7 万元。

扶风县青龙庙村索姑祠的庙委会组织信众在三月十三日上青山盖顶请索姑下山，沿途到遇仙宫、三霄洞、煎茶坪、盖顶等庙进香，返程时又到周至翠峰乡官村庙、杨凌田家寨、辛集村、绛中村的娘娘庙祭拜。到三月十四日，青龙庙村索姑祠组织信众前去绛中村请神。到三月十五日，青龙庙村索姑庙庙会正式结束。

　　由于传说中索姑的外婆家在东大坚村，或东大坚人传说索姑在逃婚去青山之前，先到东大坚，被一位老大娘收留，并认为义女。索姑成圣后，东大坚人也祭拜索姑，并在春节初四、初五举办大型祭拜活动，农历六月也有纪念性质的庙会。东大坚村在青山上无庙，但与盖顶索姑庙的三社素有往来。东大坚村角马曾在新中国成立前上盖顶求雨，颇为灵验。当时的周至县长田杰生为此还赠匾一副。

　　经过实地调研，笔者发现在扶风周至一带已形成一个索姑信仰圈。该信仰圈西起扶风县青龙村，东至周至东大坚村。东肖村在青山上有本村的村庙三霄洞，同时敬拜三霄和索姑，与武功县武功镇聂村金仙观敬拜的聂云霄有关联。

　　关中村庙文化调研团队在对武功县金仙观持续观察的基础上，以索姑信仰圈为线索，横跨扶风、周至两县，在 2015 年暑期选择青龙庙村、东肖村、东大坚村为固定观测点，对民间信仰的社区凝聚和身份认同功能进行了考察。本文是在对青龙村庙会的观察基础上形成的，并提出：乡村村庙是中国乡村社会的黏合剂之一，它通过每年的庙会活动把村庙四周的乡村社区的人联系在一起，驱动他们之间定期进行相互身份认同和文化认同，并借此发挥一定程度的稳定和凝聚功能。这种稳定、凝聚功能对于乡村社会的持续健康发展有重要作用。此外，庙会成为乡村传统文化的体现场域，又逐渐融入时代精神，体现了传统文化的延续和变迁。

## 一　扶风县青龙村青龙庙概况

　　扶风县青龙村位于段家镇的东部，与杨凌区五泉镇的毕公村接壤。全村有 11 个小组，4 个自然村：索村、张堡、成李、张周。全村耕地面积 3470 亩，坡地面积 300 亩，以核桃和杂果的育苗为主，同时种植葡萄和猕猴桃，面积各有 300 亩和 200 亩左右，此外，种有少量玉米和小麦等粮食作物。经济收入为育苗和外出打工。青龙村人口有 3359 人，外出打工人口约为 682 人，全村姓氏主要有九大姓：张姓、王姓、李姓、周姓、成姓、索姓、辛姓、蓝姓、弓姓。

　　青龙村共有村庙 10 所左右，除了青龙大庙外，各自然村都有 2—3 所小庙，大部分是 60—80 年代所建的。

青龙大庙和小庙在新中国成立前就存在。尤其是青龙大庙，在新中国成立后直到"文革"期间，由于庙宇多且宽敞，扶风县段家镇中学、扶风县农中先后设置在此，到"文革"结束后，扶风县农中搬走，青龙庙才逐渐恢复成村庙。

青龙庙分青龙大庙和青龙小庙。青龙大庙在青龙村北部的崖畔处，共有神堂四座，敬拜索姑、关公和无量祖师等，以索姑为主，有索姑神女祠和索姑梳妆楼。此外还有办公室、饭堂、客房、储藏房等十几间房。另外，全村的戏台就在青龙大庙前的广场上。青龙小庙在青龙村的自然村索村的北街，小庙内有两座索姑堂，一座老子神堂。此外有主房、客房、食堂等七八间房。

在管理上，青龙大庙和小庙各有庙管会，布施和支出互不干涉。庙会活动主要由大庙主办，小庙协同。

青龙大庙的庙管会由八社组成，这八社来自青龙村的自然村和扶风县段家镇和杏林镇的行政村或自然村，共有青龙社（段家镇青龙村索村组）、高肖社（杏林镇浪店村高家组和肖家组）、关民社（段家镇青龙村关庄自然村）、大方社（段家镇大方村）、西河社（段家镇西河村）、十里铺社（杏林镇十里铺村）、成里社（段家镇青龙村成里自然村）和张周社（段家镇青龙村张堡组和周家组）。各社皆有会首参与青龙庙的管理，共有 18 人。这些会首由各社的农民、退休教师等组成。青龙大庙的建设、庙会等事宜由庙管会开会决定，庙会收入、支出由庙管会统一管理，平时庙内事务以及日常布施、支出由常住庙内的青龙村前支书李生福负责，他已加入全真教龙门派，为扶风县道教协会的成员，实际为驻庙道士。青龙小庙也有庙管会，主要由索村村民组成，共有 5—7 名成员，负责管理庙会期间的布施收入和支出。另外，庙内常住一位来自杨凌揉谷镇的道姑。青龙庙对外事务，主要由青龙大庙庙管会负责。

青龙庙庙会分别在农历三月十五和七月十五。其中三月十五的庙会规模大，参与民众多达上万人，综合了宗教性活动、娱乐性活动和商业性活动。庙会最具特色的活动是抬轿子。七月十五庙会较普通，没有特别的活动，也不请剧团唱戏，参与民众为千人左右。

青龙庙大庙的庙管会负责庙会前的筹备、庙会期间人员安排、摊位管理、庙会活动安排等。

## 二　身份认同和文化认同：村庙顺利建设和
## 庙会成功举办的原因

### （一）青龙庙里尽职尽责的会长们

每年庙会前后，都是青龙庙的会长们最忙碌的日子。青龙庙的会长们多数在 70 岁以上，也有少数会长老先生年龄在 80 岁以上。庙会筹备会也有少数老年妇女参加。总会长姓索，七八十岁的老先生，对于庙会的事情非常负责任，庙会前组织筹备会，庙会期间负责全盘事务。有一位李姓会长，本村人，曾担任村书记 20 多年，他在庙里常驻，道教协会会员，已经加入全真教龙门派，算作驻庙的道长，负责青龙庙庙会以外时间的看守、接待和打扫等。其他的会长，有本村或邻村的老农民，也有退休的教师、职工和工人。这些会长们的职责是参与讨论庙会安排、在庙会期间对庙会事务各负其责。

2015 年农历三月初八青龙庙召开了庙会筹备会，与会人员有 20 多人，有三位老太太，其余为老头。他们在这次筹备会上主要讨论《青龙庙×××》一书出版仪式如何举办的问题。该书以小说片段的形式，汇集了关于青龙庙和索姑的民间传说，作者姓 C，为扶风县 XL 镇农民。

在青龙庙讨论三月十五的庙会事宜。大家先确认了布施组、戏台组、食堂组、庙堂执事组、接待组的人员安排，索会长提出有人答应了来庙会帮忙，但到了庙会的时候，却推三阻四不来，或者来了，人却一会儿就跑不见了。索会长说，如果还有这种情况，就要提前说清楚，来就来，不来就不来。其中关于 C 撰写的《青龙庙×××》一书如何在庙会上推出，产生了小小的分歧。李会长提出 C 是扶风县段家镇浪店人，出版《青龙庙×××》是一件了不起的事情，他主张把《青龙庙×××》一书的庆贺仪式放在农历三月十四的抬轿子活动之前，因为三月十五是正会的日子，但来的人比较少，三月十四人最多，效果最好。

关于李会长的提议，先是一位会长对 C 的署名表示疑问，他说：Z 会长之前已经撰写了一部分关于索姑的书稿，这本书用了但没有提他，这恐怕不妥。那位会长又说有知识产权这个问题呢。Z 会长是一位 70 多岁的老农民，热爱写作，一直梦想着为索姑写一本书。已经陆续撰写了几千字的书稿。李会长在 2014 年邀请 C 专门为索姑写一本书，C 为了撰写《青龙庙×××》，专门辞去一份打工的工作，依靠储蓄，一心一意在家写作。他花了近乎一年的时间完成书稿，又四处联系赞助出书。Z会长说：C的书内容很多，用了一些我写的东西，但大部分还是他写的。只要对索姑好，都能成。然后索会长说出版仪式安排在十五日，不能与抬轿子冲突，要不然抬轿子表演的时间就很紧张了。李会长说十五日就没人了，就没意义了。这时有一位王姓会长，50多岁，是前来开会的会长中最年轻的一位。他做主说：出版仪式还是放在十四日，从青龙小庙抬轿子到大庙，中间还有段路程，这个时间刚好用来举行出版仪式。虽然C是XL镇人，不是青龙庙八社人，但只要是宣传索姑，对索姑、对青龙庙好，不管这个人是谁，这就是好事情，观念要转变。其他人都没有说话，这位王会长说：行了，这个事就这么定了。

在2015年七月十五的庙会前，青龙庙的会长们又召开了筹备会。这次来参加会的人还是七八十岁的老汉们。由于七月份的庙会规模小，也没有请戏班子，事务不多，但以前修庙余下的木板有些发霉，会长们说开筹备会之前，先把这些木板抬出来晒一晒。本来说下午3点开始的筹备会，因为会长们要抬木板，所以一直到5点多才简短地安排了一下。下午3点多，夏天的太阳光很强烈，会长老汉们互相调侃着，乐呵呵地从无量祖师和索姑梳妆楼之间的储物房顶下，把厚重的木板挪出来，然后两个人或三个人抬着，一直抬到关公庙的外墙，把木板立起来。也有几个老头拉着架子车来运送木板。大热的天，这些老人家一直干了几个小时，把木板都抬了出来，把烧开水的灶台和大锅安顿好，才开始开筹备会。

这些会长们对庙会的事情非常虔诚，也很尽职尽责。索会长说他们把收来的布施全部用到庙里，所有给庙会服务的会长和其他人员，没有报酬，连一包烟都不给买。有一位退休的老教师说，一直对索姑很敬重，从小就在青龙庙玩耍、看戏、看热闹，跟着母亲来庙里上香磕头，跟着父亲来看戏，上中学也在青龙庙里上的。再长大一些就去抬轿子，轿子抬不动了，就关心庙会的事。到老了，就给庙里帮忙。他说自己对青龙庙也很有感情。以前因为要干好教书育人的本职工作，没有机会给庙里做事情。现在退休了，所以有空就到庙里来干活，觉得心里舒坦。

这位退休教师的说法得到其他人的赞同。开筹备会的地方其实是青龙庙的门道，门内是过道，过道两边分别是李生福道长起居的房间和接待室。过道的墙上张贴了清朝周至县令邹儒写的当时人们敬拜索姑祈求降雨的诗，还贴着一位会长写的赞美青龙庙庙会的诗：

> 天天盼三五，今日又逢君。索姑灵秀地，天地沐春风。锣鼓震天响，金轿逐浪涌。信男又善女，顶礼拜不穷。千年古传说，一日觉道成。古木虽不见，满山见葱茏。问君何能尔，万众一条心。道法自然也，天理与人情。

会长们生于此地，成长过程中濡染索姑信仰文化，对索姑很有感情，对索姑信仰很有感情，索姑信仰把这些为庙会服务的中老年人黏结在一起。

### （二）青龙庙的建设汇集了村民的捐赠

如果说中老年的会长们到庙里去服务，体现了对索姑的敬仰和敬拜的凝聚力量，即涂尔干所说，宗教把赞同的人凝聚在一起；那么青龙庙系列建筑建设的完成，则体现了民间信仰成为乡村社区民众身份认同的黏合剂。有一些村民对索姑信仰不一定赞同，但觉得这是一个有关公众的好事情，需要支持。青龙村的现任书记说他是党员，所以很少到庙里去，但不反对索姑信仰，年轻时也去庙里抬过轿子，几双鞋都踩烂了。庙里的建设，他也给捐款，表示一下心意。

青龙庙先后修建了前殿索姑神女祠、梳妆楼、无量祖师庙和关公庙等。系列庙堂修建之功，全赖众乡亲支持。

如《重修青龙庙前殿纪念碑》上记载：青龙庙始于汉唐，鼎盛于明末清初，后毁于战乱。八社群众重修，张化龙、李化虎、眷化熊在此起义，重修了无量殿、戏台，2000年重修前殿，2001年三月十五立碑，八社事理会。

还有《重修索姑正殿梳妆楼碑记》记载：索姑相传为西汉人，青龙庙索姓之女，避嫁乘马，贞观年间，李世民在煎茶坪梦神女奉茶，封为娘娘，而后青龙庙八社为索娘娘建正殿一座，周至哑柏至青山盖顶也修建索娘娘庙祠十多处，原梳妆楼于1918年陆军少将陈伯生为感恩索姑鲁班桥救驾，出银一万枚，所建正殿于1942年重修，2003年正月，八社决定重修，太白、杏林、五泉、绛帐、午井、段家、城关、周至、眉县、宝鸡、西安，资助者达万人，工程花费11.8万元，2004年三月十五日立碑。

这些纪念碑的背后，是功德碑，刻着当时捐钱的人的姓名，捐的钱从 50 元到几百元不等，但点滴的积累都体现了乡民们对这一村庙延续的支持，在实质上村庙就实现了乡村社区黏合剂的功能，这些功德碑就是黏合的佐证。此外，功德碑还会有某村某队（生产小组）的捐款，这实质是由一个老年妇女或几位老年妇女在该生产小组每家每户去募捐的结果。个人名字能够写到功德碑上，一般需要个人捐款达到 10 元或 50 元以上。

从 2014 年到 2015 年，青龙庙里又修建了庙会客房、食堂一体的二层楼，修建了庙内庙外的两个厕所。在食堂客房的建设中，庙里的布施结余不够开销，会长们决定抬出索姑轿，在 2015 年的腊月二十八、二十九，组织人抬着索圣母到青龙庙八社游神送祝福，到这八个行政村或自然村的每条街道走一圈，给家家送福字，群众纷纷捐款。索会长说效果很好，几天时间就收上来七八万元布施，刚好够开年的工程款项。

村庙属于某个村落和附近村落群众的共同财产，这些村落因为村庙联结成乡村社区。村庙以及村庙的活动，又把这些乡村社区的人们联系到一起，使得他们在参与村庙建设的过程中，产生一种身份认同和文化认同。

## 三　青龙庙的庙会内容

青龙庙三月十五庙会是一次隆重的盛会，它的内容主题索姑圣母回娘家；由于传统社会长期信息、物资传递缓慢，且扶风位于咸阳市和宝鸡市的中间位置，该庙会承担了关中西部地区物资交流的功能，辐射范围可及甘肃天水一带。因此青龙庙庙会活动兼具宗教性和商业性。

### （一）宗教性活动

#### 1. 大小庙念经与小庙发文

在青龙庙的庙会期间，青龙大庙和小庙都会邀请经师在庙内的索姑坐像前念经，作为对神灵的祭祀仪式。通常有一位戴黑帽、身穿黑长袍的经师念经，同时有五六位乐手伴奏，通常须有吹笛、敲鼓、敲小锣、拉二胡、敲木鱼。

经师念经时，依照一定的音调和韵律唱诵着经文，如《请神经》、《安神经》、《老母经》、《血盆经》等。这些经文出于满足特定的需求而被唱诵。如庙会刚开始要念《请神经》，念完后，认为神灵已经下凡，会随之念《安神经》。如果有老年妇女需要超度因生孩子所受的苦，会诵念《血盆经》。通常经师念经的时候，中老年妇女少则四五人，多则二三十人，跟在经师身后，面朝神像或经台，或坐或跪。她们双手拈着一根香，当经师念到某句鞠躬时，也跟着经师低头鞠躬。经师念经时，有时会手持点燃的黄表纸，向四方揖拜；有时会手敲木鱼。

经师念经，是庙内重要的宗教性传统活动，也是村庙庙会宗教性的核心体现。参与经师念经的信众人数一般非常少，而且从年龄上看信众和经师平均60岁以上，年轻的经师非常少。庙会的核心宗教性活动逐渐成为专业性活动，跟随的信众分为两种情况：对该活动非常虔诚，或能满足自己的某项需求。如念《血盆经》时，一位经师拿一张黄纸或红纸，写上需要保佑超度的人的名字，念完经后，就把这张写满了名字的纸烧掉，以此表示化解罪愆。名字在红纸上的人，一般要参加经师念经超度，本人不能前来，需要亲人在场。

经师在庙内念经时，经常有游客站在旁边观看，不断有人看几眼后离开。游客多则十几人，少则四五人。青龙小庙因为索姑坐像前空间狭小，基本无人观看，但会有两三位信众跪在庙门外。

发文是扶风、武功一带庙会的重要祈祷活动之一。信众把关于婚姻生子、身体健康、工作求学、发财运气等复杂的愿望，以布施捐赠的方式，由青龙小庙专人登记在黄表纸上，其内容为：姓名、地址、求子、布施数额。祈祷名单分为几类：求学、祈子、婚姻、求医治、发财等，这个名单可以一直延续到经师念经结束，然后在神像前焚烧，以此达到向神灵祈祷的目的。

2. 大庙内的算卦、劝善、卖善书等

青龙庙庙会期间，在青龙大庙的院内，松树下、无量祖师庙前，往往有五六位算卦先生摆卦摊，在2015年农历三月的庙会上，青龙庙共有五位算卦者：三位妇女、两位男子。妇女的年龄分别为86岁、63岁、44岁，一位男性道士，另一位是50岁左右的男子。通常是一人算卦，其他人站在旁边观看，如果觉得算卦先生说得有几分道理，就会不断有人坐下来，请算卦先生为自己解说命运或预测某事的结果。如果第一位顾客认为算卦的人满嘴跑火车，会起身离开，其他人也四下散去。

算卦这一行为对算卦人有双重的效用。对算卦人本身，算卦是前来庙会的目的和行为之一，但不是唯一的目的。他或她实际上可能来庙会以此方式排遣内心的积郁。此外，算卦人通常会兼任开导求卦人思想困惑，减轻心理负担，指导在生活某个方面的行为。在2015年庙会上，一位40多岁的武功县妇女为一位年轻的外来媳妇算卦，年轻的媳妇是打工和老公认识，从广西远嫁过来，婆媳不和。算卦的妇女说：你要是和婆婆关系处不好，就跟你老公出去打工吧，这样就不用生气了。如果你需要钱，你婆婆管钱，你就大胆问她要，不要害怕。等算卦的年轻女子带着两个孩子走后，算卦的妇女自己向周围的人倾诉起来：我的两个儿子不爱我，我婆婆跟他们说我不好。我在广州打工打了将近20年，跟儿子相处时间短。我的儿子也不听我的话，只听他奶奶的。小儿子给家里打电话，他跟我说话不叫我妈，我就故意问：你是谁？他就把电话挂了。说老实话，我不缺钱，我来算卦也是散心呢。

另一位60多岁的算卦妇女，则听一对老年农村夫妇倾吐了一个多小时的烦恼，他们的儿子得了严重的精神分裂症。算卦的妇女一开始说：你的儿子是神前的一个童子，你们应该把他送到庙里，他的病就好了。老年夫妇说：你说他是童子，但是病的时间太长了。到精神病院每年都去，但在医院看着轻了，出院后过几个月就不行了。娶不上媳妇。给女儿招了女婿。我们活着还好办，要是我们不在了，女儿女婿对儿子不好咋办？

算卦的妇女就一直坐在无量祖师庙堂前堆放的木头上，听老两口倾诉，等我们一个小时后过来，他们还坐在那里。

除了算卦，在青龙大庙和小庙里另一个具有特色的宗教性活动就是劝善，这是一种具有点评社会现象功能、发泄社会情绪、行为指导等作用的行为。劝善的人一般自称扮演某个神位如西王母，人称其角马或角子。角子即演员的意思，即其人扮演了某位神灵的角色，代替神灵发言。她（他）们以该神灵的名义，劝导人们不要贪图钱财，不要赌博、抢劫，不要犯罪，不要追求虚荣，要孝敬父母，做一个善良的本分的人，要勤劳致富，不要追求不义之财。

劝善通常是韵文，以唱或说的方式传达出来。它的内容一般由角子现场即兴表演，但内容来自他们对城乡各种社会现象的长期思考。这种思考简单、质朴、通俗易懂，很适合文化水平不高或为文盲的农村中老年妇女理解。由于宣讲的人也大多是文化水平低或不识字的农村中老年妇女，她们假借某位神灵之口传递一位普通人的思考和批判，这样可以保证劝善的权威性且迅速被接受。在庙会期间，神婆或神汉在劝善的时候，如果讲得精彩，会吸引多则 100 多人，少则二三十位农村中老年妇女和少量男性前来倾听。人们会边听边点头赞同。

青龙大庙的劝善地点通常在庙内的杂物间，杂物间为一面敞口的三间房，堆放各种闲置木板，中间留有过道，过道顶端是南墙，正中是神灵挂像，供桌前有功德箱。角子们在劝善时，就站在过道上或唱或说，倾听的人们坐在过道两边的木板上。有时角子也会坐下来讲。

青龙小庙的劝善地点是客房。神婆或神汉坐在里面开说，其他人围坐在身旁，仔细倾听。由于劝善词借神灵之口传扬，所以往往现场笼罩着一种神秘的气氛。

以下是 2015 年三月庙会青龙小庙内一位神婆的劝善词：

> 有的人，心太狠，活活像个贼吃鸡。吃了东是又吃西，早上是一直吃到黑，半夜三更吃未知。都是国家受症势，吃得多了也难克（消化）。五脏六腑出问题，克到体内变垃圾，个个器官都堵塞，心肌梗死脑梗塞。今天你轮到吃大亏，心太黑了血变黑，血管越来越狭窄，中药西药有时高，有时低，血压再降不下去，中药西药一齐吃，它可不听你指挥，嘴眼歪邪流口水，不像人来不像鬼，花钱花了一大堆，他偏不听你指挥。肥胖病，真难受，膘肥体胖走不动，腰也直，腿也硬，浑身上下都是病。最顽固的三高症，如今越来越严重，肥人想瘦不得瘦，穷人富想还不得富，前定因果后报应，专治你的黑心病，前定因果后报应，富贵贫贱由天定，各人走出各人路，作恶行善莫长求。老天爷，要人命，求神算卦不顶用，做阴寿，有钢印，给你办上个监理证。小鬼……来送命，十殿阎君把刑定，那时你后悔把书证。社火子过了法门寺，阴阳只隔一张纸，来到世上走一程，不如你，快醒悟，改恶从善多欢迎。
>
> 世上人，真糊涂，伸着一双肮脏手，又偷鸡又偷狗，半夜三更硬下手，晚上出来走一走，吃喝穿戴样样有，同伙结伴进果园，各样水果吃不完……上会再转一转，找一位银钱撕不断，贼眉鼠眼睁得大，天不怕来地不怕，专门欺负姑娘娃，走在路上把手下，抢项链，夺耳环，做的包包最解馋，路上行人不敢言，都怕给他添麻烦，七十二行出状元……自己真作难，厮懒扑息怕动弹，没有个妻子在身边，独身一个光杆杆，没儿没女没负担，寂寞孤独谁可怜，怨天怨地怨祖先，

不该来到人世间，有了钱，比驴欢，把人个涨得能上天，穿得就像一品官，嘴里叼的好猫烟，歌舞厅，狐裘钻，姑娘是跟了一串串，男女抱住转圈圈，晚上住的小包间，乌烟瘴气冲上天……亲朋好友受牵连，八辈祖先都不安，麻将厅中钻一钻，把钱往出掏卷卷，白天睡觉不上班，晚上只能惹祸端，输了钱，比牛蔫，垂头丧气回家园，火气大得还没边边，父母身上要点点，有钱你就快给钱，定的命令莫迟延，吓得父母打哆嗦，赶紧把钱给出掏，要多少来给多少。为啥前世欠的多，因果报应真不错。平生没个好遇活，劝大众，手放凉，不敢把手伸得长，劳动致富养你娘，人前说话也气长，运气顺当喜洋洋，日子过得赛蜜糖来赛蜜糖。

——杨学军根据 2015 年 4 月 27 日录音资料整理

以上劝善词的内容反映了对公款吃喝、抢劫、赌博、偷盗的讽刺和批判，形象、诙谐，但在每一段落的末尾，都传递了劝人向善、谨防因果报应的主题，希望人们劳动致富改恶从善。这些劝善词的传递者和接受者都是农村中老年妇女，它的劝善功能非常有限，很难进入到主流宗教体系和教育体系，很难扩大影响。许多当场倾听的妇女在听完之后会表示其人说得非常好，但具体好在什么地方，又说不上来。实际上，这种角马的思考和批判，可以代替她们表达对社会各种不公平、负面现象的不满和愤懑之情，具有宣泄功能。

在青龙庙庙会期间，还有一个必不可少的活动是卖善书。在青龙大庙庙内，无量祖师庙的屋檐下，以及杂物间前面的树下，分别有两位男子卖善书。屋檐下卖善书的人是武功镇某村的一位老先生，他经常到附近各种庙会上卖善书，如果没有庙会，他会到集市上卖书。这些书是代代口耳相传，然后被记录下来的，混合了传统文化习俗和民间信仰的内容。如《救劫宝训》、《劝男劝女歌》、《亲儿害娘》等。同时也卖各地庙会日期的书，如《关中庙会日期大全》、《西安地区庙会大全》或《宝鸡庙会》等。这位老先生卖善书，也用小喇叭为顾客用特定的音调吟唱善书内容，有的顾客会用录音机记录下来。老先生的书摊通常围了几位顾客认真倾听。另一位较年轻男子，40 多岁，他不仅卖善书，还卖红皮封面的历书，这些历书的主要顾客是农村中老年人。历书以农历为主，同时标注了二十四节气、是否宜于出行或建筑等阴阳五行的内容、十二生肖和年龄等内容。善书与民间宗教信仰紧密相连，属于口耳相传记录下来的口述文学的文本，这些善书与经师经卷有重叠之处。

### （二）宗教性娱乐性综合活动

1. 青龙村青年男子的狂欢：抬轿子

青龙庙庙会上抬轿子是庙会的传统盛事。青龙村十几个 20 岁左右的年轻小伙儿，从村里的青龙小庙把索姑轿子抬往村外的大庙。一路上年轻人抬着轿子，边走边互相推挤，嘴里喊着口号。轿子成为小伙子们角力的玩具。由于青龙小庙到大庙的村路两边都有卖小吃、卖东西的摊位，观看抬轿子的人非常多，摩肩接踵，所以在人潮中推挤着簇拥着抬轿子就显得惊心动魄。小伙子们满头大汗，脸色通红，又要抬轿子，又要把轿子推往某个方向，非常紧张。而轿子在人海中忽东忽西，很多观众又紧随轿子左右，所以不时传来人们担心被人流挤倒的惊叫声。整个过程非常刺激，又令人兴奋、愉悦。

青龙村的书记和家在青龙小庙旁边的索姓中年男子说，青龙村的男人们在年轻时几乎都抬过轿子，抬轿子是抢着去的。在农历三月十四要起个大早，赶到小庙里等着。如果去得晚了，就抬不上了。为了抬轿子，年轻人的鞋子被踩烂，衣服被撕破，那都是常事。青龙村的妇联主任说：抬轿子谁都可以去的，只要你愿意去抬轿子。

抬轿子的路线是从青龙小庙出发，经过小吃街和戏台广场，然后从广场进入大庙正门，进入索姑神女祠安放。路上和戏台前面是主要的表演空间。索姓中年男子说：为什么要把轿子抬着一会儿向前，一会儿后退？这是因为索姑坐着轿子回到娘家，心里面很矛盾，一会儿高兴，一会儿难过。高兴是因为回到娘家，难过是想起来以前在家中受到嫂子的虐待。高兴时，轿子继续前进；难过时又让人把轿子抬着回青山呀。乡亲们抬着索姑回家乡，所以当索姑不想继续往前走的时候，大家就劝她，劝呀，拉呀。有人把轿子抬走了，其他人又拉回来。大家劝得索姑回心转意，于是轿子继续走。索姑就这样一路上心情起伏。所以小伙子们抬着轿子就一会往东，一会往西，一会向前，一会向后。坐着索姑塑像的小轿子就这样从青龙小庙充满戏剧性地向大庙移动。青龙村的人们对抬轿子表演的解释，使得抬轿子活动充满了强烈的趣味性，索姑的形象描述中，在神灵的庄重威严之外，又多了普通人的真性情，充满了世俗的人情味和亲切感。而抬轿子的整个过程，则成为小伙子们和观众的集体狂欢。

2. 妇女成为庙会锣鼓表演的主角

索姑信仰圈调研小组分别于 2014 年和 2015 年的农历三月份观察了青龙庙的庙会活动。笔者注意到抬轿子并非单独的表演，它实际上是祭拜队伍中的一个构成部分。整个祭拜队伍又是表演队伍，分为几部分：一人执庙旗走在最前列，彩旗方阵随后，锣鼓队伍次之，经师队伍再次，跑旱船和舞狮子又次之，最后是抬轿子。

除了抬轿子和舞狮子，其他表演主角几乎都是青龙村的妇女。值得注意的是，锣鼓表演也基本以妇女为主。这是自农村青壮年男性大量外出打工后，在乡村聚会表演中出现的一个突出现象。妇女敲锣打鼓，包括在小三轮车上的大鼓，在男性大量外出打工的情况下，以往以男性为主的核心表演，也逐渐让位给妇女。农村男性大量外出后，表面上看，村庄出现力量弱化，但男性劳动力的缺位，却无形中给妇女留出发挥个性和活力的空间，这表明了农村社会中妇女在公共空间中的地位和重要性进一步提升。

3. 彰显个性的庙会广场舞表演

自从广场舞在城乡公共空间兴起后，也成为庙会活动的重要内容。青龙村各生产小组以及附近村落的妇女、对广场舞有浓厚兴趣的妇女们组成舞蹈队，到青龙庙庙会上进行表演。

广场舞的表演场地，一是戏台上。广场舞表演通常在剧团演出的间隙，在秦腔剧团中午休息的时候，舞蹈队到戏台上表演。二是青龙庙内。青龙大庙庙内地方宽敞，在关公庙和无量祖师庙之间，有一个小广场，三月十四日上午，会有五六支广场舞表演时间。在 2014 年和 2015 年的三月庙会上，每年有 3—5 支队伍在此进行表演。妇女们跳广场舞时，往往会吸引 100 多人观看，有的妇女或小孩也会加入到队伍中跟着学步。除了服装统一的舞蹈队，也有自由组合的三五个妇女或者单人即兴表演。这些人自己带着播放音乐的播放机，在小广场上很自若地跳舞。

有一位武功镇彭家底的妇女，姓 D，50 多岁，自称扮演王母娘娘的角色（王母娘娘有时会附身），她随身携带音乐播放器和小麦克风，在青龙庙的庙会上劝善跳舞两不误。听劝善的人少，她就一个人跳广场舞，杂物间歇息的人多了，她就去劝善。D 姓妇女说，她从小喜欢表演，会唱戏，爱跳舞。她跳的广场舞都是自己编的。

如果说锣鼓队是青龙村和青龙庙官方组织的活动，妇女的地位提升还有被选择和被动的性质，那么广场舞的自发表演则体现了越来越多的农村妇女在新时代的自信和勇敢，她们更加自我。

### （三）娱乐性活动：自乐班、看戏及打麻将

庙会是要唱戏的，唱戏有娱神娱人的作用，是一种祭祀神灵的行为。唱戏是青龙庙主办的主要庙会娱乐活动。大庙有专门的戏台，三月庙会上经常邀请西安等地的秦腔剧团唱两天三晚；七月份的庙会规模小，就不请戏班。青龙小庙在七月份庙会上，有时邀请自乐班在庙前的街道上唱戏。在 2015 年的七月份庙会中，青龙大庙的一些会长主张请自乐班唱戏，但大会长否决了，结果被小庙请了去。

剧团唱戏，通常会吸引附近村落的中老年人前来观看，人数一般300—500 人。坐在戏台前的人，自带小凳子，戴着草帽，看得非常认真。另外一些人，没有带凳子，就坐在庙门口的台阶上或屋檐下的台阶上，也有的人坐在庙和戏台中间的斜坡上。

自乐班是青龙小庙的娱乐活动，通常请本村的秦腔戏迷来唱经典剧目中某个角色的一段唱词。在 2015 年的七月庙会上，青龙小庙请了 10 个秦腔戏迷来唱。自乐班除了戏迷清唱，也有简单的乐团，如请来拉二胡、敲板子的乐手伴奏。自乐班的演出通常会吸引去庙里上香的信众和村里的其他群众来观看，观看的人数不等，少的话有四五个人；多的话，也有十几个人观看。多数人主要是从小庙到大庙时路过，停下脚步看几眼。自乐班主要是秦腔爱好者之间的交流，以及重要的自我展示活动。

在青龙庙和戏台中间的地方，有一条东西路，通往大庙新修的客房大门。在路边，有三四个扑克牌、麻将牌摊子。每个牌摊子平均有十来个人团团围住，四个人玩，其他人观看。玩牌的人来自不同的村落，他们在庙会上难得一见，并且一起玩牌娱乐，该行为具有珍贵的稳固和扩大社交的作用。同时，庙会的戏台以及其他活动构成扑克牌游戏的神圣活动场景，并赋予该活动一种特殊的休闲意义，使之成为区别于村口或打工场所的打牌娱乐。

### （四）商业休闲活动：购买生产生活物资和品尝小吃

除了各种宗教性活动和娱乐性活动，青龙庙庙会另外的重要内容就是生产、生活物资买卖和关中小吃买卖。生产物资的买卖主要集中在青龙村

的自然村索村东西方向的主街道上。这条路和去青龙大庙的路垂直，并以去青龙庙的路为界，主街道以西的路段主要出售传统的农具和一些生活用具，如铁铲、铁锨、长竹笤帚、短高粱扫帚（脱去高粱米的高粱穗和秆制成），还有更短小的高粱扫炕小笤帚等，以及木制小板凳、锅灶上用的小笋或竹制的笓篱等。也有人用车拉来厚木头条或棺材板来卖，也有卖儿童玩具或蔬菜的摊位。主街道以东的路段主要售卖衣服、床上用品。去青龙大庙的路一直到大庙东门前，分为三段，依次为小吃、衣服及小五金、小吃。庙会期间，摆摊设点的商贩可达100多家。

生产生活物资、小吃等摊位的设立，是青龙庙会的传统，必不可少，同时也是庙会富于生活趣味性的内容。

## 四　总结与反思：传统庙会文化的生命力和危机

### （一）传统文化的延续与时代精神的展示：乡村庙会的生命力和吸引力

传统村庙的庙会文化，在当代社会呈现出一定程度的繁荣景象，这说明在其中庙会文化在传统的冠之以迷信、封建等污名化之下仍具有强大生命力和吸引力的要素。

这种生命力和吸引力之一，首先便是妇女和老人成为庙会的主体。大量青壮年男子进入城镇打工，老人、妇女和儿童成为农村的主要人口。核心群体的缺席给边缘群体留出展示的空间，这实际上有助于提升妇女和老人在乡村社会中的地位。让各个群体都有自由施展才华的空间，这对于社会总体发展来说，是进步的一个标志。

其次，乡村庙会的生命力和吸引力在于：相对于村庄日趋空心化，庙会聚集了相邻村庄的大量人群，从而具有强烈的区域社交性。人是群体动物，平时中老年人在家中忙于家务或生计，社会交往频率降低，熟人社会存在朝着陌生人社会转变的趋势。但人需要社交的本性并不会改变，尤其是在熟人社会出现疏离的状况下，人们更需要彼此在公共空间中构建从心灵上到精神上的紧密联系。在此种情况下，在附近几个村落构成的社区内，大规模的具有社会凝聚价值和意义的紧密联系空间，乡村庙会几乎是唯一而有效的存在了。人们在社区庙会空间中交流，感受时代变迁，获取信息和物质资料，参与娱乐，不仅个人得到身心愉悦，并且乡村社区居民之间的情感联系得到加强，人们彼此加深认识，互相肯定，加强信赖，使得社区的凝聚力再一次得到巩固。

最后，乡村庙会的生命力和吸引力还体现在，它处于发展的时代之中，成为反映时代精神演变的一个场域。在青龙庙会上，乡村妇女无论是集体还是个体，她们自我组织舞蹈队，在戏台上、广场上，勇敢地展示自我的风采，体现了对自我个体价值的肯定。此外，算卦是一种民间预测的传统方式，起到了指导人们行为和劝慰人心的社会调节作用。年轻的具有丰富阅历和现代自我意识成员的加入，使这种一直被人们认为是典型封建迷信的活动，起到了鼓励人们积极展现自我的作用。

庙会能够使乡村社区的人们增强凝聚力，其核心的社会凝聚价值在于它是一个多元化的自由表达的空间。无论男女老少，都可以在庙会的空间中、在娱神娱人的过程中表达对于生命和生活的情感和思想。

### （二）传统庙会文化的危机

根据对青龙庙会活动的跟踪考察，笔者发现乡村庙会文化是传统文化集中展示的空间之一，它既有文化遗产的性质，又不断融入时代中，体现了时代风貌，对于农村文化建设，具有重要意义。传统庙会文化在现代乡村群众性文化活动中是不可或缺的一个要素。但这一要素，往往随着内外环境的变化，面临破坏、被迫中断和消亡的危机。

乡村传统庙会文化的危机来自政府行为的影响、庙会组织者或庙产所有者缺乏远见、城市化对村庙的侵蚀、自身的局限。

危机之一：政府行为的影响。

村庙的生存往往维系于政府对民间宗教信仰的政策和态度。如果政府禁止村庙生存或展开活动，那么村庙极有可能会彻底消失或逐渐消亡。

在 2015 年笔者跟踪考察青龙庙请索姑回故里的车队行程，当青龙庙的人按照惯例，想要进入 Y 示范区 XJ 村的索姑庙进行祭拜时，却发现庙门被人用砖封了。后来赶来的管庙的老年妇女说，Y 示范区近期正在开展拆庙运动，为了保护此庙不被拆除，管理庙的人自己主动把庙门封了。

在 2015 年，杨凌区姚安东村的观音庙在 2014 年末被拆，群众在另一处搭建了临时性村庙。庙会期间当地信众照常去庙中敬拜，赶庙会的商家数目也有增无减。在政府的行政干预下，姚安东村的村庙庙会丧失了宗教性活动场所，只留下商业性活动，这对于村庙文化来说是很大的破坏。

危机之二：城市化对村庙的侵蚀。

因为城中村改造或者城镇扩张，由于村民的整体搬迁，进入新型社区居住，原有的村庙往往会被拆除，庙会存在自然消亡和逐渐萎缩的可能。

在2015年青龙庙庙管会返程祭拜途中，他们前往杨凌区永安村的娘娘庙祭拜时，却发现未能找到村庙。经过打听，被告知该村准备整体搬迁，村庙已经找不到了。

在Y区，此类现象不止一处。杨凌区某村村庙因为全村整体搬入城市化小区而被拆除，村庙的管理人员把庙碑带到小区花园内。原来村庙的庙会还在努力维系。某村民将自己的家布置为神堂，家里安放了几尊神像和功德箱，正月初九的庙会活动场所安排在小区的道路上，分别搭建了念经和唱小戏的棚子，经师面对的是广告公司制作的大幅神像幕布。小区内的居民（搬迁前各村居民）前来参加祭拜、念经、跳广场舞、看自乐班戏曲的人员较多，经过统计，2014年和2015年陆续参与村庙活动的人员均近乎500人。据某小区参与庙会活动的居民介绍，该庙原有庙会规模较大，参与人数在千人以上。在某示范区2014年末的宗教场所整理规划中，计划将此居民家中的村庙予以取缔。

从以上案例可以发现，随着城市化扩张，乡村传统文化的构成要素逐渐消亡，尤其是庙会文化，如果在城市扩张中得不到政府的扶持和原住民的坚持，非常容易消失。

危机之三：时代变迁的危机。

在调研的青龙庙庙会中，村庙的管理者和核心积极分子的平均年龄均在65岁左右，70岁以上的老年人成为主要成员，参与庙会的活动人员也以中老年人为主。随着青年人不断进入城市，同时他们视野越来越开阔，文化水平不断提高，掌握的科学知识越来越丰富，以念经、算卦、劝善、发文等为主的宗教性活动将逐渐后继乏人，而庙会的商业性活动由于卫生标准不高、产品质量一般等原因也将为新一代年轻人所摒弃。

时代变迁是一个漫长的过程，面对时间推移和年代的更替，以及农村内涵城市化的加深，村庙文化面临着自然而然消亡的危机。作为传统乡村文化的重要构成，是否需要有意识保护村庙文化使它得到可持续发展，这同样需要政府和村庙管理者、研究者共同关注。

# 科技扶贫、非均衡资源配置与贫困固化
## ——基于对阳县苹果产业科技扶贫的调查[*]

邢成举[**]

## 一 引言

从 1986 年，我国开始科技扶贫工作，科技参与扶贫工作已经走过了近 30 个年头。在这个过程中，科技扶贫对于促进农民增收、产业发展和贫困地区经济发展做出了有目共睹的贡献，其积极意义也获得了社会各界的认可，科技扶贫是中国扶贫工作的重要构成，这方面的研究成果很多。[①②③④⑤] 但是不可否认的是科技扶贫在多年的实践过程中也面临着自身难以克服的困境[⑥]，而针对此方面的研究则比较少见。在农村社会分化日益显著、农村人口流动不断加快和农村社会转型的背景下，科技扶贫的

国家社科基金青年项目：精准扶贫背景下农村结构性贫困治理机制研究（16CSH042）。本文将发表于《中国科技论坛》，发表稿件略有改动。

** 邢成举，博士，西北农林科技大学人文社会发展学院讲师，农村社会研究中心研究人员。

① 刘冬梅、石践：《对我国农村科技扶贫组织形式转变的思考》，《中国科技论坛》2005 年第 1 期，第 115—119 页。

② 张峭、徐磊：《中国科技扶贫模式研究》，《中国软科学》2007 年第 2 期，第 82—86 页。

③ 薛庆林、王国旗、陈广义等：《新时期科技扶贫工作面临的挑战和对策》，《河北农业大学学报》（农林教育版）2004 年第 2 期，第 10—11 页。

④ 褚琳、劲草：《科技扶贫是摆脱贫困的根本途径》，《科学·经济·社会》1999 年第 2 期，第 2—6 页。

⑤ 李云、张永亮、孙沁：《深入推进科技扶贫开发的战略思考》，《文史博览：理论》2011 年第 4 期，第 54—56 页。

⑥ 杨起全、刘冬梅、胡京华等：《新时期科技扶贫的战略选择》，《中国科技论坛》2007 年第 5 期，第 3—4 页。

意外性负面效果也越发突出了。在集中连片贫困区的贫困治理格局中，在精准扶贫的国家战略中，科技扶贫仍然肩负着十分重要的责任，因而全面系统地认识科技扶贫的功能与不足就显得十分必要。2015 年 8 月和 9 月，笔者针对关中阳县的苹果产业科技扶贫进行了两次实地调查，而调查过程中，笔者更加深刻地认识到严肃地对科技扶贫的实践困难及其负面效应进行讨论十分必要。本文正是基于这样一个考虑而尝试从一个较少有研究者涉及的内容来展开论述和分析。

科技本身并没有明显的受众群体的偏好性，但是当科技与政策、制度相结合的时候，科技就会对使用者产生选择效果，或者，我们也可以说，科技本身并不会选择使用者，但是科技的门槛效应和使用成本则会让贫困群体在客观上形成两个部分，其中一部分能够支付科技及其配套工作的成本，而另一部分人则被排斥在了科技扶贫的受众范围以外。当我们的科技扶贫工作不能充分吸纳贫困人口的参与，而是依据市场原则而选取扶持对象的时候，科技扶贫就难以达到亲贫性的效果，在客观上也就难以对贫困人口的脱贫致富发挥显著的效应。而这也是笔者深入讨论科技扶贫工作的一个基本立足点或者说是假设。下面，本文将结合实地调查获得的资料，围绕以上的关切来展开具体的论述。

## 二　阳县科技扶贫的经验材料

阳县位于陕西省西部，处于渭北旱塬沟壑区，全县共有人口 13 万，其中农业人口超过 11 万；全县耕地面积 22 万亩，基本上都是传统粮食作物种植区。2014 年，阳县农民人均纯收入 8000 余元，该县为陕西省省定贫困县。尽管阳县并非国家级贫困县，但是其脱贫攻坚的任务一样艰巨，统计数据显示，2014 年阳县贫困人口为 3.02 万，贫困人口 2014 年人均纯收入为 2630 元。对于阳县来说，让更多的贫困人口脱贫致富首先要解决的就是农民的增收问题，而传统以来以粮食为主的农业种植模式则很难完成脱贫的任务。因而，从 2011 年阳县就确立了以苹果产业为核心和主导的产业扶贫和科技扶贫工程，力争要在 2017 年实现全县的整体脱贫，科技扶贫被视为扶贫工作的根本动力。① 而本文所要讲述的科技扶贫的故事也就与这里的苹果产业密切相关。

阳县在 20 世纪 80 年代曾经种植过苹果，但是从来没有出现规模化的发展，到 2011 年为止，全县只有零星的一些村庄还在种植果园。这一点意味着，该区域发展苹果是有历史基础的，同时也将会有很大的发展空间。阳县针对苹果产业的科技扶贫工作正式开始于 2012 年，以西北农林科技大学阳县苹果试验示范站为标志。通过三年多的努力，阳县成了国家级的"现代矮砧苹果示范县"，由此也创立了现代果业发展的"阳县模式"，阳县更是成了全国现代矮砧密植苹果种植技术的示范中心和传播中心。在阳县苹果产业发展中科技扶贫的工作可以具体为以下几个方面。

第一，充分依托高校的科研力量。在阳县发展苹果产业的过程中，在针对苹果产业的科技扶贫工作中，西北农林科技大学的科研力量发挥了非常大的作用，而这也是西北农林科技大学所倡导的以大学为依托的农技推广模式的具体实践。在阳县苹果试验示范站成立之前，西北农林科技大学已经在多个地方建立了试验示范站，其产业内容涉及苹果、猕猴桃、西瓜、核桃、大枣、茶叶、水产、甜瓜、蔬菜、小麦等诸多产品。正如阳县地方干部所评价的那样："如果没有西北农林科技大学试验示范站的帮助，我们县的现代苹果产业不可能获得这么快的发展，也不会取得这么多的成绩。"在试验示范站老师的带动下，当地原有的农技推广部门的人员也通过不断地接受培训和学习，成了当地掌握现代苹果种植和管理的专家。

第二，在阳县的科技扶贫中，针对苹果产业，通过试验示范站专家及其与当地政府的不断讨论，他们确立了要推广的苹果产业技术，即现代矮砧密植的集约高效苹果种植栽培技术。该技术具有以大苗建园、立架栽培、水肥一体和机械务果等特点和优势。该栽培模式不仅省水省肥省力，而且能够有效提升果品质量，大大增加单位面积的苹果产量。与此同时，果树的丰产期也由以往的 5—6 年提早到 3—4 年。

第三，为了配合科技扶贫工作，阳县确立了"政府规划，企业带动，合作社引领和农民紧跟"的生产组织模式。也就是说，在当地发展苹果

---

① 杨名刚：《科技·制度·共富：农村扶贫治理的三重维度——江泽民同志扶贫思想的现实启示》，《毛泽东思想研究》2012 年第 5 期，第 83—86 页。

产业的过程中，不同的农业经营主体扮演的角色是不同的，其中农业企业是政府扶持的最优对象，而后则是扶持农民专业合作社发展苹果产业，最后才是有选择和有重点地扶持农户发展现代苹果产业。

第四，科技扶贫还有特定的苹果产业模式为依托。具体来讲，这个产业模式是"企业引领、示范户带动和园区化发展"。也就是说，在苹果产业的发展中，地方政府赋予了农业企业引领产业发展的作用，为了进一步扩大苹果产业规模而确立了示范户带动的机制，最后则是园区化、工业化的思维来发展现代苹果产业。

以上四个方面是阳县苹果产业科技扶贫的主要内容，而这些将会对本地的扶贫工作产生重要的影响，这个影响既有积极的方面，也有消极的方面。对于本文来说，主要是针对这一模式的消极后果展开讨论，研究的目的并非否定科技扶贫，而是实现科技扶贫优化。

## 三　科技扶贫的实践后果

正如笔者在上文中已经提及的那样，科技扶贫工作的开展，让阳县在三年多的时间内获得了诸多的荣誉，如"国家现代矮砧苹果示范基地"、"中国现代矮砧苹果苗木繁育中心"和"农业部国家现代苹果产业技术体系示范基地"等。因为发展时间有限，我们很难从经济效益上去衡量科技扶贫所带来的效果，但是从预期情况看，应用现代技术后，每亩果园的纯收入将是当前果园纯收入的 2 倍左右。从科技扶贫的内容，即从现代矮砧集约高效栽培技术的特点和优势看，其积极的功能表现在：

第一，"阳县模式"回应了陕西省乃至果树更新换代的客观要求。据相关机构测算，未来 10 年，陕西省将有 400 万亩老果树需要更新换代，未来 20 年全省的绝大多数果园需要更新换代。现代矮砧密集集约高效的栽培技术不仅创新了苹果的栽培模式，而且注重新品种的培育与引进。近三年，阳县科技扶贫工作陆续引进了蜜脆、爵士、英伟、国外优系皇家嘎啦等新品种，这些新品种不仅优化了全省苹果品种结构，同时也为新品种果苗的繁育打下了坚实的基础。从更大的范围看，不光是陕西省果树面临更新换代的问题，从全国其他果业大省，如山东、甘肃、河南、山西等也面临同样的问题。以矮化自根砧为核心的果树新品种研发与推广行动，不仅将会让陕西省再次抓住传统果树更新换代的机遇继续保持其苹果产业的优势地位，同时还将引领全国范围内苹果产业的革命性创新。

　　第二，现代矮砧密植集约高效的苹果栽培技术将能有效解决农村劳动力不断外流背景下"谁来务果"的问题。在城乡二元结构和区域经济发展差异的影响下，全国范围内都出现了大量农村劳动力进城务工的社会现象。陕西省作为农业大省，也同样是重要的农业劳动力输出地。据相关数据统计，2014年底，陕西省有农民工近500万人，如此大量的农村劳动力流动在客观上导致农村劳动力锐减，农业劳动力出现了明显的中老年化，"386199"部队已是农村留守人口的真实写照。在这种情况下，未来谁来务果的问题就成为社会各界关心的重要问题。在农村劳动力大量减少和农村劳动力中老年化的背景下，传统果树种植已面临多方面的困境，其主要表现为：其一，在苹果套袋和苹果采摘等需要大量劳动力的生产时期，农村很难有充足的劳动力保障，劳动力的不足也导致雇工的工价上涨，农户务果成本随之增加；其二，果树种植属于劳动密集型的产业，其对劳动者的体力要求较高，而当前主要是中老年人务果。调查中发现，尽管多数果树种植者都希望扩大果园种植面积，但因年龄问题，这些果农都认为自己提升果树产业发展已"力不从心"。矮化自根砧苗木的集约栽培模式具有省工省力和省肥省水等特性，其能够有效减轻务果者的劳动强度（用工量仅是乔化果树的10%—20%），有效提升中老年农民果树种植的效益。其之所以有这样的作用，是因为，首先，该栽培模式下，果树树形相对矮小，呈纺锤形，且果实主要位于树身的中下部，果农站立就基本可以完成套袋和摘果等劳作；其次，该模式通过滴管实现了水肥一体，相较于传统方式，其节省水肥一半以上；再次，通过窄株距和宽行距的设计，该模式能够提升农业机械的作业空间，如打药、翻地等，都可以借助小型农业机械完成；最后，该技术具有结果早和优果率高的特征，这样不仅可以缩短果园的投资回报周期，同时还提高了单位面积果园的效益，务果农户的种植积极性不断提高。

　　第三，现代矮砧密植集约高效的苹果栽培技术的大面积推广有助于粮食安全的保障。矮化自根砧果树每亩的苹果产量是传统乔化果园的3—4倍，这意味着，要产出同样数量的苹果，矮化自根砧果园所需要的土地面积将是传统乔化果园所需面积的1/4—1/3。阳县所致力推广的矮化自根砧集约高效栽培模式，将会通过对老果园的淘汰而让部分耕地退出苹果种植再次种植粮食作物。在市场需求状况相对稳定的情况下，矮化自根砧果园面积的不断扩大，意味着将会有更多的土地退出苹果种植，这些土地将继续种植粮食作物，以避免出现果粮争地的情况，从而为国家粮食安全提供更多的保障。矮化密植栽培技术所倡导的现代果业发展是一种生态和无公害的农业生产模式，通过大量施用有机肥，通过果草配合和无公害农药的施用，该模式不仅有助于提升土壤肥力，提高农产品的安全水平，同时也营造了绿色循环的生态农业。从土壤保护、生态建设和水资源节约利用来看，该模式同样对未来国家的粮食安全保障提供了重要的支撑。

以上，笔者主要是分析和阐述了以矮砧密植为核心的科技扶贫工作所具有的积极和正面价值，但不可否认的是，在阳县的科技扶贫工作中也出现了消极和负面的后果。只有积极消除这些不利的后果，或者说是解决好科技扶贫中存在的问题，我们才能够让科技扶贫发挥更多的积极功能，才能早日实现贫困人口的脱贫和发展。具体看，这些消极后果是：

第一，科技扶贫的最大受益者是企业。从2012年开始，阳县地方政府就通过招商引资的方式引入农业企业发展现代苹果产业。为了增强吸引力，企业流转土地的第一年租金的50%由阳县财政补贴；通过陕西省果业局等单位，阳县地方政府为来本县发展现代苹果的四家企业共争取到了超过1500万元的项目资金；通过地方政府的协调，4家农业企业获得了全县范围内最适宜发展苹果的土地，总面积达到2.2万亩，这些土地平整连片，且水源条件较好；据统计，在南寨镇，被公司流转土地的农户有110多户，但是企业能够提供的工作岗位不足20个，大量的老年劳动力和半劳动力成了真正的剩余劳动力。扶贫效果的大小与政府对扶贫投入的多少成正比。[①]

第二，科技扶贫只有少数富裕农民的参与。从2012年开始，阳县就确定了农户参与现代果业发展的基本政策，即全县只扶持家庭农场发展现代果业。何谓家庭农场呢？按照阳县的规定，主要标准只有一条，那就是用于种植果树的土地面积不低于10亩。按照这个标准，以家庭自有土地为基础的农户很难达标，如果要合乎家庭农场的土地要求就必须从其他农户流转土地。在调研期间，笔者发现南寨村只有两个农户符合家庭农场的要求，他们每个人从扶贫资金获得的补贴资金约为1.2万元。而多数贫困

---

① 许佳贤、谢志忠、苏时鹏等：《科技扶贫过程中利益相关主体的博弈分析》，《中南林业科技大学学报》（社会科学版）2011年第4期，第68—70页。

农户则难以达标，更不可能获得扶持项目的支持。参与是扶贫对象脱贫的基本前提，如果没有参与就不会有相应的效果。[①]

第三，贫困人口被排斥在科技扶贫的对象范畴外。调研发现，当地的贫困户多具有疾病、缺乏家庭劳动力、文化程度低和土地面积小等特征，而要获得科技扶贫的支持就必须按照地方政策建立 10 亩的果园，这些贫困户根本就无法满足这个要求，也影响了科技扶贫的自身效果。[②] 首先，贫困户没有足够面积的土地，如果流转，他们也没有足够的经济实力。其次，按照矮化密植集约高效的果园种植技术，每亩果园需要种植果树 200 棵左右，每棵果树的成本是 60 元，加上水泥柱、铁丝、滴灌设备等，每亩地的一次性投资成本在 2 万元左右。这样的投资成本对贫困家庭来说是相当高昂的支出，他们不可能拿出这么多钱。即使每亩土地的一次性投资成本的一半可以由政府来补贴，10 亩果园也要求一次性投入 10 余万元。因此，贫困群体的现实情况难以与农技推广形成合力[③]，这样的科技扶贫就在客观上排斥了贫困群众。

第四，科技扶贫将会导致贫困的固化。也许得出这样的结论有点武断，但是科技扶贫中贫困人口被排斥，而富裕人口被接纳的情况是普遍存在的。对于贫困人口而言，来自财政和政策的扶持是他们脱离贫困陷阱的重要机遇和资源，但是科技扶贫内科技的成本较高，地方政府有偏好的政策设计，再加上贫困人口对农业科技的缓慢接受进度、富裕农户对科技的较高认同等，都会让贫困人口在科技扶贫的对象中构成最滞后的层次。贫困固化在空间分布和社会阶层两个层次上同时存在。[④] 在长期的科技扶贫工作中，如果科技的成本无法下降到贫困人口可以接受的程度，如果在科技扶贫的相关政策中无法让贫困人口获得更多的支持，那么未来贫困的阶层分布就会更加稳固，以社会分层带来的贫困人口也会越发缺少流动的机会。贫困固化使得贫困人口没有初始的竞争条件和平等

---

① 李东鸿、赵惠燕、田芙晔：《社会性别敏感的参与式技术传播与科技扶贫探索——以陕西省淳化县孙家咀村为例》，《西北农林科技大学学报》（社会科学版）2006 年第 5 期，第 25—28 页。

② 甄若宏等：《农业科研单位科技扶贫模式研究》，《农学学报》2013 年第 11 期，第 65—69 页。

③ 相萌萌：《我国高校农业科技成果促进农村扶贫开发的现状、问题和原因——基于中外比较分析的视角》，《聊城大学学报》（社会科学版）2010 年第 2 期，第 290—292 页。

④ 何思玮：《破除贫困固化现象的方法探讨》，《法制博览》2015 年第 10 期。

的竞争机会①，社会结构是固化贫困的结构②，因而其摆脱贫困的难度很大。

第五，科技扶贫引发扶贫资源的非均衡配置。所谓的非均衡配置主要是指，在科技扶贫中真正的贫困人口并没有获得扶贫资源，而那些经济基础较好、受教育水平较高和科技观念较强的富裕农户成了科技扶贫的主要受益对象，新技术造成了对公共资源分配的不均。③ 从扶贫工作的出发点看，扶贫资源应该主要瞄准贫困人口分配，但在实践层面，农户的科技应用水平及其投资科技的能力则成为其能否获得扶贫资源的重要依据。所以在以高新农业技术为主要内容的科技扶贫工作中，容易出现的一个情况就是科技扶贫成了分配扶贫资源的标准，即只有能够成为科技扶贫的对象，才能够获得其他方面的扶贫资源。对于在经济基础、文化基础和社会资本等方面都存在较大差异的农户来说，这样的扶贫资源配置只能构建出对富裕农户、农业公司有利的扶贫资源配置结构，而贫困人口无法在这种结构内获得应有的利益。一些扶贫工作无效的深层次原因正是扶贫资源分配的非均衡性质，④ 扶贫资源分配中的贫富差距与两类群体的现实差距惊人的一致。初始时期，我们对技术给予了美好期待，但技术却充斥着不稳定和社会风险。⑤

## 四　对科技扶贫的反思

科技扶贫之所以能够带来以上几个方面的负面效果，是因为在科技扶贫内部及其与地方政策结合的过程中有着我们通常忽略的内在困境和矛盾，科技扶贫中以人为中心的可持续发展⑥没能有效体现。

---

① 王文龙：《社会资本、发展机会不均等与阶层固化》，《吉首大学学报》（社会科学版）2010 年第 4 期，第 75—79 页。
② 冯晓平、夏玉珍：《社会结构对贫困风险的建构——以农村艾滋病患者的家庭贫困为例》，《学习与实践》2008 年第 4 期，第 132—135 页。
③ 于志刚：《防止新技术造成公共资源分配不公》，《光明日报》2014 年 3 月 26 日第 5 版。
④ 任兆昌：《物质、技术、教育与制度结构：对农村贫困问题的再思考》，《云南农业大学学报》（社会科学版）2013 年第 S1 期，第 40—46 页。
⑤ 叶敬忠、王为径：《规训农业：反思现代农业技术》，《中国农村观察》2013 年第 2 期。
⑥ 胡竹枝、李大胜：《农业技术项目的社会评价：一个新视角》，《科学管理研究》2010 年第 23 卷第 4 期，第 82—85 页。

### （一）科技扶贫的"门槛效应"

对于多数的科技工作者以及农业技术推广人员来说，他们的关注在于技术本身，即被推广的技术是否能够带来增产，是否有利于提高收入，是否有助于产品品质的提高，是否有利于降低生产成本等。他们并不关注技术与对象结合的过程，或者说，他们常常忽视农业技术的社会后果。正如，在其他扶贫项目当中存在门槛效应一样①，在科技扶贫项目当中也存在门槛效应，只不过这里的门槛效应或许更加隐蔽，其可能直接来自我们在扶贫工作中要推广的技术本身。本文讨论的矮化密植集约高效的苹果栽培技术，其本身确实不错，也是技术进步和创新的表现，但是如果将如此高成本的技术作为科技扶贫的重要途径和载体，就会引发负面的效应。门槛效应会成为科技扶贫中的一种筛选机制，即只有那些能够跨越技术应用门槛的人才能够成为科技扶贫的对象，而无法跨越这道门槛的话，就难以获得科技扶贫的资格。

### （二）科技扶贫中的"规模偏好"

科技扶贫引发消极的社会后果还与科技扶贫的"规模偏好"紧密相关。从科技工作者的角度看，小农对农业科技的认知是比较保守的，其知识结构和科技观念等都使得针对小农的科技推广和科技扶贫过程成本更好，收效缓慢。② 正如，在调查中，笔者访谈西北农林科技大学阳县苹果试验示范站专家时，专家告诉笔者："给农民推广技术比较麻烦，还是向公司推广技术方便，他们有资金、有基础，对科技的认识还全面，也相信我们这些人。"科技扶贫的规模偏好不仅是因为不同主体的科技推广成本差异较大，同时也源于针对不同主体的科技扶贫和农技推广（扶贫工作）收益也会相差很大。③ 针对农民的科技扶贫被视为一种公共品，农技人员的这些工作被视为是其本职工作；针对公司主体的科技扶贫和农技推广，不仅能够让科技人员的成果转化为现实，同时也能够通过农技推广获得相

---

① 邢成举、李小云：《精英俘获与财政扶贫项目目标偏离的研究》，《中国行政管理》2013年第9期，第109—113页。

② 邢成举：《村庄视角的扶贫项目目标偏离与"内卷化"分析》，《江汉学术》2015年第5期，第18—26页。

③ 邢成举：《乡村扶贫资源分配中的精英俘获》，博士学位论文，中国农业大学，2014年。

应的报酬。例如，阳县试验示范站的专家就从为农业企业科技服务的工作中获得了相应的报酬，每位专家每年的报酬约为 6000 元。

### （三）科技扶贫的政策导向性

在科技扶贫工作中，科技只是扶贫工作的载体或是工作，其要发挥好的扶贫效果必须与相应政策相结合。[①] 在科技扶贫工作中，科技本身是没有太多能动性的，科技是否能够与贫困人口结合，要看相关政策的导向。在阳县关于科技扶贫的相关政策中，我们首先看到的是，在苹果产业的生产模式中，企业发挥的是带动的作用；在产业模式中企业发挥的是引领的作用，也就是说地方政府在苹果产业的扶贫工作中已经有了显著的导向，即重点扶持农业龙头企业，这就意味着科技扶贫也要按照政策的指挥棒来与企业进行优先的结合。其次，我们看到，在相关政策中，科技示范户也在科技扶贫中拥有一定的位置，他们成了科技扶贫的次优选择对象。而所谓的农户紧跟在实践层面并没有得到落实，且贫困农户的现实情况也导致他们很难脱离政府的扶持而成为科技扶贫的对象。要取得相对一致的扶贫成效，就需要有区分地使用科技扶贫手段，区分不同类型的扶持对象。[②]扶贫工作具有显著的政治意义，科技扶贫也应该遵循政治制度[③]，显示出社会主义的体制特色。当与科技扶贫相关的政策不具备显著的亲贫性时，科技扶贫或者说是科技本身就难以获得我们通常期望的效果。科技扶贫的消极后果不仅与科技本身的高成本相关，更是扶贫相关政策的导向性结果。

### （四）科技扶贫的间接效益性

科技，尤其是农业新型科技，其效果的发挥必须依托一定的产业基础，否则扶贫的社会技术容量就十分有限。[④] 正如笔者在文中讨论的现代

---

① 葛志军、邢成举：《精准扶贫：内涵、实践困境及其原因阐释——基于宁夏银川两个村庄的调查》，《贵州社会科学》2015 年第 5 期，第 157—163 页。

② 邢成举、葛志军：《集中连片扶贫开发：宏观状况、理论基础与现实选择——基于中国农村贫困监测及相关成果的分析与思考》，《贵州社会科学》2013 年第 5 期，第 123—128 页。

③ 张红、高天跃：《农业技术应用与乡村社会变迁——以陕西 YL 现代农业园区西村为例》，《农村经济》2012 年第 8 期，第 92—97 页。

④ 司汉武：《社会技术容量和技术创新能力——两个技术社会学的分析工具》，《社会科学家》2010 年第 6 期，第 117—120 页。

矮砧密植集约高效苹果栽培技术一样，这种技术的应用必须有果园，而阳县原有的果园种植面积非常小，广大贫困农户并没有拥有果园，已经拥有果园的农户并非是扶贫意义上的贫困户。由此，我们看到，科技扶贫并不像其他扶贫那样，扶贫的内容和资源可以直接转化为贫困人口的资金、资源甚至财富，科技扶贫的扶贫效益具有间接性的特征，也就是说只有贫困户具备扶贫科技能够应用的基础和对象时，科技扶贫的供给者、受众和载体间形成长效合作机制时[1]，贫困对象才能够从科技扶贫中获得相应的收益，科技才能够转化为相应的经济收入和发展资源。从这个意义上说，我们也可以认为，科技更多的是贫困人口脱贫致富的工具性途径和辅助性手段，脱离了科技应用的对象和载体，科技扶贫的运转就会捉襟见肘。因此，在科技扶贫中，我们不仅要关注贫困人口的科技认知、科技应用能力，还要充分关注贫困人口是否具备使用科技的基础性条件和平台。

## 五　结语与讨论

科技作为一种生产力，其对经济发展和社会进步的积极意义，我们都是认可的，而这也正是本文将科技扶贫作为我国开发式扶贫的重要构成的出发点。通过对阳县科技扶贫工作的简单分析，我们能够看到，在科技扶贫推动当地苹果产业发展和栽培技术更新的同时，不少的贫困人口并没能参与到科技扶贫的工作中来，没有参与就不可能从扶贫工作中受益，因此，这样的科技扶贫不利于贫困人口的脱贫，反而可能会加重贫富分化，导致贫困人口陷入结构性贫困陷阱。在科技扶贫中过分强调科技，就会出现文中所提及的那些结果，即扶贫资源的非均衡配置、贫困人口的结构固化等，这其实是不利于扶贫工作持续健康发展的，也更加不利于贫困人口的脱贫致富。因此在科技扶贫工作中，这里提出两个针对性的改进意见，供大家参考。

第一，科技扶贫应突出技术的亲贫性。通过上文的内容，我们深刻地认识到：如果科技扶贫工作中科技应用成本过高的话，诸多的贫困人口很难参与科技扶贫工作，更难以成为这项扶贫工作的受益者。因此，在科技

---

① 赵慧峰、李彤、高峰：《科技扶贫的"岗底模式"研究》，《中国科技论坛》2012 年第 2 期，第 138—142 页。

扶贫工作中选择使用的技术最好具有亲贫性的特征。所谓的亲贫性是指该技术方便贫困人口使用，能够为贫困人口使用带来积极功能。这里对技术亲贫性的期待主要是两个方面的内容：其一，亲贫的技术简单易学，对使用者的技术水平和知识水平要求不高；其二，亲贫的技术具有低廉的使用成本，或者说技术推广主体或是地方政府将会承担大部分的技术使用成本，从而避免贫困人口被排斥。如此才可以避免贫困人口结构固化的问题，才不至于让贫困人口落入结构性困境而难以改变。

第二，科技扶贫应舍弃对科技推广成果的过分关注。科技扶贫的过程在本质上是一种科技推广的活动，科技要想发挥作用就必须与科技使用者结合。上文的内容也提醒我们，在科技扶贫中出现了主体偏好和规模偏好的现象，这种现象与科技扶贫追求科技推广效果密切相关，尤其是科技推广者从自身利益的角度去考虑了科技扶贫工作。当我们的科技推广人员从追求科技推广价值的角度去开展科技扶贫工作，那么我们的科技扶贫一定会出现对非贫困对象的偏爱，因为这类主体更有利于科技成果的推广和转化，也更有利于实现科技工作者的利益。在科技扶贫工作中科技推广工作是提供公共产品的过程，因此对科技推广效果、科技短期经济效益的过分追求都应该是要被舍弃的。以往科技扶贫工作中，我们没能做到上述的要求，因此出现了科技扶贫工作中非均衡的资源配置，贫困人口在资源配置中处于边缘，而相对富有的个人和组织则成了扶贫资源配置的核心。

扶贫工作在本质上是一种资源分配和能力发展的工作，因此，科技扶贫工作需要做好科技资源的分配工作，要做好科技应用能力的扶贫工作。多数贫困者因起点较低和基础薄弱而丧失了很多的成长机会、发展空间，我们的扶贫工作是要改善贫困人口的资本存量，要为贫困人口争取更多的成长机会和发展空间。因此，扶贫工作不能在过程中丧失其公共性、社会正义性和亲贫性特征，谨记这些原则和特征才能让我们在复杂的扶贫工作中收获更多，成效更大。

# 创新的扩散：以大学为依托的
# 农技推广模式的实现机制

张世勇　卢云龙子*

## 一　问题的提出

农业创新技术的扩散可以促进农业生产效率的提高，从而增加农民收入，有利于农业发展。2015 年中央一号文件指出，加快我国农业发展需要"强化农业科技创新驱动作用，充分发挥科研院所、高校及其新农村发展研究院、职业院校、科技特派员队伍在科研成果转化中的作用"。农林院校作为农业技术创新的重要部门，在其服务社会的宗旨下，传播扩散农业技术是义不容辞的责任。如何使在实验室、试验田里的农业新技术传播扩散到农村，与当地主导产业相结合，让真正的技术应用者——农户——掌握，带动当地相关的产业发展，是农业技术创新的最终目的。

西北农林科技大学近年来积极开展农技推广服务，针对地区主导性产业建立试验站，不仅取得了良好的成效[①]，也探索出"以大学为依托的农业技术推广新模式"。随着这一农业推广模式的社会影响逐渐增大，学界对于该模式的关注正不断增多。早期学者们主要是在高校产学研的发展背景下对西农农技推广新模式进行考察。韩虎群对早期西农农技推广的研究发现，西农坚持产学研紧密结合，以农技推广为纽带，创造性地提出了农

---

* 张世勇，西北农林科技大学人文社会发展学院副教授，农村社会研究中心研究人员；卢云龙子，西北农林科技大学人文社会发展学院社会工作专业硕士研究生。

① 孙武学：《围绕区域主导产业建立试验站　探索现代农业科技推广新路径》，《农业经济问题》2013 年第 3 期，第4—9页。

业科技专家大院模式，建立了三级农技示范网络；① 黄天柱则指出西农在坚持产学研相结合的教育实践中，创建了"政府+大学+示范园+农户"等农技推广创新体系。② 随着西农农技推广模式的逐渐发展，学界的研究逐渐转变到对该模式的类型、具体内涵、存在的问题等研究内容上来。陈俊认为大学依托型农技推广模式可以有效地促进科技成果服务农业生产，并根据西农在各地的农技推广实践总结出科技下乡、农业推广体系等七种农技推广形式；③ 何得桂等学者的研究，阐释了构建以大学为依托农业科技推广模式的价值，指出了该模式在实践中需要从发展的持续性、身份认可、综合功能发挥、与当地政府利益博弈等方面做出完善，④ 认为该模式采取的"扎根农村"、"着眼产业"、"面向小农"等创新举措对构建中国多元农机推广体系做出了有益探索，⑤ 在推广目标、推广载体、推广机制等方面有较大创新，具有较强的可移植性；⑥ 郭占锋在分析西农"试验站"农技推广实践的基础上，针对该模式存在的问题，从国家资金保障、地方利益与高校利益制衡、创新农技推广机制、联系农村人口结构变迁背景下推进"试验站"建设四个方面提出建议，⑦ 并具体以阎良甜瓜"试验站"的农技创新为例，指出农技传播机制的创新要紧密联系农村社会变迁宏观背景、以市场为主导、抓住示范户、鼓励地方与高校有效合作。⑧ 近年来"以大学为依托的农业技术推广新模式"逐渐成熟，学界对该模式的研究也从该农技推广模式"是什么"向该模式"为什么得以发生"、

---

① 韩虎群：《高校产学研结合模式探析——西北农林科技大学产学研结合实践与探索》，《西北农林科技大学学报》（社会科学版）2006 年第 6 期，第 67—70 页。

② 黄天柱：《农业高校产学研结合创新型办学模式浅析——记西北农林科技大学建立产学研结合办学模式》，《农业科技管理》2008 年第 5 期，第 33—35 页。

③ 陈俊：《大学依托型农业科技推广模式的思路与实践——以西北农林科技大学为例》，《湖北农业科学》2014 年第 8 期，第 1972—1975 页。

④ 何得桂、高建梅：《建构以大学为依托农业科技推广模式的价值与限度——以西北农林科技大学为例》，《安徽农业科学》2012 年第 12 期，第 7515—7518 页。

⑤ 何得桂：《科技兴农中的基层农业科技推广服务模式创新——"农业试验示范站"的经验与反思》，《生态经济》2013 年第 2 期，第 140—143 页。

⑥ 何得桂：《"农林科大模式"：大学农业科技推广的典型经验》，《农业经济》2013 年第 9 期，第 111—113 页。

⑦ 郭占锋：《"试验站"：西部地区农业技术推广模式探索——基于西北农林科技大学的实践》，《农村经济》2012 年第 6 期，第 101—104 页。

⑧ 郭占锋：《社会变迁背景下农业科技传播机制创新——基于西北农林科技大学阎良区甜瓜"试验站"个案分析》，《农业科技管理》2013 年第 1 期，第 76—79 页。

"如何发生"转变。陈辉等学者以西农猕猴桃"试验站"的农技推广实践为例，提出了农技推广的嵌入式发展，并分析了该农技推广类型的运作机制；[①] 张红结合实地调查，对农技推广中技术传播的运行机制进行了阐释。[②] 对上述研究进行梳理可以发现，对于"以大学为依托的农业技术推广新模式"的研究是随着农技推广实践的不断发展而逐渐深入的，目前关于该模式的研究主要以介绍西农农技推广模式、存在的问题、提出建议对策为主要内涵，呈现出描述性研究与政策建议性研究为主、机制分析研究较为缺乏的现状。既有研究中对该模式实践机制的研究较少，未能较为深入地分析其运行逻辑，为了进一步厘清"以大学为依托的农业技术推广新模式"的发生机制，促进农业科技新技术的传播扩散，有必要对该模式做出进一步探讨。

## 二　相关理论及研究思路

农技推广的本质是一种创新扩散的传播过程，分析"大学为依托的农业技术推广新模式"适宜采用创新扩散理论。创新扩散理论起源于 20 世纪的欧洲，由美国学者埃佛雷特·M. 罗杰斯于 20 世纪 60 年代正式提出，是主要研究创新的扩散过程的理论。[③] 罗杰斯认为创新的扩散过程是一个多主体对创新事项的传播、沟通、认知和采纳并运用的社会化过程。[④] 一般来说，采纳者或是直接从技术专家那里或是从其周围的人群中获得创新信息，进行交流沟通，从而将创新的事项付诸实践，在实践中产生良好效益的创新事项才具有可持续性，同时也意味着农业技术推广过程的完成。创新扩散的四要素包括：创新、传播渠道、时间、社会系统。罗杰斯认为，"创新可以是一项主意，一个新产品，或一项新的实践方法，不论其是否前无古人，只要采纳者认为是新的就可以了"；传播渠道是指

---

①　陈辉、赵晓峰、张正新：《农业技术推广的"嵌入性"发展模式》，《西北农林科技大学学报》（社会科学版）2016 年第 1 期，第 76—80 页。

②　张红：《农业技术在乡村社会中的运作机制》，《农村经济》2013 年第 7 期，第 91—96 页。

③　周汶霏、宁继鸣：《孔子学院的创新扩散机制分析》，《中国软科学》2015 年第 1 期，第 77—87 页。

④　[美] 埃佛雷特·罗杰斯：《创新的扩散》，辛欣等译，中央编译出版社 2002 年版，第 145—168 页。

创新扩散过程中信息传递的媒介，在该传播渠道中参与者之间存在一定相异性；时间主要是指创新扩散的决策过程，是个体从知道到采用或拒绝一项创新的过程；社会系统是一组相互联系的单位，创新扩散发生在社会系统之中，社会结构、社会组成、社会规范等因素对创新扩散的过程均产生了影响，在社会系统中创新代理机构、创新者在系统中的行为对创新扩散的影响较为重要。[①]

本文以机制分析作为分析方法。渠敬东认为，机制分析不完全是一种制度分析，而是以过程思维来考察一个现象或一件事情的发展演变，"看看它究竟通过一种什么样的逻辑转化到另一种逻辑"或"从哪个点出发逐步过渡到其他的方向上去"[②]。贺雪峰等学者将机制分析的特点概括为：实践性、基础性、策略性、层次性、总体性、开放性六项。[③] 将机制分析方法运用到农技推广的分析当中，就是为了探寻农技推广的实现逻辑，归纳总结推广实现的必要条件、具体的实现路径。本文从如下两个层次对白水试验站的农技推广实践进行机制分析。

首先，是白水试验站农技推广的实践方式分析。机制分析是建立在实践基础之上的分析方法，因而对于试验站的整体实践方式进行梳理是机制分析的第一步，通过整理调查资料，归纳出白水试验站农技推广背后的服务体系和运作方式，指出在该种运作方式的背景以及所涉及各行为主体之间的前后联系。其次，是回归农技推广实践的过程分析。机制分析是一个反复检验修正的分析过程，由实践走向归纳，又由归纳返回指导实践。如果说对试验站农技推广的实践方式进行分析是机制分析中的动态深描，那么由此进一步分析农技推广主体与其实践场域之间的关系就属于机制分析中的立体呈现。这一部分分析需要结合创新扩散理论中关于创新扩散四要素的阐释，跳出农技推广实践本身，关注白水农技推广中的创新来源及扩散渠道，立足于其发生的白水县内，从产业发展与历史脉络的角度挖掘白水试验站农业新技术创新扩散何以可能的条件。即由谁来提供创新事项？

---

①　周汶霏、宁继鸣：《孔子学院的创新扩散机制分析》，《中国软科学》2015 年第 1 期，第 11—25 页。

②　渠敬东：《坚持结构分析和机制分析相结合的学科视角，处理现代中国社会转型中的大问题》，《社会学研究》2007 年第 2 期，第 206、211—225 页。

③　贺雪峰：《华中村治研究中的机制研究》，《云南行政学院学报》2016 年第 2 期，第 4—8 页。

为何这样的农技推广实践产生于白水县？每一个农技推广主体与其行动场域进行了何种互动？此前的分析过程，在于对实践方式进行整体把握，偏向于描述。而为了深刻了解白水农技推广的实践机制，就要进一步阐释其实践过程，从创新者、传播渠道、社会系统等具体理论把握归纳出贯穿整个实践的各农技推广主体的主要创新扩散过程、扩散条件，抓住实践机制的核心，并进行总结提炼。

白水苹果试验站是首批建设的试验站之一，也是目前最为成功的试验站之一。建站 10 年来，该站在农业技术推广工作中探索出了一条"以大学为依托的农技推广模式"的可行之路。本文以白水苹果试验站的农技推广工作为主要内容，描述"以大学为依托的农技推广模式"的实践过程，结合白水县苹果产业发展的过程，总结此一农技推广模式的运行和实现机制，力求能够促进农技推广进一步发展。

## 三　试验站建立之前白水县苹果种植状况

试验站设立之前白水县苹果生产以小农式的大田作物种植方式为主。当地果农的苹果生产经营观念落后，白水县的苹果栽培技术服务体系基本瘫痪，苹果产业发展和技术推广面临瓶颈。

### （一）果农的苹果生产经营观念落后

进入 21 世纪以来，虽然苹果生产已经成为白水县的主导产业，种植苹果也已经成为白水县大多数农户的主要经济收入来源，但果农的苹果栽培技术仍然比较落后，无论是果园的经营，还是果园管理，仍然具有很深的大田作物生产经营烙印。果农普遍认为树大、树多、产量高就会效益高。果园中密不透风，不仅效益难以提高，而且田间管理困难，果树品种单一，树龄长，果园老化，病虫害多发。销售以散户销售为主，外地苹果批发商通过本地的苹果贩子（经纪人）收购苹果，销售渠道单一，果农不具备品质意识和品牌意识，当地的苹果储藏（冷库）和深加工产业也不发达。比如，直到 2005 年，白水县的大部分果园品种老旧（秦冠居多），老果树多，普遍存在着落叶病和腐烂病，很多农民的苹果投资遭遇病虫害影响，种苹果不赚钱，没有经济效益，开始大量伐树弃园，转为粮食作物，或者外出打工，使果园抛荒。

### （二）苹果栽培技术服务体系基本瘫痪

白水苹果试验站未建立之前，白水县苹果技术服务体系基本上处于"线断、人散、站撤"的状态，基层的农技服务体系基本处于瘫痪状态。自从分田到户以来，因为农业生产经营主体重新变为小农，农业生产的产业结构的转变，原有的农业技术服务体系难以满足苹果生产技术需求。在财政体制改革和市场化的背景下，国家大幅削减了全额拨款的基层农技人员编制，导致农技推广工作人员大幅减少和流失；原属县农业局管理的乡镇农技站，在财政体制改革以后也由乡镇主管，乡镇农技员被调去做计生、维稳等各种不同的行政工作，用于农技推广上的时间明显减少。一些在岗的农技人员以经营农资为主要收入来源，无心从事农技服务，而新上岗的人员大多缺乏实践技能，无力承担苹果生产的技术服务。

2005 年之前，白水县的苹果栽培技术服务体系很不健全，缺乏专业的苹果栽培技术人员，这也是大多数果农仍然以传统经验进行果园管理的原因之一。在白水果业局成立之前，技术推广主要依靠县园艺站技术人员。但园艺站的技术力量一方面不一定全部具备相关的专业技术，如当前白水园艺站共有 80 多人，但真正和专业相关的只有 20 人左右。另一方面，县级技术人员进村入户进行技术推广和宣传的时间很少，其中很重要的原因是资金限制，"很多技术人员需要到村里解决问题，但没有相应的资金保障，没有钱坐车就不下去了"。乡镇农技站基本处于瘫痪状态，很难在对接农户的技术需求上做出服务。在白水县，每个乡镇苹果站只有三名工作人员。由于乡镇苹果站既要接受条条管理，又要接受块块管理，很多时候并不能将全部精力放在苹果技术工作上，而是要参加很多乡镇其他的中心工作和重点工作。另外，乡镇苹果站的岗位相对固定，工作人员的升迁空间很有限，使得苹果站的工作人员都没有太大的工作动力，大部分时间都是消极应对。

### （三）小农式的果业生产——技术推广的瓶颈

虽然苹果生产是白水县的主导产业，农户也以经营果园为主要的家庭经济收入来源，但是，白水县的苹果生产以个体分散的小农为主要的生产经营主体，这不仅制约着苹果产业发展，也构成了技术推广中的一大瓶颈。小农式的果园经营存在着经营行为短期化、劳动力供给不足、素质不高、具有技术习得惰性等问题。

　　白水县大多数经营果园的果农都是中老年夫妻，从事苹果生产的劳动力文化素质较低、年龄较大，且即将面临供给不足、果园忙季雇工困难、雇工成本高的问题。劳动力问题成为制约白水县苹果生产和苹果栽培技术推广的潜在阻力。同时，因为苹果收购价格的不稳定，以及难以预料的自然灾害等原因，脆弱的小农式果农家庭的农业经营结构是七分果三分粮，既不会将全部土地都栽成果树，也不会全部种植粮食，而是将一半甚至更多的土地发展成果园，剩余土地耕种小麦、玉米用于糊口。虽然苹果生产是果农家庭的主要经济收入来源，但是大多数果农又不会把全部精力投入在苹果生产上，而是以多样化经营的方式安排家庭经济生产。不同于大田作物，苹果生产对小农来说，是一个效益高但劳动投入高、风险大、前期投入大但见效周期长、技术要求高的经济作物生产，一些果农甚至以赌博的心态从事果园生产经营，导致了果农在果园经营中的短期行为，比如掠夺式、粗放的果园管理，栽培技术习得上的惰性。此外，因为抗风险能力差，果农的经营信心很容易受到市场波动和自然灾害的打击，苹果收购价格低迷时，果园经营效益较低时，很容易出现挖树弃园毁园的现象。小农式的果园生产，经营主体分散，生产和销售难以标准化和统一，提高了政府产业扶植措施的组织成本，特别是在农技推广过程中始终存在着"最后一公里"的问题。

　　可以说白水县的苹果是县域经济的支柱产业，但在该产业的发展中出现了上述问题。为了应对苹果产业发展的困境，白水县制定了现代果业发展战略，其中，技术支持是发展战略的关键环节。西北农林科技大学白水苹果试验站的成立正是瞄准白水县这一产业发展需求而设立的。

## 四　白水苹果试验示范站的农技推广实践

### （一）建站的同时开始技术服务：白水苹果试验站的建立

　　白水苹果试验站成立之后，瞄准白水县苹果产业发展的关键问题，以苹果栽培技术推广为中心，在产业发展战略、科技进村入户、基层农技员培训、打造新的基础农技推广服务体系、新品种推广、老果园改造、病虫害防治、新型农业经营主体培育等方面做了大量工作，取得了引人注目的成效。先后参与实施白水县政府主导的"白水苹果产业化科技示范和科技入户"工程、"十百千"人才培训工程等农技推广项目，为地方培养技术推广专家、农民骨干技术员和务果能手，推动技术示范工作开展。

### （二）科技进村入户与果农交朋友：农科专家甘当技术推广员

试验站专家首先发现的是果树老化、果园密闭的问题。这些问题的根源在于果农落后保守的果园管理观念，即果农普遍认为树大、树多、产量高就效益高。要改变这种状况，必须进行老果园改造，实施间伐，对果树进行整形乔化。要改变果农的观念，可不是件容易的事。仅仅依靠政府的行政动员和宣传、专家的技术讲授等很难取得预期效果。因为这些果园都是果农经营10多年甚至20多年的老果园，不仅付出了汗水，还有多年的资金投入，所谓间伐无非就是挖树，整形乔化就是剪枝，这对于果农来说等同割自己身上的肉。此外，果农是要看到实际的效益，才有可能接受"新技术"。试验站专家在进村入户的过程中，首先并不是栽培技术上的难题，而是如何取得果农信任的社交问题。正如试验站的杜志辉老师所说，"更重要的是与农民谈心，做心理辅导工作"。

一项新技术的推广，改变传播对象的观念极为关键。进村入户，与果农同吃、同住、同劳动、亲自示范就成为试验站专家的首要工作。要取得果农的彻底信任，达到改变果农观念的目的，必须让果农见到实效。仅仅苹果栽培技术上的指导还不够，试验站的专家毕竟人数有限，只能做个别示范户的工作。一个示范户的工作可以做好，才可能产生扩散效应。其中的关键是要让果园产生效益，即让果农赚到钱，这才算技术推广成功，才能够真正影响示范户的左邻右舍，达到示范带动的目的。除了苹果生产技术指导外，专家们为了让农户看到直接的经济效益，还多方面地启发和指导示范户的苹果销售观念。让示范户对自己的苹果分类、针对客户需求，从大量一次性的散卖变成多层次的、多渠道的销售，基本的散售到初级包装销售，提升销售理念，增加销售利润。这一时期专家们采取群众路线式的农技推广思路，从苹果生产的具体实践中与果农们相互学习，低姿态地向果农们学习、硬技术地服务与指导，促使果农改变传统的管理思维和销售理念。专家们群众路线式的农技推广工作使得西农试验站在白水县扎下根，打开了工作局面。

每个专家定点包乡镇包示范户，一个乡镇定点包 100 亩示范园，吃住均在农户家，与农民工作、生活在一起，进行苹果生产的全程指导和示范。如今白水县的明星人物——曹谢虎的果园是杜志辉老师负责的示范户。当时曹的果园效益也不好，正在筹谋准备出去打工。杜老师进村之后，见到最多的场景是农民聚在一起，商量着如何外出打工挣钱。杜老师看到此情景，刚开始做得最多的工作并不是技术指导而是与农民谈心，稳民心，思想工作和技术指导双管齐下，获得了示范户的初步信任。一方面给农民讲苹果发展趋势与未来图景，另一方面在果园里亲自示范。专家们与农民打交道，不是像政府的农技员一样，来家里或者果园里随便讲一通就走了。在进村入户阶段，杜老师的经验是：要改变果农的观念，专家们必须将自己当作技术员，长期蹲点，手把手地教，在取得果农信任的前提下，才可能传播技术。

### （三）老果园改造：间伐、整形、增效

首先是对老果园的间伐。果农们的老果园，树冠很大，侧枝较多，果园里的树也很密，间距和行距与树的比例不合理，果园的整体产量很低，而且结出来的果实品质也很差，卖不上价，果园效益很低。对老果园进行间伐、改造，为了提高果园的通风、营养吸收。但是这一改造技术遭遇果农的传统思维，即树多结出的果子多、产量多，自然效益就高；不仅如此，很多果树都是农民亲手栽培、管理了几十年的劳动成果，对果树也很有感情。传统的经济逻辑和情感因素使得间伐技术的推广面临诸多困境。老果园间伐后，第一年效益会受损，第二年开始回升，第三年才会有质的突破，即果树产量和苹果品质都会提高。间伐技术的经济效益需要时间来验证，然而这恰恰正是西农专家们打开工作局面的重点。专家们便与包点示范户进行协商，对少部分果园进行改造，甚至承诺对其受损效益进行适当补贴。思想教育、技术指导和风险分担三者合一才获得了示范户的信任。当然，经过间伐的果园在专家们保驾护航式的全程指导下获得了明显的经济效益。

### （四）技术专家与老果农相互交流、双向学习

土壤性质、气候变化、果园花果管理过程中的病虫害防治等，专家们都积极地向当地农户学习和请教，尊重老果农的本土经验。在实地的技术

推广和病虫害防治过程中，果园的具体生产情况有时并未出现在专家的实验室里，有些问题他们都没见过。例如，有一个果农经常发现果树的树皮被虫子咬的痕迹，但不知道是什么问题，不知道是被什么虫子咬坏的，果农找到农技人员而农技人员也没见过此种情况，西农专家们也没在教科书或者实验室遇到过，面对此问题，专家们积极思考，寻找解决问题的办法。后来听说有一个老果农，白天在果园里发现不了虫子，他就晚上拿着手电筒蹲在地里，守株待兔，发现是被一种当地的蛐蛐咬的，这才找到了问题的根源。

类似这样，在初始的农技推广工作中，试验站的专家们都会虚心地和当地果农们相互交流，并从他们的果园管理实践中总结经验，与果农们形成了良好的互动交往方式。专家们不仅了解农民的果园，也了解农民的生产生活，专家们与农民相处中的低姿态、硬技术的指导为试验站的工作打开了局面。

## 五 "以大学为依托的农技推广模式"的实现机制

结合白水试验站的农技推广过程，可以将白水苹果试验站的农技推广经验所代表的"以大学为依托的农技推广模式"的实现机制概括为：三个参与主体、两个条件和两个过程。

### （一）创新扩散的参与主体

#### 1. 创新传播源

创新者（西农的专家学者）和大学的驻地机构（建立在农业中心产区的试验示范站）是农技推广模式中的创新事项传播源。创新者是指大学派出试验示范站的驻站专家学者。农技推广实践中专家学者离开校园与驻地机构进村入户，与农民深入交流，指导农民改造老果园，表明他们在试验示范站有三重角色：第一重角色是高校的教学科研工作者；第二重角色是促进地方产业发展的技术专家；第三重角色是扎根农村基层从事农技推广的技术员。之所以说他们是创新者，其要义在于两个方面：第一，他们是科技创新的骨干力量，他们发明、创造并掌握着最新的农业技术；第二，从科技发展前沿来说，他们在农村产业发展核心地带推广的技术可能不是最新的技术，或者可能是某一农作物生产不同环节技术的综合应用，但是相对于当地的传统栽培技术和农民的经验主义栽培方式来说是"新的"，因此具有推广应用价值。例如，试验站专家针对老果园提出的间伐改进策略，在实践中该技术并非是最新的技术，但由于专家学者掌握先进技术理念，能够因地制宜地改造传统果园的种植方式，提升果园效益，对于农民来说就构成了创新。

创新者的驻地机构是农业大学建立在农业区域产业中心的试验示范站，发挥着以下四个方面的功能：首先，对农业高校来说是创新技术展示平台。有了试验示范站这个建立在田野里的平台，一些不能在实验室进行的科学研究工作可以在这里展开，一些被束之高阁的新成果、新技术、新品种得以示范、试验和推广。因为试验示范站建立在农业产业发展的核心区，这些创新技术可以有效且广泛地得以应用和推广。其次，对大学教学来说，试验示范站是大学生的实践实习基地。试验示范站建立在田间地头，对于培养农业大学学生的专业兴趣、实践专业理论知识和提高专业技能具有非常重要的意义。再次，对农民来说试验示范站是家门口的示范田。农民是农业产业发展的主体，农业创新技术要得以应用和推广，必须经过农民的认知、学习和实践应用。因为试验示范站就在农业产业核心区，农民可以通过方便且低成本的观摩、参观、咨询、培训等方式学习新技术。最后，对当地政府来说，示范试验站是当地产业发展的智囊。高校发挥自身的多学科优势，为当地产业发展把脉，不仅提供实用技术支持，还对产业发展的产前、产中、销售、深加工等全产业链发展提供战略规划和咨询。在白水试验站农技推广实践中，试验站建立之初便积极协助地方产业发展，通过科技示范参与多项当地农技推广发展项目，培育了大量农技推广人才，这些举措是上述四种功能的集中体现。

2. 地方政府

地方政府是农技推广这一创新扩散的最为重要的组织力量，作为行政组织它为创新的扩散提供政策、财政和人力资源等方面的支持。特别是在中国农村，社会组织不发达，农民缺乏合作和自组织能力，县—乡—村行政组织体制在创新扩散过程中非常重要。最为关键的是，中国的农技推广对象是千家万户的分散小农，农技推广的主体——技术专家和试验示范站——面临着如何与千家万户小农打交道的问题。在白水县十几个农技推广专家，即使加上政府的农技推广人员，也难以逐个满足差异化的农技需求，强有力的行政组织是解决这一组织问题的关键。

地方政府之所以是农技推广这一创新扩散过程的积极参与主体，我们从白水县苹果产业的发展中可窥一斑。西北农林科技大学的白水苹果试验站建立在白水县，是白水县政府积极争取的结果。不仅给试验站赠送土地，在近些年还为试验站提供人力资源的支持。作为地方政府之所以如此积极，是因为在发展主义导向和压力型体制下，地方政府面临着发展地方经济的政治压力，寻找一项适合当地发展的产业，将其做大做强是地方政府的一项政治任务，也是地方领导人的政绩工程。我们从上述白水苹果试验站的农技推广过程中可以看出，白水县有专门的主管产业局（苹果局），苹果局除了进行产业发展的日常行政管理之外，还有一套较为完整的与试验站专家相连接的县—乡—村苹果栽培技术推广系统。白水试验站建立初期，所提出的整形、间伐、增效等措施的落实，如果没有政府的行政组织力量是不可能取得实效的。此外，在相关的农业政策和国家项目上，乃至为打造白水苹果品牌方面，白水县政府都做了许多工作。

3. 创新事项的采纳者

创新事项的采纳者即从事地方主导产业生产的农民，是农技推广的对象，也是创新事项的最终接受者——千家万户的小农，小农式果农是白水县苹果生产的主体。他们具有需求多样、文化水平较低、主导产业在其家庭经济收入中的权重不同、对创新事项的接纳行为不同等特点。在白水苹果试验站的农技推广实践中，为了解决创新扩散过程中的组织问题，作为农技推广员的试验站专家分别对接示范户，试图通过以点带面，达到相关技术覆盖整个产区的实践的根本原因正在于此。那些示范户首先接受创新事项，他们是农业新技术、新品种的采纳者，他们的示范园还成为二次传播源，而这些示范户则成为二次创新者。在白水县苹果产业发展过程中，随着国家政策导向的调整，一些组织也成为创新事项的初次采纳者，比如合作社、家庭农场等涉足苹果生产的其他生产主体。这对于以小农为主要对象的农技推广来说非常重要。

**（二）创新扩散的条件**

1. 地方产业发展需求为创新事项的传播提供了机遇

白水县是陕西省苹果产业的核心区域，西北农林科技大学在此围绕苹果产业设立试验示范站是与当地产业发展需求相契合的，为产学研相结合的农技推广模式提供了良好的机遇。没有地方主导产业的发展、对创新技术的需求，创新事项不仅缺乏动力，农技推广也会无的放矢、失去对象。服务于地方主导产业发展是农林院校履行其服务社会责任的具体途径，地方产业发展对创新技术的需要也为校地合作提供了基础。

2. 地方经济社会文化环境

当地经济社会文化环境是创新扩散过程的社会基础，也是最终影响农技推广效果、试验站能否发挥作用的社会因素。从宏观方面来讲，受制于自然地理等条件限制，白水县发展其他产业都不成功，又因为其气候条件是苹果的优生区，这不仅为苹果生产提供了良好的自然条件，也为试验示范站展开其技术创新提供了天然的实验室。为了脱贫致富，发展地方经济，当地政府在经历几番试错之后，最终将苹果作为地方的主导产业，苹果生产也成为农户家庭经济收入的主要来源，从而使得苹果生产创新技术的推广和应用有了肥沃的土壤。

在微观方面，自然条件差导致粮食生产效益低下，苹果这样的经济作物生产有明显的比较优势，农民有积极从事地方主导产业的动力。主导产业生产技术的创新据此有了广泛的市场和推广对象。同时因为农户普遍以苹果生产为其主要的家庭经济收入来源，也比较重视对创新技术的采纳和学习。此外，在其他微观方面，农户的家庭生命周期、家庭劳动力结构、农户家庭的经济收入结构等都影响了他们创新扩散的过程。

3. 地方主导产业的性质

西农在白水的试验示范站以经济作物——苹果的栽培和种植技术为主要推广内容，从农业作物的性质来说，相对于粮食作物的生产，经济作物生产的效益较高，栽培种植技术要求高，是技术和劳动密集型产业。这不仅可以解决人多地少的固有矛盾，充分地使用农村劳动力，而且技术的需求度较高。技术专家和试验示范站可以发挥更大的作用，也更加被地方政府和农民重视。

## （三）创新扩散的两个过程

1. 农业院校和地方的合作过程

白水苹果试验示范站的建立及农技推广工作的开展，首先是一种深度的校地合作。白水苹果试验站最初是西北农林科技大学与白水县政府合作的农技推广机构，随后成为与白水县辖属的渭南市合作的农业科研和科技推广机构。白水苹果试验站建站10多年来已经成为校地合作、高校支持

"三农"发展的典型。

白水试验站从建站开始到发展过程都紧紧嵌入在地方政府产业发展战略布局中，同时又与农户的技术需求紧密相关。从 2011 年开始，白水苹果产业的发展得到了陕西省省级现代果业发展项目的支持，基本上每年都有三四百万元的项目资金，而且渭南市还要给配套 255 万元，县级配套五六百万元。这些项目资金包括各方面的支持，有基地、育苗、实体店、苹果营销体系、宣传等。而具体的扶持对象就是涉果企业、合作社、家庭农场。2014 年扶持了四五十家企业、合作社，省级项目资金有 340 万元，市级项目 255 万元。正因为有如此巨大的资金支持，白水县开始对苹果产业发展做出新的战略规划，核心就是要发展规模化、集约化的现代果业。试验站在白水县的存在是白水苹果产业获得支持的重要保证。

试验站建立在产业中心地带，能够体现校地深度合作的另一个重要方面是对当地农技人才的培养。白水县与试验站合作的"1+3+5+5"体系搭建了一个新农技人才培训平台，培养了一大批农技工作者和普通的果农科技示范户，即新型的苹果生产技术人才。试验站在"1+3+5+5"的组织模式下，培养了大批的技术人才，提高了政府行政事业单位科技工作者的理论水平和业务实践能力。试验站专家第一批培养出来的技术骨干力量，包括 20 多名科技工作者，他们跟着试验站专家持续了几年的学习，在自己的工作岗位上实现了初级职称到中级或者高级园艺师的跨越；另外，在此体系下也培养了大批乡村的新型苹果生产的示范户和民间技术人才。大部分专家包点的示范户后来成为白水果农中的技术骨干力量和技术精英，试验站专家未来到白水之前，他们对苹果种植技术基本不懂，正是因为有试验站专家较为密集的信息传授和技术指导，他们在短短几年时间内成为真正的示范户。现如今的村级农技推广员，本身是经验丰富的老果农，他们在与试验站专家长期的合作和相互学习交流中已经成为各个村庄的苹果栽培技术能手，在他们的示范带动下，白水果农的栽培技术应用和果园管理水平得到很大提升，并在临近县区具有很好的声誉。

2. 农技推广过程中的人际交往过程

白水试验示范站的专家在最初的科技入户工作中，面临的首要问题是如何与农民打交道，在这方面中国社会主义传统中的群众路线发挥了很大作用。试验示范站专家克服各种困难，驻村入户，与示范户同吃同住同劳动，取得农户的接纳和信任，农技推广工作才能顺利展开。另外，在创新的二次传播过程中，"村看村、户看户"的"比、学、赶、帮"创新扩散过程实际上也是一种熟人社会的人际交往。村庄里的能人、胆子大的人首先成为初次创新接受者，有的甚至成为技术水平较高的专业技术人员，他们在村庄发挥其意见领袖和乡贤式人物的作用，他们的果园成为村庄里的示范园，使得农技推广走完"最后一公里"。

技术工作者与西农专家们一起长期待在村子里，理论知识与实践知识的相互结合，加上专家和农民一起对果园的直接管理、技术操作、病虫害问题判断和防治技术的现身说法，专家、科技工作者、果农之间的交往，是将技术学习与交流融入日常生活、情感友谊之中，而非之前的干部对农民、上对下的等级体系中的枯燥的、干瘪的理论知识的宣讲。他们一起参与、一起交流、一起等待，在果园的收获、农户收益增加的同时，专家们和科技工作者们也获得了工作的价值和意义。技术推广融入农民的日常生活、友情的交往之中，自然而然地就将科技成果顺利地输入到了农民的果园之中，也重新将干部（科技工作者）与农民的群众联系激活，使得之前的农技推广体系重新焕发活力。在这个过程中，更重要的是技术权威和情感纽带的结合重建了政府基层组织在农村新的权威和合法性，也重新激活和整合了国家公益性的农技推广力量和资源，真正做到了为农服务，这在后税费时期重塑了新的国家与农民关系。

## 六　总结和讨论

农业技术的创新扩散，可以有效地促进农业生产的提高。农技推广作为创新扩散的一种具体形式，能够帮助新的农业技术由课堂走向田野，提升农民的收入水平。西农白水苹果试验示范站的农技推广实践，呈现出"以大学为依托的农技推广"新模式，具有良好的创新扩散效果。结合创新扩散理论对试验站的推广实践进行分析发现，该模式有效运行的机制主要是存在创新传播源、地方政府、传播事项采纳者三个创新参与主体，地方产业发展需求、经济文化环境、主导产业性质三个创新扩散条件以及地方与院校合作、农技推广中的人际交往两个创新扩散过程。

"以大学为依托的农技推广新模式"正在实践中不断成熟完善，也不可避免地会出现发展问题。本文对以白水试验站为代表的"以大学为依托的农技推广新模式"的实践机制进行了分析，表明了该模式中农业技术创新扩散的发生逻辑，或可为相关学者和部门提供借鉴。在深入认识该模式运行机制的基础上，有针对性地做出改善，做到有的放矢，才能促进农业技术创新更好更高效地进村入户，实现农业技术创新带动当地相关产业发展的最终目标。

# 福利多元主义视角下农村
# 失能老人照护路径探索<sup>*</sup>

王　华<sup>**</sup>

中国是"未富先老"的国家，快速增长的老年人口及失能老人的增加都给社会及家庭带来了新问题。从学界对于失能老人的研究成果看，讨论主要集中在三个方面：老年人长期照护的国际经验、失能老人照料模式研究、失能老人的照料需求分析。但是所形成的研究成果多数围绕城市老人展开，相比于城市老人，农村家庭子女外出务工、社会保障薄弱使得农村老人的照料问题更加凸显，农村老人失能照料面临更大的困境。G 镇地处陕西南部的大巴山区，境内地势起伏，属于山地、丘陵地貌，镇及村的中心均集中在川道公路两侧，当地经济、交通等条件并不发达。现今由于退耕及移民政策的实施每户村民土地很少，并且大部分青壮年村民都选择外出打工，村中失能老人养老问题突出。

## 一　研究对象与方法

### （一）研究对象

本文采用目的取样法，在陕南 G 镇选取三个自然村作为样本社区，调查对象包括农村老人及其家庭照护者。照护者指照顾失能老人的亲属，

---

*　本文在《亚洲农业研究》2016 年第 9 期上发表。
**　王华，西北农林科技大学人文社会发展学院讲师，农村社会研究中心研究人员。

包括配偶、子女、亲戚，并提供照护时间为六个月及以上。失能老人①为年龄 60 周岁及以上，在吃饭、穿衣、室内走动、如厕及控制大小便、洗澡、购物、社会交往七项基本指标完成上有障碍，个人生活自理能力欠缺的老人。

### （二）研究方法

本文主要采用访谈法和半结构化问卷法。2015 年 7—8 月，课题组对 G 镇三个自然村开展驻村调查，其中，对 60 岁及以上的农村老人共完成半结构化问卷 253 份，有效问卷 237 份，有效率 93.7%；对家庭照护者共完成访谈 76 位。在资料分析方面，课题组对深度访谈的资料做了质性分析，同时对问卷调查中的有效样本进行编码，用 SPSS 20.0 对其进行统计分析，从而了解农村失能老人的长期照护服务现状。

## 二　G 镇失能老人基本情况调查

据该县统计年报数据显示，截至 2014 年底，全县有 60 周岁及以上老年人 37683 人，占全县总人口的 16.32%，按照国际老龄化标准②，该县已经进入老龄化社会，而且老龄化程度比较高。在课题组调查的 G 镇，根据 2014 年老龄办的统计结果，老龄化率高达 16.8%，因此，农村社会的养老问题更加严重，主要体现在以下几个方面。

### （一）失能人口多，程度高

随着经济社会的发展，农村的生活质量在逐步改善，农村人口的平均寿命不断延长，G 镇农村高龄老人在逐年增多，随之带来的是失能老年人口规模呈现不断增加的趋势。以往的文献研究中，我国老人的失能率精确度不高，数据在 2%—20% 之间，值差近 10 倍，这与以往研究样本的量以

---

① 本文结合 ADL 指标及 IADL 指标的完成情况来评估老年人的健康状况，在吃饭、穿衣、室内走动、如厕及控制大小便、洗澡、购物、社会交往七项指标中，一到两项"做不了"的，定义为"轻度失能"，三到四项"做不了"定义为"中度失能"，五到六项"做不了"的定义为"重度失能"。

② 60 岁以上人口占总人口比例达到 10%（或 65 岁以上人口占 7%）。

及代表性有限密切相关。① 随着人口老龄化的加快,农村老龄人口的失能
情况也有了一些变化。在 G 镇的调查中,失能老人 67 人,失能率高达
28.3%。其中,中度、重度失能的老人占老龄人口的 22.3%。从年龄分段
来看,70—79 岁失能老人数量为 41 人,中、重度失能老人 32 人,80 岁
及以上老人,失能数量为 19 人,中、重度失能老人 18 人(见表 1),他
们生活不能完全自理,自救能力差。导致失能老人健康受损的疾病是高血
压、脑卒中、冠心病及骨关节疾病。

表 1 年龄及失能程度分布

| 失能程度 年龄分布 | 轻度失能 | | 中度失能 | | 重度失能 | | 失能 | |
|---|---|---|---|---|---|---|---|---|
| | 人数(人) | 占比(%) | 人数(人) | 占比(%) | 人数(人) | 占比(%) | 人数(人) | 占比(%) |
| 60—69 岁 | 4 | 1.7 | 2 | 0.8 | 1 | 0.4 | 7 | 3.0 |
| 70—79 岁 | 9 | 3.8 | 20 | 8.4 | 12 | 5.1 | 41 | 17.3 |
| 80 岁及以上 | 1 | 0.4 | 7 | 3.0 | 11 | 4.6 | 19 | 8.0 |
| 合计 | 14 | 5.9 | 29 | 12.2 | 24 | 10.1 | 67 | 28.3 |

### (二)留守老人比例大

在陕南 G 镇,失能老人中大部分是留守老人,占总数 77.3%。造成
这一现状的原因是多重的:一方面陕南属于山地,务农已经不能解决全家
的生计,村庄青壮年劳动力的外出务工,使得村子空心化。另一方面,近
年来农村大部分村级小学撤并,许多年轻父母进城或进镇陪读也导致老人
缺乏监管。另外,陕南移民搬迁政策的落实,大多数搬迁户都是子女住新
房,老人或因耕种不便,或因与子女关系不和睦,仍然住在旧房。这些因
素致使留守老人、独居老人不断增多。在调查的 237 人中,留守老人身体
可以,能够自理半自理,子女给较少的生活补贴,主要靠自给的占
61.2%,他们认为只要不是瘫在床上,坚持耕种土地或从事少量养殖也是
一种生活习惯。但是,还有一些老人年事已高,需要有人照料的有
37.6%,当健康状况不允许他们再下地劳作时,生活就相当困难。

---

① 潘金洪等:《中国老年人口失能率及失能规模分析》,《南京人口管理干部学院学报》
2012 年第 10 期,第 3 页。

### （三）失能老人家庭经济困窘

经济状况是制约农村失能老人家庭生活水平以及照料质量的重要因素。农村失能老人的经济来源和城镇老人有很明显区别。据调查，失能老人主要经济来源是四项：务农；养老保险、高龄补贴；低保、政府救助；以及务工（零工），所占比重分别为37.3%、29.1%、14.1%、9.2%，他们基本没有子女赡养费这个概念，多数家庭子女通过提供粮食及衣物来尽孝道。因为无稳定经济来源，仅仅能维持生活，失能老人无力承担大病医疗，只能寄希望于自身身体康健。

从照护支出项目看，照护者给予老人的照护费用主要有两项：药品和生活费，均占调查人数的90%以上，而保健品和手术费的人数很少，分别占比14.5%、10.5%（见表2）。在农村护理费用几乎没有，只有四个家庭曾经因老人手术雇用过保姆。对老人的调查显示，农村失能老人在照护上所产生的支出项也是药品和生活费，老人的月花销普遍不高，500元以下的月花销占到了调查人数的79.3%，贫困家庭多，存在着"失能致贫"现象。老人最担心的养老问题是生病时没钱治和需要时没人照顾，97.5%农村老年人表示对于希望的社会支持还是资金帮助，多数老人提出希望政府能提高各种补贴和福利，由此看出了农村老人生活的艰辛。

表2　　　　　　　　　　　　照护支出项目调查表

| 照护支出项目 | 照护者 | | 老人 | |
|---|---|---|---|---|
| | 人数（人） | 百分比（%） | 人数（人） | 百分比（%） |
| 药品 | 75 | 98.7 | 158 | 66.7 |
| 生活费 | 76 | 100 | 124 | 52.3 |
| 保健品 | 11 | 14.5 | 22 | 9.3 |
| 手术费 | 8 | 10.5 | 24 | 10.1 |
| 保姆护理费 | 4 | 5.3 | 4 | 1.7 |

### （四）多数老人精神空寂

老人家庭中子女在外务工，平时很少回家，有的子女甚至一年半载连电话也很少打，"没有事情打什么电话呢"成了大多数老人给出的解释。老人因身体不便，平时很少和同村的人交往，有事连个说话的对象也没有，大部分老年人受"养儿防老"的传统思想影响，对子女依赖性强，子女长期不在身边，自然产生失落心理，长期的悲悯、自闭、自怜等消极情感造成了他们心情压抑，也引发一些身体健康问题。失能老人长期孤独、寂寞，尤其是身体有病时需要照料而子女无法及时赶到身边，使得老人对生活时常感到绝望。

## 三　农村失能老人长期照护的困境分析

当前，家庭养老还是我国农村的主要养老模式，在访谈中，家庭养老占调查人数的 93.8%，其中儿子照护占比 61.2%；因为儿子外出务工，儿媳照料占比 19.8%。造成农村失能老人依赖家庭养老的原因，一方面，农村家庭不具备养老服务购买力。89.2% 的照护者提出并没有能力支付其他养老方式，无论是机构养老还是购买家政服务。另一方面，农村社会养儿防老、终老家中仍是现在普遍尊崇的伦理道德观和行为方式，尽管是在市场经济的冲击下，多数老人的儿子并不在身边，但是受"面子"的束缚，老年人在观念上拒绝接受除家庭养老外的其他方式，子女也认为机构养老是子女不孝，是无子女老人的选择，会被村邻耻笑。

但是家庭失能老人长期照护中已经涌现了诸多现实的问题，特别是农村地区，因为农村社会养老保障的滞后性、农村人居环境的变迁、失能老人家庭照护的现实难题，都给家庭养老提出了严峻的挑战。

### （一）农村社会养老保障的滞后性

1. 农村社会福利覆盖面窄

当前我国农村社会福利供给与农村养老需求不一致。① 地处陕南的 G 镇社会福利设施还远远满足不了需求。其一，G 镇的调查中，农村老年人的福利目前仅仅停留在对"五保"老人的生活保障上，只有无子女的孤寡老人能够享受低保政策，保障水平也处于较低水平，大部分生活水平

---

① 吴忠民：《走向公正的中国社会》，山东人民出版社 2010 年版，第 116 页。

低下的农村失能老人并未纳入制度安排，只有年事较高者可以享受高龄补贴。因此，农村社会的福利覆盖面很窄。其二，在现有社会福利机构中，敬老院等公共机构进入有门槛，只有完全丧失劳动能力的无子女老人才能纳入。其三，据 G 镇老龄办介绍，农村养老方面不仅存在着巨大的养老资金的缺口，在工作方式上还存在着不足之处，如医疗救助费用报销机制不合理等，导致一些失能老人因慢性疾病而产生的费用长期得不到解决。

2. 养老服务产业发展落后

目前我国西北地区的养老护理行业尚处于传统的养老服务方式，居家养老主要依赖保姆服务，而这在陕南农村几乎不可行。究其原因，既和农村传统社会风俗相关，也与农村地区本身经济落后相连。首先，当地养老服务机构发展严重滞后，只有距离 G 镇 24 公里的县区有一个老年公寓，床位数 27 个，其接纳能力有限，一般农民家庭经济条件也不允许。其次，乡镇目前还没有成熟的其他形式的托管机构，有一个老年服务中心，但服务内容仅限于物质供给，因为很少有资金和人力支持基本处于停滞状态，难以为失能老人提供更实惠的服务。再次，农村家庭受经济收入的限制，很少有家庭愿意或者能够承担雇用保姆的费用，因此，除了个别家庭在老人住院期间曾请过保姆，绝大多数家庭都是子女亲属给予家庭照料。最后，保姆产业不发达，一些家庭想要雇用人来长期照料老人的却没有平台和市场，加上农村普遍护理人员工资待遇低，进一步制约了养老产业的发展。因此，当地养老服务产业举步维艰，加之农村社会防范老年失能的风险意识淡薄，留守老人、失独老人、失能半失能老人的日间照料和精神慰藉成为突出的社会问题。

## （二）农村人居环境的变迁

1. 务工经济下的空心化

老人空巢化成为农村空心化的集中体现，目前我国约有 5000 万农村留守老人，① 其中的高龄、失能和患病老年人的照料护理问题，已经引起社会各界的普遍关注。G 镇地处山区，本身耕地面积小，再加上退耕还林后每户只二三亩地，务农已经不能够维持生计的情况下，青壮年外出打工

① 黄建：《农村老年宜居社区建设评价体系研究》，《开放导报》2016 年第 2 期，第 75 页。

成了必然选择。在调查中，即使因为身体原因如尘肺而不能外出务工，他们外出打工的意愿依然非常强烈，这是由生活压力所做出的理性选择，因此，在权衡了更好的生活和在家照护老人之后，多数人还是选择前者。在调查中，86.7%的照护者都还存在盖房的债务压力，因此，在照护者压力很大的情况下，只能让老人留守。

2. 农村人际关系的改变

在农村，人际环境已经发生重要的变化，曾经的"远亲不如近邻"已经变成"各扫门前雪"，多数老人照护者谈到，在婚丧嫁娶大事上村人还是会帮忙，但是在照顾老人方面，请人帮忙很难行得通。在"照护老人方面，村委、邻居是否能够给予帮助"的回答上，不同意的占比35.5%，既不同意也不反对的占比27.6%，这足见邻居、村委能够给予的照顾很有限（见表3）。从访谈中进一步得知，即使收庄稼人手不够，都是用钱雇人，亲戚之间都很少帮忙，何况照顾老人。大部分失能老人家庭把希望寄托在自身康健，一旦患有疾病或遇意外伤害等情况，就会存在着急救及照护困难。虽然失能老人家庭大多经济状况差，但主要还是存在缺人照护的问题。

表3　　　　　　　　　　村委、邻居给予帮助情况

| 选项 | 人数（人） | 百分比 |
| --- | --- | --- |
| 完全同意 | 10 | 13.2 |
| 同意 | 18 | 23.7 |
| 既不同意也不反对 | 21 | 27.6 |
| 不同意 | 27 | 35.5 |
| 合计 | 76 | 100 |

**（三）失能老人家庭的现实难题**

1. 家庭重心的下移

农村教育资源的缺乏以及农村家庭教育观念的变化，使得很多家庭愿意把高额的成本投入到子女的教育中，它导致家庭代际关系的变化就是家庭关注的重心下移，从过去以尊老为核心转变为以爱幼为重点。家庭把主要的精力投入在下一代的抚养上，对于老人关心和照顾的意愿变弱，对于

老人的投入也就更少了，传统的家庭养老模式正逐步受到冲击。

然而我国现阶段农村养老最重要的支持是子女的供养，这不仅仅是经济上的供养，更重要的是生活上的照护。家庭小型化后，年轻子女家庭86.2%和老人分开居住，如果小家庭没有进城，基本都在本村或者临近村子问题还不大，日常生活是可以照料的；但是一旦子女因为择校而居住远离原生家庭，对老人的支持力就会明显下降。如果老人能够生活自理还可以，重度失能老人的日常起居就成了很大的社会问题。

2. 照护者压力感大

已有研究显示，被照顾者失能程度越重，照护时间、费用及对日常生活的影响，都会导致出现照护者压力感上升，甚至出现抑郁症状。[1] 在 G 镇的调查中，多数的照护者表达了他们照护老人的压力比较大，原因是多方面的：其一，长期照护的负重感。特别是对于老人的照护在五年及五年以上的，他们表达了长期照护和短期照看感受明显的不同，照护五年以上的家庭长期有压力感的占69.7%（见表4），他们感受的这种照护压力是随着时间的推移呈几何倍数增加的。其二，单独照护的无助与无奈。在本文中，单独照护是指对失能老人的医疗、生活提供唯一来源的情况，虽然有的失能老人有多个子女，但是只有一方负监护责任即视为单独照护。单独照护者感受长期有压力的占总访谈人数的60.5%，说明参与照护的家庭的多寡与压力感受程度有明显的正相关关系。其三，大量照料投入使照护者无法安排自身家庭和工作。[2] 由于失能老人身体状况导致需要更多的照料投入，主要是时间和精力，使子女觉得在照料提供与自己的家庭和工作之间安排不过来。其四，不看好的照护前景。多数长期照护者在谈话中提到了老人的身体每况愈下，这将使家庭于今后的很长时间被"经济紧张"、"感到疲惫、压抑、烦恼"、"照护者健康状况下降"等问题困扰。31.7%的照护者也曾考虑过请人照护，但是保姆市场照护老人比看护小孩的费用要高不少，而且要求更多，因此多数家庭对于长期照护找不到有效的解决措施也很忧虑。

城乡养老体系存在着巨大的差距，农村失能老人家庭面临着比城镇更

---

① 杜娟等：《北京市某城区失能老人家庭照顾者的抑郁情绪现况调查》，《中国心理卫生杂志》2014 年第 7 期，第 507—511 页。

② 熊波、石人炳：《长期失能老人照料决策研究——以个人资本为视角》，《南方人口》2012 年第 5 期，第 17—19 页。

为严峻的问题和压力，如何解决好农村失能老人的养老问题，这将是政府、社会公民组织、社会养老服务机构共同投入的一个系统工程。

表 4　　　　　　　　　　　　　照护者压力分析

| | | 烦躁、压力感 | | | | | | | |
|---|---|---|---|---|---|---|---|---|---|
| | | 从没有过 | | 偶尔 | | 长期 | | 合计 | |
| | | 人数（人） | 占比（%） | 人数（人） | 占比（%） | 人数（人） | 占比（%） | 人数（人） | 占比（%） |
| 照护方式 | 单独照护 | 1 | 1.3 | 8 | 10.5 | 46 | 60.5 | 55 | 72.4 |
| | 共同照护 | 3 | 3.9 | 6 | 7.9 | 12 | 15.8 | 21 | 27.6 |
| | 合计 | 4 | 5.3 | 14 | 18.4 | 58 | 76.3 | 76 | 100 |
| 照护时间 T | 1 年以内 | 1 | 1.3 | 1 | 1.3 | 0 | 0 | 2 | 2.6 |
| | 1 年≤T<2 年 | 0 | 0 | 1 | 1.3 | 0 | 0 | 1 | 1.3 |
| | 2 年≤T<5 年 | 0 | 0 | 4 | 5.3 | 5 | 6.6 | 9 | 11.8 |
| | 5 年及以上 | 3 | 3.9 | 8 | 10.5 | 53 | 69.7 | 64 | 84.2 |
| | 合计 | 4 | 5.3 | 14 | 18.4 | 58 | 76.3 | 76 | 100 |

## 四　福利多元主义视角下的失能老人长期照护对策

福利多元主义出现于 20 世纪 70 年代的西方国家，以工业化的快速发展和福利国家危机为背景。福利多元主义是指福利的规则、筹资和提供由不同的部门共同完成。[①] 农村养老的现实选择是家庭养老，在农村家庭养老功能日渐弱化的今天，农村养老服务的提供可以是政府、市场、家庭共同参与，因此，政府、企业、非营利组织、家庭和社区共同构建的社会化养老可能是农村失能老人照护服务的有效途径。

### （一）加大政府投入，优化农村养老环境
政府依然是社会福利的主要提供者，农村养老环境的改善是政府的责

―――――――――――

① 陆春丽、韩旭峰：《福利多元主义视角下农村社会化养老的可行性分析》，《湖北民族学院学报》（哲学社会科学版）2015 年第 1 期，第 52 页。

任和义务。在农村，由地方政府投入，加快养老服务设施建设；实施一些公益养老的财政补贴政策，通过政策引导、财政支持、减免税收等政策推动社会化养老机构的建设。

### 1. 加快农村养老服务体系建设

农村社区的养老服务设施建设要因地制宜、经济适用，通过分步推进，来建立灵活多样的多元化服务体系。一是建设农村幸福院。地方政府充分利用农村社区服务中心、农家大院、闲置校舍等资产，加快推进发展社区居家养老服务，将农村幸福院建设成农村老年人的日间照料中心，为农村居家老年人提供助餐、助浴、助洁等服务，并逐步实现农村社区老年人日间照料中心全覆盖。二是进一步拓展农村养老服务机构的功能。健全农村五保供养服务机构功能，在保证农村五保对象集中供养的前提下，支持供养机构改善设施条件并向社会开放，提高运营效益，增强护理功能，使之成为区域性养老服务中心。

### 2. 通过政策引导，加大对养老服务机构建设的扶持

一要保障建设用地。将养老服务设施建设用地纳入土地利用总体规划和年度用地计划，可将闲置的公益性用地调整为养老服务用地。民间资本兴办的非营利性养老机构与政府建立的养老机构享有相同的土地使用政策。对营利性养老机构建设用地，要按照国家对经营性用地的管理规定，优先保障供应，依法办理有偿用地手续。二要鼓励社会融资。依托当地旅游资源和生态资源优势，积极打造生态休闲健康养老品牌，吸引、推动社会资本进入养老服务事业，特别是鼓励吸引民间资本投入建设养老服务机构，以公建民营、民办公助、政府补贴、购买服务等方式支持养老服务机构建设。三要实行税费优惠。对养老机构提供的养护服务免征营业税，对非营利性养老机构自用房产、土地免征房产税，对符合条件的非营利性养老机构按规定免征企业所得税。对企事业单位、社会团体和个人向非营利性养老机构的捐赠，符合相关规定的，在计算应纳税所得额时依法按比例扣除。对非营利性养老机构建设免征有关行政事业性收费，营利性养老机构建设要减半征收有关行政事业性收费，养老机构用电、用水、用气、用热按居民生活类价格执行。

### （二）加强社区管理，提升农村卫生医疗保障能力

农村失能老人养老的关键是解决农村老人病有所医的问题。按照目前的农村医疗保险规定，只有住院才能享受较多的费用报销，而很多失能老人一年四季都离不开各类药品，需要专业的医疗服务。因此，一是完善农村社区医疗室的功能，定期开展健康检查，做好老年病的早期发现、早期诊断和早期治疗，控制病情发展，降低常见病、老年病的发病率和致残率，使老人不出家门就能享受到专业医护人士的照料、护理、保健等服务。二是积极推进医养结合的养老模式。卫生管理部门要支持有条件的农村社区养老机构设立医疗工作站。对一些常见老年病、慢性病能够做到防治和康复护理，以及一些基本的药物治疗。三是建立老人健康档案，社区卫生服务机构为辖区内的老年人建立健康档案，能够对失能老人的健康情况提供第一手的材料。

### （三）发挥非营利组织功能，建立帮扶保障机制

志愿者组织、高校、老年团体等各种社会服务机构也要发挥重要帮扶作用，他们工作的开展将弥补政府、社区管理的不足，也将督促相关部门和机构提升对失能老人的关注。

1. 搭建服务站点

非营利组织可以依托社区老年服务中心、村老年活动室、农家书屋等老年活动公共场所，成立老人服务中心，为失能老人提供助医、助餐等服务，也为老人提供心理疏导的交流平台，排解失能老人因身体不便或子女不在身边而产生的寂寞、无助的心理，让失能老人重新找到心理归属感，恢复对生活的希望和信心。

2. 建设养老服务队伍

鼓励各类志愿者组织发展为农村失能老人的各项服务活动。一是动员高校力量，高校可以把大学生参加养老服务志愿活动作为学生综合素质测评的一项指标。二是职业技术学校可以增设养老服务相关专业和课程，加快培养老年服务管理、医疗保健、护理康复、营养调配、心理咨询等专业人才。三是支持老年团体及退休人员定期参加失能老人的牵手帮扶活动。

3. 实现养老服务网络化管理

农村老人对"家"、"土地"的感情是根深蒂固的，这就让居家养老

成为目前老年人最理想的养老方式。逐步推进居家服务网络平台，是实现老年人在家接受服务的一条途径。一方面，以社区服务中心为依托，将志愿者与老人家庭通过网络构建"模拟家庭"，方便相互沟通和情感交流；另一方面，居家养老服务借助网络可以实现资源的优化配置，如家庭将照护需求提交给服务中心，中心根据需求联系养老服务企业和机构，为老年人提供家政预约、健康咨询、物品代购等适合老年人的服务项目。

4. 形成规范的服务制度

一是建立信息档案。服务中心对 60 周岁及以上的农村老人的健康状况进行调查摸底，建立以留守、高龄、特困、失能等为主的农村老人信息档案，并根据年龄、组别、家庭情况和身体健康状况等进行分门别类，及时滚动更新，实现动态化管理。二是建立联系制度。服务中心成员定期联系失能老人，通过走访谈心关注老人的健康及心理状况。

# 五　结论与讨论

家庭是法定养老主体和老年人养老的基本保障。然而，随着经济社会的转型和城乡群众生活方式的转变，全社会正面临家庭养老功能日益弱化问题，而这一问题在陕南农村显得尤为突出。实施居家养老，需要公共服务和子女亲情形成合力。一是地方政府要承担起提供社会福利的主要职能，完善社区养老设施配套建设，实施一些公益养老的财政补贴政策，用积极的政策推动社会化养老机构的建设。二是社区从强化公共医疗服务入手，着重解决老有所养、病有所医等问题。三是鼓励非营利组织积极投入对农村老人的关怀和服务，特别是高校大学生、志愿者组织、老年社团，从服务形式、服务制度都要加强管理和创新，为老人提供精神慰藉和亲情抚慰。四是尝试推广"模拟家庭"模式，志愿者与老人组成相对固定的家庭模式。通过有效地整合社会爱心资源，将护理员、志愿者、家属、老人等多方有机融合，逐步打造以"亲情服务"为基调、以"快乐养老"为目标的新型养老模式。

# 张载社会建设思想及其当代价值

吴　媚　李　卓　郭占锋*

## 一　问题的提出

张载，字子厚，生于凤翔郿县（今陕西眉县）横渠镇，人称"横渠先生"，是北宋时期一位重要的思想家。张载精心治学，躬身实践，在中国哲学史、教育史上产生了重要影响，因张载的弟子多系陕西关中人，所以他的学派被称为"关学"。2014 年，张载关学思想研讨会在其故里陕西眉县举办，来自国内高校及科研单位的 20 多名专家学者对张载关学思想进行了学术交流。在学术界张载的哲学思想备受重视，相比之下，学者对其社会建设思想的研究就显得关注不足。当前是国家大力推进社会建设的关键时期，孙本文、晏阳初和梁漱溟等乡村建设领军人物都认为农村社会建设是社会建设的一个重要组成部分，"推进农村社会建设才能从整体上推进社会建设"。①虽然，张载的社会建设思想生长在古代传统农业社会的土壤中，张载本人也因重视传统被冠以"迂腐"之名，但在细致地剖析其思想的来龙去脉之后就会发现其社会建设思想中蕴含着很多积极的元素。因张载众多思想的实践曾在关中地区展开，则必然在关中农村的文化传统中留有印记，应取其精华，去其糟粕，让优秀的传统思想成为孕育时代新思想、新观念的肥沃土壤，在新的时代中将继承传统并推陈出新，对

---

*　吴媚，西北农林科技大学人文社会发展学院社会工作硕士研究生；李卓，西北农林科技大学人文社会发展学院社会工作硕士研究生；郭占锋，博士，西北农林科技大学人文社会发展学院副教授，农村社会研究中心副主任。

①　王兵：《张载关学思想研讨会在眉县举办》，《宝鸡社会科学》2014 年第 4 期，第 64 页；周晓虹：《孙本文与 20 世纪上半叶的中国社会》，《社会学研究》2012 年第 3 期，第 14 页。

推动当代中国农村社会建设具有重要意义。本文对张载的社会建设思想进行了系统梳理，提炼出其核心观点，以期为当代中国农村社会建设，尤其是关中地区农村社会建设提供理论指导和经验借鉴。

## 二 近当代关于张载思想研究的文献述评

自 1956 年，张岱年先生的《张载——十一世纪中国唯物主义哲学家》出版问世以来，学术界掀起了研究张载及其关学的热潮，龚杰、姜国柱等多位学者相继出版了关于张载的哲学专著。曹得本先生在其论著《中国传统民本思想述评》中较早地点明了张载政治思想中的民本思想，认为张载从积极的方面继承和发扬了儒家传统的民本思想。在北宋初期的历史条件下，主张以民为本，注重民生，强调均平，具有积极意义。[①] 萧公权先生将宋代的政治思想分为"理学"和"功力"两派，"前者承唐代学术之余绪而光大之，后者惩国势之积弱而思振救之。二者均依傍孔氏而不守于秦汉师法"[②]。学者李蕉认为张载表面上高举复古主义的旗帜坚守儒道，但其思想内部却蕴含着鲜活的生命力，其政治蓝图的构架、重心和精神气韵无不体现了思想家在新形势下为弘扬儒道所进行的苦苦追寻。[③]学者燕国材对张载的教育心理思想、差异心理思想和教师心理思想进行分析研究，为当代教育心理学的发展奠定基础。[④] 学者孔令华认为张载继承和发扬了先秦以来教育家的教育思想，并结合教育实践提出了许多精辟而独到的教育理论和主张，对张载的教育教学思想，应当坚持科学分析的态度，认真加以鉴别、借鉴和批判。[⑤] 学者刘平中对张载礼学的内在结构进行分析和勾勒，对张载礼学的结构体系进行了全面的认识和把握。[⑥] 学者潘斌在前人对张载礼学研究的基础上，重点从"三礼"文本诠释的角度，对张载的礼学思想做进一步探讨，探索张载思想中学术与实用、理想与现

---

① 曹得本：《中国传统民本思想述评》，吉林大学出版 1987 年版，第 109 页。
② 萧公权：《中国政治思想史》，辽宁教育出版社 1998 年版，第 410 页。
③ 李蕉：《守道与思归——从张载政治蓝图的复古倾向论其内在追寻》，《政治学研究》2010 年第 1 期，第 106—116 页。
④ 燕国材：《张载的教育心理思想研究》，《江西教育科研》1994 年第 5 期，第 68—72 页。
⑤ 孔令华：《张载的教育思想探微》，《理论导刊》2007 年第 2 期，第 106—108 页。
⑥ 刘平中：《张载礼学体系结构探论》，《江西社会科学》2010 年第 1 期，第 121—125 页。

实之间的关系。①

　　如上所述，当前学术界关于张载思想的研究大多集中于哲学领域，部分学者对其政治思想、教育思想和礼学思想等方面进行了研究，但关于张载社会建设思想的研究则较少，且多为纯理论性研究。在为数不多的张载社会建设思想及其当代价值的研究中，多是关于和谐社会、生态建设和文化建设的研究。如学者杨亚利认为张载关于社会和谐的思想主要包括四个方面："为万世开太平"的人文关怀，"民吾同胞"的社会和谐理想，"利民、足民"的治理社会宗旨，恢复井田制以求均平的社会改革方案。张载关于社会和谐的思想对于当代构建社会主义和谐社会仍值得借鉴。② 王处辉等认为"民胞物与"是11世纪思想家张载为解决社会贫困而建构的新型理想社会，该理想的产生与张载独特的社会视觉有直接的关系。社会平等作为这一理想的核心与奋斗目标，开启了中国古代社会对理想社会的新追求。③ 郝保权等提出为了应对严重的时代危机，张载礼学为儒家的伦理道德秩序寻找到了更为坚实的理论依据，同时把超越的"天道性命"落实到了个人的修身实践和社会教化使命之中。在"明体达用"的前提下，张载有效地兼顾了儒家礼学的超越性和时代性，具有丰富的现实意义。④ 学者林乐昌认为在张载的生态伦理观与社会伦理观之间具有较强的相关性甚至一致性，这二者都以张载的天道论和宇宙论哲学为基础。张载的人与自然和谐观对当代重建人与自然之间的新型关系具有重要启示意义。⑤ 刘天杰认为张载哲学以《易》为出发点，在"太虚即气"的宇宙本体论基础上建立了"天人合一"的儒家新伦理体系。这些思想对当代中国营造和谐共生的生态文明社会无疑具有重要的现实意义。⑥ 王雪婴认为张载及其所开创的关学，对传统儒家学派的价值体系进行了整合和创

---

① 潘斌：《张载礼学思想探论》，《社会科学研究》2015年第6期，第156—160页。

② 杨亚利：《论张载的社会和谐思想》，《学习论坛》2007年第9期，第54—56页。

③ 王处辉、宣朝庆：《张载社会视觉中的"民胞物与"理想及其时代性》，《南开学报》2004年第1期，第25—30页。

④ 郝保权：《论张载礼学的社会教化功能与现实意义》，《西北大学学报》2010年第5期，第63—66页。

⑤ 林乐昌：《论张载的生态伦理观及其天道论基础——兼论张载生态伦理观的现代意义》，《孔子研究》2013年第2期，第66—75页。

⑥ 刘天杰：《张载的"民胞物与"论及其现代意蕴》，《江西社会科学》2007年第4期，第49—53页。

新，其伦理精华"民胞物与"的社会理想与"四为"的儒家道德践履精神，对当代贯彻落实科学发展观与构建和谐社会都具有启示意义，关中历史文化底蕴丰厚，地域文化建设得天独厚，应该在关学传统的影响下，不断提升其文化建设的人文气质，在展示盛世文化的同时，增强对传统文化基本精神的价值提炼。①

总之，关于张载思想的研究主要集中在哲学和政治学领域，对张载社会建设思想的挖掘和研究较少，在当前中国进行和谐社会建设和推进新农村建设的时代背景下，认真研究和总结张载的社会建设思想对当代中国农村社会建设，尤其是关中地区农村社会建设有着极其重要的理论指导意义。

## 三　张载对古代社会建设的理性思考及其实践

张载的社会建设思想并非空穴来风，当时的北宋可谓积贫积弱、危机重重，在这样的时代背景下，包括张载在内的宋代新儒家，承担起儒家"修身、齐家、治国、平天下"的社会建设使命，他们希望用毕生所学报效国家，服务社会，于是张载关于古代社会建设的思想就此诞生，而且不仅有宏伟的社会建设理想，更将其付诸实践。张载的社会建设思想主要体现在下述三个层面。

### （一）构建社会建设纲领

"为天地立心，为生民立命，为往圣继绝学，为万世开太平。"② 这"横渠四句"，只有 22 个字，但却是张载作为一个宋代新儒家毕生奋斗的社会愿景，是其社会建设的最高理想，体现出张载社会建设思想的精神气韵和终极关怀。张载认为导致当时各种危机的根源在于佛教盛行、价值的缺失，因此要立心、立道，"为天地立心"便是其"行道"的起点，是张载整个社会建设思想的价值观体现，成为后续制定各种制度的出发点和考核各项制度实施的标准。所谓"为生民立命"，就是张载希望自己的"道"能够让天下百姓安身立命，在社会动荡、佛教盛行的情况下，百姓

---

① 王雪婴：《"民胞物与"的关学传统与当代西安地域文化建设》，《陕西社会主义学院学报》2012 年第 7 期，第 31—33 页。

② 张载：《近思录拾遗》，《张载集》，中华书局 1978 年版，第 377 页。

不知自己为什么而活，将希望寄托于虚无的"彼岸"，张载希望通过"立道"让百姓确立生命的价值与意义，重新找回生活的希望，同时让"民有所养"，充分体现了儒家的传统关怀。"为往圣继绝学"是其希望自己的"道"可以继承衣钵。张载意识到失去"道学"的危险，他在继承儒家思想的基础上，重视"学"对"政"的指导作用。最后，"为万世开太平"是针对未来的国家命运，张载希望"道"能够广被天下，而万世太平。张载特别强调"万世"的太平，而不是汉、唐的短暂太平，要实现万世太平必定要进行"王道之治"，以实现国家的长治久安。[①]　"横渠四句"作为张载社会建设的纲领始终遵循着从"立心"到"太平"的内在逻辑，指导着社会建设蓝图的规划和实践活动。冯友兰先生曾在他的《中国哲学史》中说："吾先哲之思想，有不必无错误者，然'为天地立心，为生民立命，为往圣继绝学，为万世开太平'，乃吾一切先哲著书立说之宗旨。无论其派别何为，而其言之字里行间，皆有此精神之弥漫，则善读者可觉知也。"[②]　由此可见，张载的思想对后世影响深远。

### （二）描摹社会建设蓝图

针对北宋时期积贫积弱的现实问题，张载提出了以"井田、封建、宗法"为主干的"回复三代"的社会建设蓝图，但是这一社会建设的方案多被冠以迂腐刻板之名而不被重视，张载社会建设的思想也因此被否定。但仔细分析其思想的来龙去脉便会发现他所提出的"回复三代"并非简单的复古，而是根据当时的环境进行积极探索，其思想内部蕴含着鲜活的生命力。

针对北宋土地兼并日益严重的社会现实，张载提出井田制的方案，是其整个救国方案的起点。张载指出："治天下不由井地，终无由得平，周道止是均平。"（《周礼》）可是要平等地划分土地，必须要有土地可分，土地从何而来，张载提出"以地换权"与"选贤举能"。其言："其多田者使不失其为富。……随土多少与一官，使有租税不失故物"[③]，即地主用自家多余的土地换取"田官"的职位，然后将收回的土地分给别人，实现人人有土地。井田制实施一二十年后，另立新法，田官的任命改为选

---

① 李蕉：《张载政治思想述论》，中华书局 2011 年版，第 89—90 页。
② 冯友兰：《中国哲学史》，中华书局 1961 年版，第 2 页。
③ 《张载集》，中华书局 1978 年版，第 233 页。

贤任能，使地主最终因融入官僚阶层而消失，农民的地位相应提高。针对北宋高度中央集权的现实问题，为配合井田制有效地实施，张载提出封建制，同时发扬儒家"贤能治国"的传统，对君主提出要求，并且用"法"来限制"世禄之家"的特权。认为封建制是简政治国的最佳选择，是繁荣经济的重要政体，可以加强并扩大"井田"带来的生产能力，是解决北宋积贫积弱的根本途径。针对当时社会上佛教盛行的现实问题，张载提出其社会建设蓝图的第三个重要内容即"重建宗法"，因为在张载心目中，土地的平等分配只是迈向理想社会的必要条件，而不是变更风俗、建设"民胞物与"社会理想的充分条件。[①] 张载认为，要"管摄天下人心，收宗族，厚风俗"[②]，并认为"宗法既立，则人人各知来处，朝廷大有所益"[③]。也就是说重建宗法，可以通过宗族中的仁爱精神来挽救危恶的人心，找回流失的风俗。张载还希望能用宗法制重建秩序，培养人们的责任感与荣誉感，达到安邦定国的社会建设目的。三者有机配合共同构成张载社会建设的方案，尽管他的思想具有历史的局限性，方案未能有效实施，但在当时的社会背景下，他的社会建设思想仍然具有一定的积极意义。

### （三）进行社会建设实践

张载的社会建设方案并非只停留在思想层面，他及其门生以"不可为而为之"的精神，勇于实践，走向田野、走向乡间，努力促成当局社会政策的转变。为了实施井田制的方案，张载在家乡买了一块地，与学生们一起进行井田试验，他对学生讲："纵不能行之天下，犹可验之一乡。"当时张载把田地"画为数井，上不失公家之赋役，退以其私正经界，分宅里，立敛法，广储蓄，兴学校，成礼俗，救恤患，敦本抑末，足以推先王之遗意，明当今之可行。"[④] 至今在横渠镇崖下村、扶风午井镇、长安子午镇仍保存着遗迹，流传着"横渠八水验井田"的故事。可惜的是，张载的试验并未引起处于内忧外患的北宋王朝的重视，没有在全国范围内产生实际的效用，张载的大部分社会建设构想在其有生之年都未能实现，

---

① 王处辉、宣朝庆：《张载社会视觉中的"民胞物与"理想及其时代性》，《南开学报》2004 年第 1 期，第 25—30 页。

② 《张载集》，中华书局 1978 年版，第 233 页。

③ 同上。

④ 吕大临：《横渠先生行状》，《张载集》，中华书局 1978 年版，第 384 页。

但其弟子吕氏兄弟将其思想继续传承，建立了著名的"乡约"，著成《蓝田吕氏乡约》这一中国历史上第一部成文的较为完整的乡约。书中细化了张载社会建设思想，指出"乡约"的目的就是使乡人"德业相劝，过失相规，礼俗相交，患难相恤"①，即"乡约"就是邻里乡人互相劝勉共同遵守，以相互协助救济为目的的一种制度。详细论述了德业、过失、礼仪、处事的基本含义和相互关系，体现了浓厚的民间自治特点；乡人自愿加入；由乡人推选管理者；每日、每季一聚，使乡人相亲友爱；赏罚公开、议事民主。② 乡约是对张载改善风俗行为的继承和发展，充分体现了张载"以礼为教"的社会建设思想，不仅对关中地区的民俗民风产生了重要影响，而且经由后世的传承，影响中国近现代的社会建设。梁漱溟先生沿用张载的社会建设思想，以宋代《吕氏乡约》为原型在 20 世纪 20 年代后期至抗日战争初期进行"乡村建设运动"。被美国学者艾恺认为是近代唯一保持儒家的传统和骨气的学者，称其为"最后的儒家"。③

## 四　张载社会建设思想对当代农村社会建设的启示

张载生活在中国古代的传统农业社会，在特殊的时代背景下，形成了其关于社会建设的一整套思想，这些思想实际是一种以儒家文化为核心的"以礼化俗"的改革方案，"乡约"作为其思想的核心载体，之后发展为一整套系统而有效的地方自治制度，还有其独特的"张载民本观"，这些思想和实践无不体现其思想的活力和价值。在工业化的背景下，城市社会中的中国传统农耕文明已被现代化冲淡甚至消失，但是这些文化特征在中国农村社会仍然存在，同时农村社会面临着众多既存和新生问题。孙本文认为中国农村社会面临着农村经济问题、农村教育问题、农村卫生问题和农村组织问题。④ 而当下的新农村建设必须结合时代背景和农村问题的具体特点有效推进，所以张载的社会建设思想不仅对推动当时的社会进步具

---

① 吕大临：《横渠先生行状》，《张载集》，中华书局 1978 年版，第 384 页。

② 陈正奇、焦陆艳：《关学对关中地区民风民俗之影响》，《理论导刊》2010 年第 1 期，第 106—109 页。

③ ［美］艾恺：《最后的儒家——梁漱溟与中国现代化的两难》，冀建中译，江苏人民出版社 1995 年版，第 4 页。

④ 《孙本文文集》第 3 卷，社会科学文献出版社 2012 年版，第 77 页。

有重要的历史意义，而且对推进当代新农村建设也具有重要的参考价值和现实意义。

### （一）"改革三步走"：推动农村社会建设有序进行

仔细分析张载"三代之治"的社会建设方案。首先，"井田、封建、宗法"制度的提出具有针对性，主要为了解决当时北宋面临的经济、政治和文化方面的现实问题。其次，"井田、封建、宗法"制度相互配合，彼此支撑，体现出其社会建设思想的合理性与灵活性。最后，改革坚持"三步走"战略，"井田"是第一步，他认为现实社会出现的问题，原因是不能足民，人民的欲望得不到满足。他举例说："子之不欲，虽赏之不窃，欲生于不足则民盗，能使无欲则民不为盗。假设以子不欲之物赏子，使窃其所欲，子必不窃。"① 所以要先通过"井田"达到经济富足，之后再依靠"封建"达到政治稳定，第三步是凭借"宗法"净化伦理德行。从经济到政治再到文化的三步计划是张载结合国计民生现实状况的思考，秉持了儒家一贯的"先富后教"理念。面对近代以来的农村社会问题，以晏阳初为代表的乡建学派认为"愚"、"穷"、"弱"、"私"是农村社会的四大问题，并相应地提出要通过文艺教育、生计教育、卫生教育、公民教育来解决。② 还有众多的农村建设学者对解决农村问题出谋划策，但是很少有学者对农村问题的解决、农村社会建设有清晰的规划。今天的新农村该如何建设，多数欠发达农村地区的地方政府缺乏统筹安排，为积极响应城乡一体化的号召，盲目地发展当地经济，只注重硬件建设，只看当地经济收入，不顾地方自治组织等政治建设和文化建设，更加忽视村民的意见和态度。还有些地区认识到新农村建设不能只建设经济，应该追求政治、经济和文化的全面发展，盲目照搬发达地区的政治制度和文化建设方案，完全不顾当地经济发展水平，浪费人力、财力和物力。这些思路不利于农村社会建设的长远发展，在这方面，张载的古代社会建设思想给予我们启示，政府必须有明确的统筹和系统的安排，根据当地的现实问题和条件，制定经济、政治和文化方面的具体发展方案，具体发展方案之间应该相互配合、彼此支持、相互补充，有步骤地实施。

---

① 晏阳初、［美］赛珍珠：《告语人民》，广西师范大学出版社 2003 年版，第 147 页。
② 《张载集·正蒙》，中华书局 1978 年版，第 456 页。

### （二）"以礼化俗"：农村社会建设应追求"利民"

从本质上讲，张载的社会建设方案不仅重视物质层面的建设，更追求精神层面和物质层面的同步发展，是以"宗法"为核心的文化改革，是一条作为儒者所进行的"以礼化俗"的行道路径。在当时，张载和王安石都口称依据《周礼》"回复三代"，但两者有着实质的差别。王安石是功利思想的践行者，其"三代"只是"借其名高以服众人之口"，变革只需"法其意"即可，① 其精神实质是重"利"；而张载的"三代"是"道"，精神实质是重"礼"。在变革策略上，王安石采取"顿革"，是与张载主张通过"以礼化俗"的文化手段逐步实施"渐化"相违背的，王安石变法的失败恰恰说明其思想的不足。钱穆先生曾指出："在王安石改革失败以后，新儒家开始普遍认识到外部世界是极难改造的，在精神的内部世界先有进步之前，外部世界缺乏能更新它自身的任何内在力量。"② 张载学说的"以礼为教"，就是希望通过恢复传统的礼仪制度来改变当时的社会风气，建立有礼有序的礼制社会。梁漱溟先生曾经概括中国古代社会的特质说："安排伦理名分以组织社会"，"设为礼乐揖让以涵养理性"。③ 张载主张用宗法原则来处理人与人之间的相互关系，他指出："尊高年，所以长其长，慈孤弱，所以幼其幼。圣其合德，贤其秀也。"④ 张载"以礼为教"的社会建设思想，成为关学精神的核心，对关中民风民俗的形成产生重要影响。对此，二程称赞道："关中之士，语学而及政，论政而及礼乐兵刑之学，庶几善学者。"⑤ 而随着现代化的推进，关中农村社会的许多民俗民风已经不复存在，在当下的新农村建设中也只是单向度地发展农村经济、推进农村的基础设施和农民的居住环境等硬件的改善，政府多采取王安石当时的功利思想，企图达到农村社会的"顿革"，对于农村社会伦理关系的混乱、道德水平滑坡、村委管理混乱等现象置之不理，这样不利于农村社会长期的发展、政治的稳定与和谐社会的构建。在农村社会建设中，针对农村社会出现的种种问题，合理转换儒家礼学，使

① 卢国龙：《宋儒微言》，华夏出版社 2001 年版，第 99 页。
② 钱穆：《中国近三百年学术史》第 1 卷，商务印书馆 1997 年版，第 1—5 页。
③ 《梁漱溟全集》第 3 卷，山东人民出版社 1990 年版，第 110 页。
④ 晏阳初、［美］赛珍珠：《告语人民》，广西师范大学出版社 2003 年版，第 147 页。
⑤ 程颐、程颢：《二程集》，中华书局 1978 年版，第 196 页。

其适应现代化的需求，发挥其社会功能，有效地推动农村经济、社会的发展。总之，地方政府在进行农村社会建设时，不能只顾建"城"，而忽视"市"的建设，更不能忽视相应文化和民众观念的转化与建设。[①] 在这一点上，张载运用"以礼化俗"的文化手段，追求物质与精神并重，实现社会"渐化"的社会建设思想具有重要的理论价值和现实意义。

### （三）"民胞物与"：推进社会主义新农村建设

在张载的古代社会建设思想和实践中贯穿着"民胞物与"的理念，其中内含的"和谐"思想是中国传统文化"和"思想的发展高峰。张载"民胞物与"思想的理论基础是天人一体、自然与社会同构的宇宙本体论，是具有中国传统特色的平等思想与博爱思想的统一，强调了人类的互爱和人与自然的和谐，反映了古代中国人的自觉意识和责任感，放射出了理想主义的光芒。[②] 可见当代中国和谐社会的建设主题，追求人与自然及人与人之间的和谐早在宋代的张载就已提出。当下中国农村社会正在如火如荼地开展建设中，部分地区仍在走先污染后治理的老路，只求眼下的经济增长目标，不顾逐渐扩大的贫富差距。笔者调查的关中某村，当地政府为了响应城乡一体化、新农村建设的口号，努力发展当地经济，将民营的化工厂引进村庄，带动了本村的经济，村民纷纷到厂内工作，生活水平提高，但随之而来的是环境污染和贫富差距拉大等问题。由于工厂长年排放废水和废气，方圆百里内的土地不能耕种，村民患上各种奇怪的病。与村干部有关系的村民从中牟取暴利，进城买房居住，而普通百姓只能呼吸着污染的空气在一线工作，收入甚少，而镇政府却将其视为新农村建设的典型示范村进行宣传，未免太过牵强。张载生活的农耕文明时代，人们考虑的是如何顺应自然来获得更多的物质财富，对自然没有大规模破坏，但他仍会提倡和谐相处。那么在当前工商文明时代，人类为实现工业化对自然的破坏已经遭到自然的报复，在建设农村社会中若依旧不知悔改，就严重违背了农村社会建设的初衷。在张载"民胞物与"的思想中更重视人与人的和谐，张载主张恢复宗法制度，建立农村公社中社会救助制度，充分

---

① 郭占锋、付少平：《孙本文乡村社会建设思想略述》，《哈尔滨工业大学学报》2014年第3期，第30—33页。

② 王雪婴：《"民胞物与"的关学传统与当代西安地域文化建设》，《陕西社会主义学院学报》2012年第7期，第31—33页。

保护弱势群体。这对当代农村社会建设具有重要意义。农村建设不能任由贫富差距拉大，地方政府要做好弱势群体的救助工作，这是保障农村社会安定和谐的重点。"民胞物与"对农村社会建设中人与自然、人与人的和谐观具有现代启迪，它要求在人与人之间和睦如兄弟，人与自然和睦如一家。如果在农村社会建设中人类能够把世界万物都当作自己的伙伴而平等善待，就会减少在农村社会建设中出现的诸多问题，真正达到新农村建设的目标，建成和谐新农村。

### （四）"学政不二"：学者参与农村社会建设

在北宋这个特定的历史时期，新兴的"士"阶层不但以文化主体自居，更具有高度的社会建设主体意识，范仲淹"先天下之忧而忧，后天下之乐而乐"的名句，成为一代文人的治学动力和崇高理想。张载更以"学政不二"自居，"为天地立心，为生民立命，为圣王继绝学，为万世开太平"是张载毕生为之奋斗的社会愿景，是其社会建设的最高理想。张载强调"士的责任感"，其心、性、理、气等形而上层面的哲学思想无不是为了实现儒家"修身、齐家、治国、平天下"的政治使命。同样，张载的社会建设思想中也无处不体现其深刻的哲学思想，一脉相承，做到了"学政不二"的高度统一。当前农村社会建设正处在社会主义新农村建设的探索阶段，需要政策的建议者和政策实施的谋划者，以保证具有合理的政策并使各项政策有序地开展和实施，社会学者有理论基础的同时从事社会事业，承担起这一任务最为合适。社会学巨擘孙本文希望社会学者能根据社会学理论与本国社会事业，而创建出一种适合于中国社会需要的应用社会学来。① 费孝通在《江村经济》中提到，正确地了解当前存在的以事实为依据的情况，将有助于引导这种变迁趋向于所期望的结果。社会科学的功能就在于"志在富民"、"经世致用"。② 当代社会学家对于社会科学功能的定义和对社会学者责任的认识与北宋张载"学政不二"、"士"的责任感等思想如出一辙，社会科学要充分发挥指导社会变迁的作用，尤其是当代农村社会的建设，对于农村社会问题的认识一定要深入透彻。在此基础上，筹划精湛的计划和思路，提出合理的社会建设方案，承担起作

---

① 郑杭生、李迎生：《中国早期社会学综合学派的集大成者——孙本文的社会学探索》，《江苏社会科学》1999 年第 1 期，第 162—163 页。

② 费孝通：《江村经济》，商务印书馆 2005 年版，第 21 页。

为知识分子的责任。因此，社会学者需要学习的不仅是张载的社会建设思想，还有其作为"士"的责任感，取其精华，将其运用到当代农村社会建设中，对农村社会建设具有重要意义。

　　总之，张载作为宋代重要的思想家，值得借鉴的不只是其哲学思想，社会建设思想同样具有一定的合理性和进步性。在当前中国社会主义新农村建设的时代背景下，认真深入地研究张载的社会建设思想，对当代中国农村社会建设，尤其是关中地区农村社会建设有着极其重要的意义。

# 关中新型农村社区民居设计与研究

赵强社[*]

## 一　问题的提出

传统民居建筑是人们日常生活、生产行为活动的物质载体,是人们长期在生产、生活的实践中,因地制宜顺应自然的结果。中国传统民居所表现的建筑风格,是中国古代建筑技术和艺术的综合反映。经过千百年的历练,它已形成了独特的居住环境和住宅体系,有着独特的文化内涵,深深地打上了地理环境的烙印,生动地反映了人与自然的关系。随着我国城镇化进程的加快和新农村建设的展开,道路、供电和供水等基础设施和农村面貌得到明显改善。与此同时,农村生产生活发生了深刻的变革,广泛波及居住方式的改变。信息化时代的到来,外来文化的冲击,许多民俗文化被淡化,也导致了民居的趋同现象。在新民居建设中,新建房屋缺乏针对性,没有户型、保温隔热和防火抗震等设计,土地利用、功能、空间均无法满足发展变化中的实际需求,缺少既体现农村现代生活又符合地域特色的相关研究,建筑外观一味模仿城市住宅,形式雷同,千村一面,建筑形态单一,地域特点严重缺失。

建设新型农村社区,是城乡经济社会体制和城乡空间格局、利益格局、资源格局的重大变革,顺应了工业化、城镇化、信息化与农业现代化同步发展的趋势,反映了广大农民群众改善生产生活条件的愿望和期待。咸阳市出台了《关于加快新型农村社区建设的实施意见》,要求按照规模适度、设施完善、产业发展、生活便利、管理有序、服务均等、生态宜居

---

的标准加快推进新型农村社区建设步伐，实现农民就地城镇化。在推进新型农村社区建设过程中，我们肩负的责任不仅仅是为农民建造舒适宜居的房子，更重要的任务是在咸阳乃至关中地区使传统民居得到保护，焕发出新的生命力，让先辈们的生存智慧在现代城乡建设体系中得到传承。为此，本文拟通过对关中民居发展现状和节约用地、传承与创新、技术策略等方面的分析和研究，合理确定新型农村社区民居建筑设计目标，归纳整理各类户型及组合模式，为各县区深入开展新型农村社区建设提供户型参考，为广大人民群众建房免费提供户型样本，以期将关中民居风格、建筑文化发扬光大。

## 二　关中农村民居的现状和问题

### （一）关中农村民居的历史沿革

关中农村民居建设，从新中国成立以来大致可划分为三个阶段：第一个阶段为 1979 年以前，关中农村住宅建设基本上沿袭着传统形式，建设以平房为主，只是逐步把简陋的草房改为土木或砖木结构的平房（见图 1）。

图 1　70 年代建造的农宅

关中农村住宅建设发展的第二个阶段，主要表现为许多经济条件改善后的农民对长期使用的旧有砖木结构住房进行了翻新改造，更多的农民抛弃了旧房，新建了砖混结构房屋（见图 2）。

图2　80年代建造的砖瓦房

　　第三个阶段即第二次村镇建设的高潮阶段，村镇低层楼房开始大量发展，各村落大规模建设已开始普及（见图3）。

图3　90年代建造的住宅

**（二）关中农村民居现状和问题**

1. 自发建设，村落风格杂乱无章

　　农村住宅建设过程中大量表现为一种分散、无序、自发的状况。另外，由于各户在建造时间上以及自身喜好的不同，建造手法任意拼凑，无法与毗邻建筑相互统一协调，致使村容村貌杂乱无章（见图4）。

图4　杂乱的建筑形象

## 2. 盲目建造，使用功能不合理

在设计时一味模仿城市住宅，忽略了农村生活的实际需求。外部造型单调乏味、乱抄乱仿，缺乏乡土气息；或文化趋同，千村一面、千宅一面，农村也成了水泥森林（见图5）。

图5　杂乱的庭院

图6　因质量问题废弃的住宅

### 3. 缺乏指导，建造施工质量堪忧

正因为农村居住建筑一般由广大群众自行建造，不但缺乏专业的建筑设计指导，施工也多由住户和邻里互相帮扶完成，缺乏施工质量监督，造成工程质量不合格，更有甚者出现严重质量事故（见图6）。

### 4. 拆建随意，资金土地资源浪费

随着经济的迅速发展，农村建房的周期不断缩短，建房过程中对经济发展和家庭需求变化缺乏科学的预测，建好的住宅过不了几年就出现了跟不上需求变化的问题，只能改建、重建，造成拆了建、建了拆的恶性循环，严重浪费土地。

图7　正在施工的民间施工队

### 5. 村庄管理缺位，设施滞后，周边环境影响恶劣

村庄无规划，建筑无设计，建造队伍无资质，监管无机构（见图7）。建设各类法规、规程、规范、标准等不适宜农村建设，致使广大新农村住宅建设处于无章可循、无人管理状态。缺乏现代化的基础设施，没有垃圾处理措施，造成道路崎岖、污水四溢、垃圾成堆、蚊蝇猖獗等环境非常恶

劣的景象（见图8）。

图8　雨后泥泞的道路、成堆的垃圾

## 三　关中地区传统民居特点分析

关中地区由于夏季酷暑，因此较多的宅院在平面布局上采用南北狭长的内庭，使内庭处在阴影区内以求夏季比较阴凉。因此，从一般民居形式与布局看，还是属于北方类型。其屋顶形式以硬山居多，瓦屋顶只做仰瓦。

### （一）村落形态

关中地区村落形态的形成与发展，与当地所处地理位置、气候特征、社会发展以及生活方式息息相关，如韩城党家村

图9　陕西韩城党家村村落平面图

村落布局（见图9），遵循"依山傍水、向阳背风、水源方便、不染尘埃"等原则，受村内宗族关系、地形地貌和内部街巷体系等的影响而形成现在的状态。

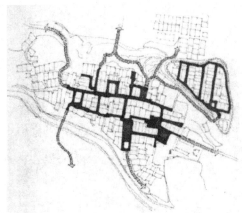

**图10　陕西韩城党家村街巷空间形态**

### （二）空间结构

党家村的外部空间与建筑所呈现的图底关系可以清晰地看出，典型的网络型街巷空间系统，可以满足村落不断扩大的需要（见图10）。

### （三）公共活动空间布局

在民居村落的演化发展过程中，必定会衍生出一些公共的社会性空间以满足人们日常交流的心理需求，凡是具有向心性特征的地点都有可能成为村落的公共场所空间（见图11）。场所在聚落群居生活中起着关键性作用，使聚落中的人群有了公共性质的社会生活与人际交往，公共场所空间的性质与人们在其中的活动性质有着紧密的联系。

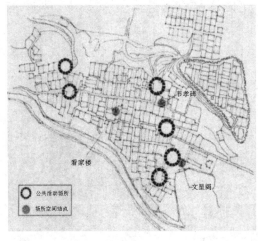

节孝碑

看家楼

文星阁

○ 公共活动场所
● 场所空间结点

**图11　陕西韩城党家村公共活动空间布局**

### （四）平面布局

关中民居一般都沿袭着传统的合院式基本布局形式，但不同的是因一般用地较窄，内院狭长居多，形成窄院格局。关中地区因夏季炎热，所以在民居中对怎样防晒比较重视，窄院凭借两侧厢房遮蔽，可使内院在大部分时间处于阴影中，供人庇荫。同时，院落较窄，减少了宅基用地的面宽，加大了进深，可节约建筑用地，这对于土地肥沃、人烟稠密的关中地区尤为重要。归纳起来，关中民居的平面模式有：独院式与多进式。

1. 独院式

这是关中常用的民居平面布局形式，空间感窄长，其布局是在充分考虑了关中地区地少人多的现实因素后，做出的应答式设计，占地少、面积利用充分（见图12）。

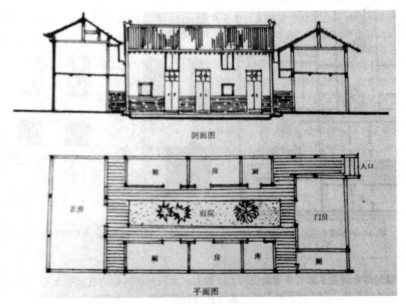

图12　关中地区独院式平面示意图

## 2. 多进式

这种院落布局方式在关中城镇中较为常见，它由独院式民居沿纵深方向重复组合而成（见图13）。

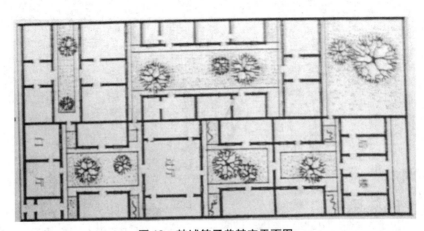

图13　韩城箔子巷某宅平面图

### （五）空间处理手法

**1. 独特的窄院式空间**

关中地区民居的庭院形式及其空间尺度，是受关中地区地少人多的外因决定的。这种窄院的优点是不仅节约用地，也解决遮阳、避暑、通风和室外排水等问题（见图14）。

图14　窄院空间

**2. 庭院绿化**

由于关中地区民居庭院窄，面积小，多数是在窄院内利用绿化、小品等处理手法增添了天井小院的舒适、安静的生活气氛（见图15）。

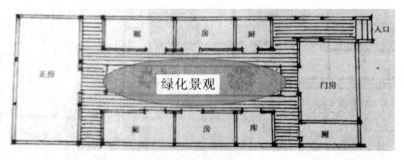

图15　庭院绿化

**3. 空间渗透**

由于厅、廊、庭院相互贯通，不仅给室内外空间相互延伸创造了条件，也形成了一种有层次的通透和扩大空间的效果，使得宅院的空间更加宜人（见图 16）。

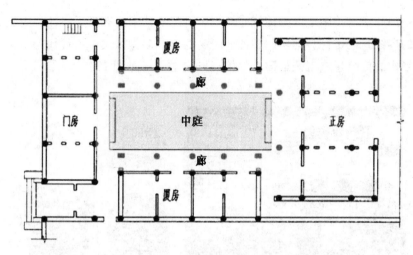

**图 16　三原某民居窄院中空间的渗透性处理**

4. 空间组织和分隔

在关中地区民居中，有在窄院四周设檐廊的传统做法，当地人称之为"歇阳"。檐廊是室内外空间的交会处，具有交通联系、遮阳、避雨等功能，也是人们文化活动和休息的场所。

**（六）建筑造型**

倒座临街、两山墙临街等是两种关中民居外观最常用的处理手法（见图 17）。很多建筑用土坯或夯土墙，土坯墙下砌青砖勒脚，屋面铺小青瓦。

倒座临街

山墙临街

**图 17　关中民居典型外观**

**（七）建筑细部处理**

陕西民居的重点装饰部位主要是入口门楼、檐部、壁面、山墙、马头墙、屋脊、门窗及室内装修等部分。代代相传、精工细作的传统建造工艺在民居的细部装修中得到了充分反映。

1. 门窗

门和窗在关中地区的传统建筑当中是建筑艺术的表现手段，是内外空间的界线，也是社会地位的表征。门窗的形式多样是关中人代代相传、精工细作的传统建造工艺最重要的体现形式之一（见图18）。

图18　关中地区门窗形制

2. 影壁

影壁是陕西传统建筑中的重要构成元素，其不仅有玄关的作用，可以拉开人的视觉层次，还有精神方面的功能，能提升空间意味、引起人们的遐想以及向下一空间探索的兴趣（见图19）。

图19　关中地区建筑中各类影壁

### 3. 屋顶

关中传统建筑中的正房屋顶均为硬山坡顶，厢房和下房一般为单坡顶。屋顶造型以其独特的形式格局以及所传达的"天人合一"的思想精神而成为关中建筑甚至是中国传统建筑独具代表性的符号（见图20）。

图20　关中地区屋顶形制

### 4. 砖雕、木雕

关中地区的砖雕和木雕是在材料上雕刻人物、山水、花卉等图案，是当地建筑雕刻中很重要的一种艺术形式。主要用于房屋的屋顶、影壁、门窗等部分（见图21）。

图21　关中地区砖雕、木雕

## 四　以传统建筑语言写新型农村社区民居设计

### （一）设计理念

突出"传承历史、彰显文明、风情民居、诗意家园"主题，将文化元素充分体现到建筑风格上，守住传统根脉，珍藏历史记忆，实现地域个性（关中民居）、历史文脉（秦汉元素）和现代文明的有机统一。

传承与创新关中民居，将现代生活流线与传统建筑精粹水乳交融，更适合新型农村社区居民的居住习惯和心理需求，让更多的人感受到用现代精神诠释后的民居文化回归，同时使居住环境具备稳定、安全和归属感，人与环境达成和谐共生。建筑风格在保持传统建筑精髓、有效地融合现代建筑元素与现代设计理念、改变传统建筑功能使用的同时，增强建筑的识别性和个性，引领新关中民居的发展方向。

### （二）设计目标及适用范围

因地制宜，重视对传统民俗文化的继承和利用，体现地方乡土特色，并且与周边环境相协调。在方案设计时综合考虑用地条件、选型、朝向、间距、绿地、层数与密度的布置、群体联排组合、居民的生活习惯和生产生活需要，坚持适用、经济易建、美观、结构简单安全、卫生的原则，对房屋位置、功能空间、结构、庭院、围墙、门户、卫生设施等合理布局、科学设计，充分体现建筑的多样性和统一性，为新型农村社区居住人群提供更为舒适、适用的建筑与环境。设计方案适用咸阳乃至关中地区城镇规划用地范围内的新型农村社区、城镇规划用地范围外的新型农村社区、平原区新型农村社区、山地、台塬区新型农村社区、就地改建型新型农村社区、异地新建型新型农村社区。

### （三）设计依据

按照习近平总书记提出的"让居民望得见山、看得见水、记得住乡愁"的要求及《陕西省新型农村社区建设规划编制技术导则》，对新型农村社区民居建筑应有以下设计依据。

1. 在设计目标上体现特色性和多样性

建筑设计应因地制宜，重视对传统民俗文化的继承和利用，体现地方乡土特色，并且与周边环境相协调，杜绝出现千村一面现象。

2. 在布局上体现合理性

综合考虑用地条件、选型、朝向、间距、绿地、层数与密度的布置、群体组合、空间环境、使用者要求等多方面因素。采用院落组合、街坊组团等多形式灵活布置。

3. 在功能设计上体现实用性

建筑设计应尊重当地居民的生产生活习惯，低层住宅屋顶可根据实际需求设置一定面积的平屋顶用以晾晒粮食；住宅空间必须设置储藏室且储藏室的面积要根据具体社区居民的生产与生活方式而定；基础设施入户且每户应建水冲式卫生厕所，生活污水排入污水管网集中收集处理或排入沼气池等污水处理设施处理；用地应符合当地宅基地政策，并结合农用机具、车辆停放需要设计。坚持适用、经济、美观、安全、卫生的原则，对房屋位置、结构、走道、庭院、围墙、门户、卫生设施等合理布局。

4. 在建筑设计上体现节能性和安全性

建筑间距应以满足日照要求为基础，综合考虑采光、通风、消防、防震、管线埋设、视觉卫生等要求。新型农村社区居民住宅在经济条件允许的情况下，应积极采取建筑节能措施，尽量采用环保材料、保温材料，力争达到或接近节能指标。建筑结构的设计使用年限不应少于 50 年，其安全等级不应低于二级。根据国家规范抗震设防烈度为 6 度及以上地区的住宅结构必须进行抗震设计，其抗震设防类别不应低于丙类。

### （四）新型农村社区民居建筑设计要点

1. 节约集约用地

随着城市化进程的加快，农村家庭小型化趋势明显。成组成团的集中式居住宅院应是新型农村社区发展方向，通过技术策略控制建筑的面宽与进深，使每户都具有较小的体形系数，既有利于节能保温又有利于节地。

根据《陕西省新型农村社区建设规划编制技术导则》中对新型农村社区户均住宅用地标准的要求，参考咸阳地区各区县每户宅基地常见标准，城郊 2 分（约合 133 平方米）、2 分半（约合 167 平方米），塬川地 3 分（约合 200 平方米），探讨 2 分地、2 分半和 3 分地不同占地面积的空间划分和功能组织，形成节地型、经济型和舒适型三种住宅模式，在每种模式中，调整开间与进深的相对关系，又可形成不同的空间划分和功能组织，以适应相同用地、不同面宽下人们对居住户型合理性、经济性等不同的需求。从开间与进深双向维度，以及建筑组合的角度推敲有限用地的多种布局可能性，倡导家庭人口规模减小下的紧凑型居住模式，精细化的户型设计，是建筑设计体现节地概念的重要途径之一。

### 2. 功能多样

设计中充分尊重传统居住文化，传承传统院落文化精髓，合理组织院落空间。院落的设计不仅营造丰富内环境，创造生态小气候，使居住环境多样化且稳定、安全，具有强烈的居住归属感，同时在"过会"或遇红白事的时候，小小的内院可灵活变换为户外的聚会和礼仪场所（见图22）。

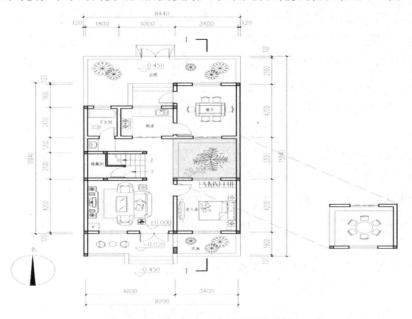

图22　院落布局：内院空间灵活利用

住宅的功能布局分区合理明确，设置南向的老人房并引入"炕"的概念为老人提供熟悉舒适的居住环境（见图23）。

图23　老人卧室

　　针对关中农村餐饮习惯和关中饮食，厨房尺度稍作放大，同时在客厅置大餐桌或开辟独立餐厅以适应节日家庭聚会使用。将传统的室外旱厕移至户内，建水冲式卫生厕所并尽量做到全明设计（见图24）。

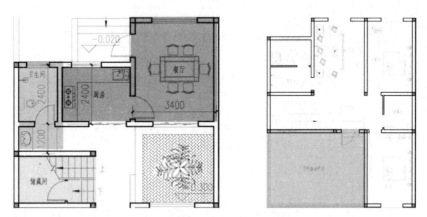

**图24　厨房、卫生间及储藏空间**

　　结合农业生产、加工的实际需求，在住宅内开辟工作间、合理利用楼梯下的空间设置储藏室等生产生活辅助空间。利用前后院或专用空间存放农用机具，并根据实际需求设置一定面积的屋顶平台用以晾晒粮食（见图25）。

**图25　可晾晒的屋面露台**

　　根据不同时期的需求，功能空间上实现灵活多变相互转换适应各种需求（见图26）。

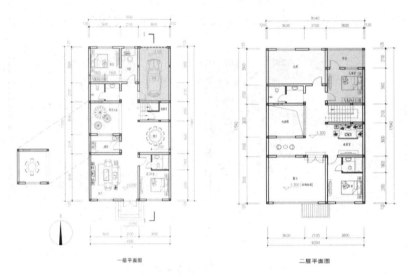

一层平面图　　　　　　　二层平面图

图 26　灵活多变的功能空间

### 3. 传承与创新

在传统文化与现代文明充斥的今天，我们应该汲取传统文化精髓，在继承中创新，在创新中保持特色。关中传统的民居具有许多鲜明的地方特色，它们以其独有的建筑语言形成了特有的景观和较高的辨识度。在对外形和细部设计中，努力汲取关中地区极具代表性的建筑符号和造型元素比如传统花格景窗、传统门楼、门前抱鼓石等（见图27、图28）。

图 27　传统花格窗

图 28　传统花格景窗及门楼

同时，采用传统民居中的灰色坡屋顶形式，材料上多选用地域特色浓厚的灰砖、筒子瓦等，通过现代材料的合理利用，传统民居建筑元素的重新演绎，使其既体现现代建筑风格，同时仍然保留着关中民居的神韵和精髓，并自成特色。

4. 技术生态策略

采取适宜、生态、低技术、低成本的技术策略，建筑材料首选本土、可再生资源，重视传统生态技术范式的传承与改进，积极采取建筑节能措施，推广节能性墙体材料、节能性门窗，增加了外墙和屋面保温隔热（见图29）、防水措施（见图30）。摒弃传统陋习，贯彻合理的技术、生态策略，重新定义居住建筑层高，建议一层、二层层高 3.3 米，室内外高差 0.45 米（见图31），力争达到或接近节能指标。并根据咸阳地区的抗震要求加入了相应的抗震设计，使新型农村社区民居建筑在未来的建设中稳步发展。

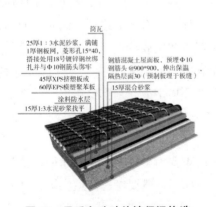

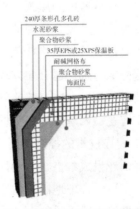

图 29　承重多孔砖外墙保温构造　　　图 30　坡瓦屋面保温防水构造

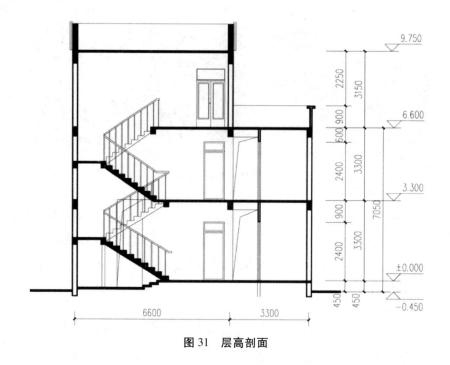

图 31    层高剖面

充分利用自然资源，在基础设施尚未完善的区域，为有效地为农村居民解决生活能源问题，利用太阳能、沼气池、雨水收集设施等，产生可利用的可再生清洁能源，为百姓提供热能、燃气、有机肥料等，实现自然能源的综合利用，从而在一定程度上巩固新农村生态环境建设。

5. 推荐建筑材料和庭院绿植

设计充分考虑到屋顶、外墙以及保温材料的选择，尽可能因地制宜，就地取材，也是充分体现地域性的一种直接有效的途径。同时，使用地方材料也是形成具有时代特色、地域特色和民族特色新住宅的重要途径。

庭院绿植选择适合北方环境生长并且具有和谐特质的进行推荐种植，合理的绿化配置在丰富院前屋后室外环境中能起到重要作用，做到庭院景观三季有花，四季常绿（见图 32、图 33、图 34）。

6. 建设成本的控制

降低建设成本也是本设计考虑的重要内容之一。主要途径包括几个方面：一是科学合理地确定住宅的建筑面积，既要考虑舒适实用，又要考虑农民的经济实际承受能力；二是建筑形式要简洁大方，避免过度的装饰；三是建筑材料当地化，利用地方优势资源，降低建设成本。

图 32　象征智慧、和平、
幸福的核桃树

图 33　银杏树被视作"调和的象征"，寓意
万物对立统一的和谐特质，是健康长寿、
幸福吉祥的象征

图 34　柿子树象征事事如意，与海棠共同寓意五世同堂、幸福美满家庭

7. 强调农民参与意识

农民参与是保证住宅适应农民个性化要求的重要手段，也是对农民居住需求权利的尊重。农民通过自己日常的生活生产需求为我们提供意见和建议，一方面，使我们可以更直接、更全面、更细致、更具体地把握农民的需求和价值取向，使我们的设计更有可行性；另一方面，也有利于发挥农民潜在的创造力，并在参与创造的过程中，增强其环境意识和认同感。

# 五　结论

关中新型农村社区民居建筑方案设计，从统筹城乡发展的角度思考和定位新农村民居可持续发展方向，立足特有的地域文化与自然资源，通过传承与创新，将现代生活流线与传统建筑精粹水乳交融，寻找农村民居发展更新的脉络，建设适应新时期农民生活所需要的具有一定适应性和可持续性的居住方式，让更多的人感受到用现代精神诠释后的民居文化回归，同时使居住环境具备稳定、安全和归属感，寻求民居建筑、人与自然达成的和谐共生，充分展示出关中民居的自然之美、社会之美、生态和谐之美，创造一个有利于人们舒适、健康生活的环境。

**参考文献**

《陕西省新型农村社区建设规划编制技术导则》（http：//www. shaanxijs. gov. cn/zixun/2013/9/67221. shtml？t=28）。

陈洁：《建筑科学——浅谈新农村住宅设计》，《科技资讯》2009 年第 3 期。

雷振东、刘加平：《整合与重构——陕西关中乡村聚落转型研究》，《时代建筑》2007 年第 4 期。

# 数字与标准的艺术：高速公路征迁中的去政治化策略与政治<sup>*</sup>

刘　娟　叶敬忠<sup>**</sup>

## 一　引言

处于急剧转型中的中国，"发展"早已成为主流的话语和实践。过去的十几年时间里，中国在经济增长与减贫方面取得了举世瞩目的成就，作为重要成就之一的交通基础设施的发展亦是突飞猛进。截至 2013 年底，中国高速公路总里程超过 10 万公里，一轮轮经济刺激计划在很大程度上推动了国家高速公路网更为快速地扩散，其中仅 2013 年一年即增加 8260公里新建高速公路，中国已成为世界上拥有高速公路里程最长的国家。①高速公路不仅被认为有提高通达速度、降低交易成本、缩短物流周期等直接作用，而且被推崇为"经济发展的助推器"②③，对沿线地区经济发展

　　*　本文初稿完成于 2012 年，后多次修订为此版本。在此过程中得到教育部"中央高校基本科研业务费专项资金"（项目编号：2015RWYB14）的支持。作者感谢一同参与实地调研的丁宝寅、任守云、王为径、李华、汪淳玉等人提供的帮助。按照学术规范，文中所用实地材料中人名和地名均为化名。

　　**　刘娟，西北农林科技大学人文社会发展学院讲师，农村社会研究中心研究人员；叶敬忠，中国农业大学人文与发展学院教授、博士生导师。

① China Daily (December 27, 2013), "Road, waterways investment up 5. 56% in 2013. Last accessed" (2014-03-31), http://www. chinadaily. com. cn/bizchina/2013-12/27/content_ 17201159. htm.

② 熊俊杰：《高速公路：经济发展的助推器》，《中国社会导刊》2005 年第 28 期，第 44—45 页。

③ 刘俭朴、林海滨：《高速公路——经济和社会发展的助推器》，《科学与管理》2004 年第 2 期，第 49—51 页。

具有长远的拉动作用；随着我国居民汽车保有量的持续增长和伴随互联网经济而来的物流运输需求膨胀，在未来的一段时间内，高速公路建设仍将成为各地蓬勃发展雄心中的重要计划。

高速公路的建设与土地有着密切的关联，一条四车道的高速公路在平原区每公里占地指标中值为 7.4 公顷，微丘区和山岭重丘区占地面积则更大。① 而被占地一方往往是对土地依存度非常高的农民，土地对他们来说意味着生存的基础和保障，作为国家基础设施建设项目，高速公路的征地拆迁工作又因其"出于公共利益"以及微妙的"国家"地位的存在而有一定的特殊之处。相对于道路桥梁设计建造、各项子工程的招投标、融投资以及道路设施安装维护等诸多技术性问题，征地拆迁更为复杂，它不仅仅是一个经济范畴的问题，也是一个敏感的政治问题，可谓整个高速公路建设中非常关键的一环。土地和地面附着物的测量、登记过程是高速公路征迁中必不可少的环节，也是征迁工作实质性推进的第一步，因此非常关键。而有关红线内永久占地、红线外的临时占地以及地上附着物的补偿标准及其制定原则基础更是直接关乎所涉村庄诸多农民的直接利益，也是绝大多数矛盾与冲突的直接来源。

纵观目前国内学者对高速公路有关的征迁问题所进行的社会研究与分析，第一个关注焦点是土地征用制度与补偿标准的制定，除了对过低的、不公平的补偿标准进行笔伐之外，还提出"功能论"、"市场论"、"人本论"等多种补偿标准制定原则和替代选择方案；②③④ 第二则是有关各利益主体之间的博弈与冲突⑤⑥，一方极力希望控制征地的成本，而另一方则在有限的范围内抗争，希望维护自己的权益，这也引出了对政府在征地

---

① 《公路建设用地项目指标：建标》（国土资源部〔1999〕278 号）（http：//www. mlr. gov. cn/zwgk/gfbz/200806/t20080616_ 675719. htm）。

② 周平平：《土地征收补偿原则研究》，《国土资源》2005 年第 1 期，第 32—33 页。

③ 张良：《土地征用补偿研究：以四川成都为例》，硕士学位论文，四川农业大学，2005 年。

④ 刘世锋：《高速公路征地差别补偿理论》，《长安大学学报》（社会科学版）2008 年第 4 期，第 25—29 页。

⑤ 陈宇文：《交通道路建设征地拆迁中的利益冲突研究》，《当代经济》2010 年第 7 期上，第 53—55 页。

⑥ 帅启梅：《农村征地过程中的利益冲突及结果》，《湖南农业大学学报》（社会科学版）2008 年第 4 期，第 61—64 页。

过程中的角色与责任的探讨①②；第三个关注点则在实践层面上，关于补偿资金的规范管理、对失地农民的保障措施以及如何保持更大程度上的程序透明等方面的探讨。③④ 然而，诸多的研究停留在对于现状的关注和静态的描述中，即探讨"得失"和利益层面而避开政治性的问题，对于高速公路的征迁体系的运作逻辑及其所达到的效果缺少分析，而征迁过程中各行动主体之间微妙的政治互动过程以及这一过程所反映出来的国家社会关系、与农村土地问题有关的政治经济学尚未有深入的研究。

　　本文基于对华北某省青林县杨乡涉及"通弈"（化名）高速公路项目诸村进行的实地研究，分析数字、测量、分类、文档等各种技术⑤如何为高速公路征迁体系创造出标准化和客观化的概念和表述方式，而相关行动主体又如何组织和支配这些"事实"，从而利用或解构这套话语体系，实现多样化的目标。本文第二部分将对征地区片价格、地类划分、树木补偿标准制定等构建起来的一套严密的分类学进行阐述；第三部分则考察征迁一方如何利用各种"技术"构建"真理政治"从而实现对征迁过程的有效控制；第四部分则是对上述过程进行深层次的原因和效果的探讨，即有关去政治化的政治分析；最后一部分是关于被征迁者的反应和反抗的概述和讨论，为进一步的研究和分析埋下伏笔。

## 二　标准确定过程中的分类学

　　长期以来，高速公路征地补偿采用的是"产值倍数法"，即按照《土地管理法》的规定，给予耕地征用前三年平均年产值 6—10 倍的土地补偿费，以及该耕地上被安置人口数每人 4—6 倍的安置补助费，但每公顷征收耕地的安置补助费最高不超过被征收前三年平均年产值的 15 倍；上

---

①　吴晓洁等：《征地制度运行成本分析——以通启高速公路案例为例》，《中国农村经济》2006 年第 2 期，第 55—62 页。

②　卢毅等：《高速公路建设征地中政府的角色与责任》，《长沙理工大学学报》（社会科学版）2009 年第 1 期，第 5—11 页。

③　袁彩云：《我国高速公路征地问题分析》，《中国房地产金融》2004 年第 10 期，第 11—14 页。

④　秦安鸿、沈秋雁：《高速公路建设征地拆迁工作探讨》，《现代交通技术》2010 年第 1 期，第 81—84 页。

⑤　这里笔者把技术和一些技术性机制即软技术等都用"技术"一词来指称。

述两种费用总和不超过征收前三年平均年产值的 30 倍。然而，这一措施实施的过程中所体现的"非市场取向"、"补偿标准偏低"、"不适应市场经济发展要求"，以及"标准随意性大"等诸多问题和矛盾饱受诟病。[1][2]于是，先有《国务院关于深化改革　严格土地管理的决定》（国发〔2004〕28 号）要求各省、自治区、直辖市"制定并公布各市县征地的统一年产值标准或区片综合地价"，紧接着国土资源部又印发了《关于完善征地补偿安置制度的指导意见》（国土资发〔2004〕238 号），在此基础上，国土资源部于 2005 年 7 月再发了《关于开展制订征地统一年产值标准和征地区片综合地价工作的通知》，并提出了暂行性的《征地统一年产值标准[3]测算指导性意见》和《征地区片综合地价[4]测算指导性意见》，旨在"解决当前征地工作中存在的补偿标准偏低、同地不同价、随意性较大等突出问题"；2010 年 6 月 26 日国土资源部发布《关于进一步做好征地管理工作的通知》，明确要求应"全面实行征地统一年产值标准和区片综合地价"，但是这些修正后的计算方式也许并非根本性解决征地补偿问题的关键。

　　据所在省 2008 年发布的关于实行征地区片价通知文件，青林县的土地被分为九个不同的区片，这一划分的基础是以该县域内每个乡镇分别作为一个整体，按照其地类、产值、土地区位、农用地等级、人均耕地数量、土地供求关系、当地经济发展水平和城镇居民最低生活保障水平等因素进行测算的。[5]而杨乡属于经济不太发达的山区乡镇，因而被列为区片土地价格最低的第九区片，这就意味着所有属于这个区域的土地已经被限定在这一等级之内，与其他地方的土地具有明显不同的经济价值，而且这种价值在一定时间内亦不会发生改变。开始于 2010 年的"通弈"高速公路征迁则以这一文件为依据，确定征地补偿的标准。

---

　　① 　华元春等：《"征地区片价"在浙江的变革：起始及现状与未来》，《国土资源科技管理》2006 年第 6 期，第 20—23 页。

　　② 　吴勤书、吴国平：《征地区片价事实影响与其保障措施研究——以南京市江宁区为例》，《测绘科学》2009 年第 1 期，第 100—102 页。

　　③ 　统一年产值标准适用于集体农用地征收补偿测算，集体建设用地征收补偿和国有农用地补偿测算可参照执行。

　　④ 　征地区片价测算范围重点在土地利用总体规划确定的城市、集镇建设用地规模范围内，但各地可以根据征地需要和实际情况扩展到城市郊区或更大范围。

　　⑤ 　据《征地区片综合地价测算指导意见（暂行）》。

　　标准的确定，是一种给出定义、做出规定和详细说明的过程，是一套经过权威所认可和批准的体系。它可能是规范性的文件，也可能是一种规定的基本单位或者物理常数。为了更为方便地将补偿多少与具体地块联系起来，青林县在 2010 年 11 月印发了《通弈高速公路工程青林县征迁安置和地方协调工作实施方案》，该方案对土地利用类型进行了归类并针对每一种地类制定了有一定比例关系的补偿标准。简单地说，可分为四种：（纯）耕地、耕地林地、山地林地和未利用地。耕地按照杨乡的征地区片价（以下简称 P）加上一季的青苗费补偿；耕地林地亦作 100%耕地即 P 进行补偿；山地林地则按耕地的 80%（0.8P）、未利用地为 60%（0.6P）作为补偿标准，除青苗外所有其他地面附着物另外计算。这样的分类标准意味着不同的土地类型有着截然不同的产出，而同一种土地利用方式中也没有好地和孬地之分，不同村庄以及各家各户土地的产量、肥沃程度、灌溉与运输设施便利与否都不构成区分的条件，更不涉及不同家庭在土地上的投入以及对土地的不同依赖程度，所有被归入同一类型的地在这一定价制度下拥有一个清晰的命名——或耕地、或耕地林地、或山地林地、或未利用地，而这些名字类别并不是村民们原本所熟悉的。

　　除了土地，高速公路征迁还涉及地面附着物的登记与补偿。为了能够有一个规范统一的补偿标准，青林县对此进行了非常详尽的分类并以文件的形式固定下来。在这一标准体系下，主要的树木先被划分为果树和材树这样的大类，在这些大类底下，分别以几种树为一组，分成若干组，每组下面再按照直径大小分成不同的等级，对应不同的金额，由此赋予了这一区域内所有树木的经济价值一个分类谱系图。这张分类图就是一个对现实的看似科学的抽象化，一棵棵树、一片片土地进入到这一分类图中，与其中的某种特定的类别相对应。相对土地来说，树木已经没有不同区片之别，只要是同一种类同一直径的树木，在全县范围内价格均相同，其假设是这些果树只要直径一样在全县环境下不同地方其产量都是一样的，具有同等的经济价值。这种分类学进一步假设，树木的价值可以仅仅由树种和直径来决定，而其他生态的、环境的功能都可以忽略不计。此外，在这一标准体系为了可操作性而进行简化之后，不同人在树木管理中的投入程度、不同阶段管理的难易程度、产出的多少、树龄大小在征迁过程中没有任何关系，人们需要做的只是将测量人员所测得的树木直径和类别（以表格登记的方式呈现出来）与通过文件形式所形成的分类标准中的类别进行对照，并完成确认签字。而对于园林绿化树木则干脆忽略树木大小直接按照树种类别进行定价，对于苗圃等成片的植物则为单位面积设立一个固定的价格，除表中规定的种类以外自然生长的其他植物不计入理赔。

> 高速公路占了我 2 亩多地，这些都是从小队里头承包的，但是苗圃和树木都是个人种的，所以赔偿也归个人。统计树木的时候那些人就图省事，工作做得比较笼统，不细致，我这花椒树都是作为藩篱栽在这大片地周围的，他们都不分大小的就是 40 块钱一棵，这怎么合理？
>
> ——2010 年 12 月 6 日，李村村民李荣发访谈

在以文件形式所创造的标准体系下，土地和其地面附着物就可以分离成为两种不同的待补偿物质，一种对应区片价下的不同地类，另一种则对应不同的树种、直径和数量（或面积大小）。这样，在现实的工作中可以采取哪部分容易解决先解决，哪部分存在争议则先搁置的方式，似乎土地和地面附着物是两个完全独立的物体。二者所承载的生计、情感与保障被割裂，土地被限定为只生产那些具有看得见的经济价值的物质，而农民们在土地上所获得的一些难以统一计价的物质和功能则无法列入考虑，如当地的林副产品、林地作为栖息地的功能、冬季休耕期土地的储藏功能等都随着土地的征收而不再存在。分类谱系图为它声明要代表的事物提供了一种模型，而非那些事物本身的模型，从而成为一种可以具体化操作的真实工具，而行政和工程上的行动不仅以这一图谱为其运作的典范，而且同时要为这个典范服务。[①]

一旦分类谱系图与登记表相对应，这些登记表就是代表着客观地存在于"那里"的树木和土地，这些分类将原本自然状态下多种多样可能的土地利用类型以及树木形态实实在在地分离开来了，然后分别由有大小之分的数字表示。数据的收集、解释和分类过程显然存在着一定的虚构和随意的因素，并且掩盖了存在疑问的一些不同意见，但是一旦被确定，这些物体即进入下一道程序中。量化的标准通过这种分类学将土地和经济上可

---

① 转引自［泰］东猜·维尼察古《暹罗地图：暹罗地理体史》，博士论文，第 310 页。参见［美］安德森《想象的共同体》译本，第 163 页关于地图作用的阐述。Hongchai Winichakul, Siam Mapped, *A History of the Geo-Body of Siam*, Sidney: University of Sidney. PhD Thesis, 1988.

见的地面附着物建构为外在的、客观的、商品化的对象，一些无关社会政治意义与关系的"东西"（things）①，进而成为被测量、确认、汇总、征收和移除的对象。

## 三 测量中的技术与政治

标准体系的确立只是征迁过程中的步骤之一，紧接着需要将某一特定的树再现为某一类的树木，为某一特定的地块在分类谱系上找到对应的位置，因而测量便成为不可或缺的环节。但是测量过程中所涉及的不仅仅是一系列的技术手段，也包括诸多策略政治。

### （一）土地测量：技术和示范所创造的客观性

高速公路所经区域需要永久征用的地块（红线内征地），首先需要运用现代测量学方法和遥感技术对各类土地的数量、分布、地形等特征进行测量、绘图的工作，以获得总体性的数据。这样，在当地群众尚未有所察觉的情况下，征迁方已将征地区域的全貌了然于胸，同时可以以其专业知识为基础，根据经验大体计算出补偿的费用，并将每个乡镇及行政村的整体数据呈现在面前。每个行政村获得整体性数据后再依此对村内的地块边界逐户进行细化测量和确认，这一过程一般借助全球卫星定位系统（GPS）以及遥感技术（RS）进行，但是由于整体的面积已经确定，细化测量与确认的过程便转变成村庄内部的利益和资源分配的问题。这样的技术化测量手段造就了客观化的测量师，使其不被各种经验和感觉所困扰，"既然工具不带任何个人习性，它的输出也就不会带有主观性，因此也很容易得到公认，换句话说，科学家对工具观测感兴趣，部分由于它对于产生经验的科学'事实'是一个有效的策略"②。一旦高度技术化的仪器和设备被认为可以消除主观性，那么它就成为形成知识客观性的一种手段。同时，"让技术说话"使得征迁主体，即包括各个行政部门在内的高速公路项目指挥部能够营造透明和清晰的意象，随之而来是更多的可控性，使

① Borras, S. Jr and J. C. Franco, "Contemporary Discourses and Political Contestations around Pro-Poor Land Policies and Land Governance", *Journal of Agrarian Change*, 2010, pp. 1-32.
② ［英］齐曼：《真科学：它是什么，它指什么》，上海科技教育出版社 2008 年版，第 108 页。

得有关土地类型和面积测算的争议控制在村级层面，最终可以归咎为基层执行的问题或者村庄内部政治不稳定等因素，从而使它们自己从这些争议中解脱出来。

当然，村庄内部的土地测量与确认过程并非没有从这样的技术化手段中找到支撑的理由。一方面，村干部在宣传动员的过程中会强调地块面积和地类"上面"都已经用卫星遥感确定好了的，分到村庄就是那么多，谁多一点另外的人就要少一点，所以没有任何可以讨价还价的空间。另一方面，若有人觉得通过现代技术手段测得的结果与自己想象的面积或者之前地籍上的面积不太相符，典型的回应是："人家卫星定位出来的还能有错啊？"言下之意是人们应该相信和尊重测量仪器和技术化的测量过程，尊重那些有大小的数字。与此同时，村庄内部土地面积的测量与确认亦具有很强的技巧性。一位村干部在讲述其工作方式时说了这么一段话：

> 村里量第一户的时候，有很多涉及土地被征的农民都来看如何量地，他（第一户）说我这块地应该从石头的外边沿开始量，我说那不行，当时队里分地的时候就肯定没把这些石头算成地，当时你肯定说它这些石头不长庄稼，你给我地是为了让我种庄稼的，地应该往里（内边沿）量。他觉得这次是公事，把这个地多量点无所谓。我就把他叫到一边，对他说，你经过事，也能看清楚，今天来的这么多人，他们是来干什么的，人家不是来看热闹的，人家是来看今天量得公正不公正，今天在这块地里把石头的宽度给算进地去，这个宽度不大，但是到了量其他人的地的时候，人家要说他那个量地能把石头算进去，他那个石头的地方也不长庄稼，但是你们就把那些也算成地了，那我的不管石头多大也应该那么算，到那时情况就不好弄了，人家上头早就规定了这村里多少亩，数字早就下来了，到时候大家都这样争，弄得整个面积大了，村里从哪儿找钱给你补？就这样解释给他，他也就不说话了，这样就按照我说的量下来了。后来我想其实从别的方面看，这第一户人家配合了我的工作了，后面就好做了。
>
> ——2011年4月15日，柳村村干部柳志全访谈

操作过程的透明性有助于达成共识；一旦这种操作标准化之后也促进达成共识，从而形成典范。当一套"客观"或"科学"的标准与复杂的

事实相连的时候，这一标准被看作一种自然的无可争议的传递物，成为所有人必须遵守的准则。而技术化的设备本身的"中立性"又增加了这种"客观性"的分量，为某些策略的合法性提供支撑，它成为目的与手段相分离的化身。这样，测量的技术性标准在村庄范围内建立起来了，依靠这一标准所树立起来的客观性及其辩护性，村干部也在一定程度上成功地避开了政治上所面临的挑战，使测量过程回归到与政治无涉的数学问题。也正是这些陌生技术的复杂化和抽象化，使得人自身对于土地面积的意念和感觉变得虚无，用仪器取代几个人拉皮尺读数的过程，将人本身与测量的物体进行了隔离。权力，已经转移到技术和能够操控技术的人那里。

### （二）树木测量中的知识与权力

树木的测量则是另一个版本的故事。2010 年 5 月，青林县高速公路建设指挥部发布严禁在拟征土地上抢栽、抢种、抢建的告示，并提出相关的惩罚措施。很快，工作人员开始进入村里，对地面附着物进行了测量和登统，其主要任务是为每一个棵树标定一个树种和尺寸，然后再数树木的棵数，让村民确认这些数字无误后完成签字。整个过程进行中并不涉及补偿标准与补偿金额的讨论，事实上，标准的确定和文件的下发也晚于测量工作数月。当村民问及补偿时，工作人员的解释是他们也不知道，所以他们无法答复，补偿在标准出台之后自然就能确定是多少，而他们的工作只关乎测量技术和数量，并确保不因这个过程的差错导致百姓的抱怨，如果这一过程没有差错，老百姓则有义务确认签字。这样，在分类学和技术的辅助下，标准和测量过程成功地分离了，这一分离的效果一方面使测量人员可以借由技术仪器为其测量活动提供中立和客观的护身符，从而避免卷入微观政治中；另一方面则可以确保被征迁方不至于在确认数字的过程中因货币补偿的多少而拒绝签字，而一旦所有人都确认签字之后，后面的工作便只是纯粹的数学问题，将会变得非常简单了。

为了确保签字的顺利进行，工作人员刻意地保持友善的态度，同时提供一些"好处"给村民们。量树的时候，村民们普遍认为尺寸越大肯定补偿越多，因此会力争让测量人员登记一个更大的数字：

为了让大伙高兴，你那树量出来 6 厘米你说少了，他就会顺着说那就 7 厘米了，如果你再争取一下，他也许会答应你说给你写 8 厘米了，如果你再要求，他们就会说已经给你多量了，您自己量量看，不少了。事实上呢，等标准出来大家就知道了：5 厘米是个坎，8 厘米也是一个坎，就是说 5 厘米以下都是一样的，而 5—8 厘米是同样的标准。大的树木，你的树 30 厘米，你说可不行啊，给弄 40 厘米吧，完了人家还主动说给你写 50 厘米或者 60 厘米，后来一看补偿标准，上面写着超过 30 厘米都是一样的价钱……老百姓压根儿不知道，都跟姑娘搞对象一样，初次！哄得人们挺乐的，其实都一样，看起来这些人都挺随和的，好说话，其实都是高速指挥部派来的，他们心里清楚着呢，就把着坎儿！

——2011 年 4 月 5 日，杜村村民杜元坤访谈

类似的故事也可能发生在那些在得知征地大致范围之后提前抢种树木试图谋求更多补偿的村民身上。除了直接依据文件通告拒绝给予补偿外，为了避免不签字的现象发生，测量工作人员会尽量安抚他们，让他们先尝到一定的“甜头”。其主要的措施也是通过在有限的范围内增加“合法”树木直径尺寸的办法，使村民认为既然在这方面已经获得了“好处”，从而不再执拗于原本就有“非法”之嫌的额外补偿。事实上，主动权还是掌握在测量人员手中，有些人甚至在签字确认之后才发现表格上的数字回归到了原始的“真实”数字，但是为时已晚。所以有村民感叹：“怎么算你都算不过国家！”高效的治理体系不容许被治理者半点越界，他们早就选择好了应对“弱者”的武器。

数字和标准分离的可能性及其效果与不同群体对知识和信息占有的多寡有关，几乎整个杨乡的老百姓都是第一次接触国家高速公路项目征地的事情，通过先测量后出台补偿标准，以及测量和标准在实践中的相互隔离，加上信息高度不对称的环境，被治理者本欲抗争的场域被轻易地侵蚀，专家或者测量工程师用电子卡尺、数字、表格来体现技术性的真实，他们却不承认其中的弦外之音或微妙含义，这就像萧伯纳所形容的是一场“针对门外汉的密谋”①。

---

① Postman, Neil., *Technopoly: The Surrender of Culture to Technology*, Vintage books, A division of Random House Group Ltd., 1993, p. 90.

## 四　理解技术和技术化机制：去政治化的艺术

通过一整套技术、策略和专业知识分工及其相互作用，创造和维持一套真理政治（politics of truth），将某些特定的知识形式冠上"标准"或"真理"的名号，将可能面临的问题纳入其中，并以适合已有的知识和权力系统的方式来解释问题①……土地的征迁也在追求着专业化的逻辑和过程，这一过程由技术知识和标准所建构的分类学支撑，使得将问题从政治和文化领域移出，归依到似乎更为客观和中立的经济领域和数字问题上成为可能。

### （一）更大的能见性与可控性

土地和树木以及涉及更多需要征迁的东西的分类能够创造出一个高度秩序化的空间，在这个空间里，每一个被视为征迁对象的物体都可以明确无误地找到其对应的归属类别，同时也将可能遇到的其他方面予以排除。分类和表格"具有处理分配复杂事物本身并从中得出尽可能多的结果的功能"②，它们能够使征迁管理者缩小视野，在复杂和难于处理的事实面前只将焦点放在某些特定的方面，从而使得这些事物更为清晰，也更加容易被度量和计算。

分类谱系、公文化的文本、表格一起给征迁工作带来强烈的安全感，通过减少某种叫作自然的多样性或人的能动性这样神秘而无法压抑的因素，它们获得了一定程度的稳定性和可预测性。首先，在统一的标准体系下，所有的征迁补偿都可以用经济学的成本核算工具进行计算，有利于工程师对成本的管理和控制——这是现代建设工程管理中非常重要的一环。其次，统一的标准体系带来公平的表象，因而减少了因为自然存在的差异化和多样化可能导致的不确定性；一个刚性的分类标准体系对于拥有日益快速的信息流通体系的农村社区显得更加重要，它可以减少因为异质性而导致的相互比较和愤愤不平的心态。

到村庄层面，集体发包出去的土地的补偿需要在承包户和集体之间进

①　Escobar and Arturo , *Encountering Development*：*The Making and Unmaking of the Third World*, Princeton：Princeton University Press，1995，p. 45.

②　［法］米歇尔·福柯：《规训与惩罚——监狱的诞生》，刘北成、杨远婴译，生活·读书·新知三联书店2003年版，第168—169页。

行分成，这一分成的比例并未明确写在青林县下发的文件中，而是说可以根据村庄的实际情况分配。村干部们的经验是先发制人为好，因为最早一批分配的村子会树立起一个标准，在暂时没有参照体系的情况下，村干部可以以"这是县里给的指导意见"为由，建立起标准的合法性和权威性，从而对分成过程进行更有效的控制，否则"夜长梦多"。而随后的村庄若愿意采取先行者的标准尚好，若想根据实际情况自主制定不一样的标准则会变得困难，因为村民会参照可能不同的体系，而且有更多的时间去获取更为全面的信息，从而使村干部失去对这一事件的完全控制，导致"行政效率的低下"和"村庄政治上的混乱"。

无须"昂贵而粗暴的关系"，一个标准化的体系就能获得很大的实际效果。一种借助于被定位的物体、被编码的类别和游刃有余的治理能力的综合"艺术"建构出一套机制，加上各种技术工具所提供的合法性，成为高速公路征迁过程中实现稳定的利器。

### （二）量化和商品化的过程

社会在被量化之前一定要被重构。人类和各种事物一定要被重新分类定义，度量的标准一定要可以相互换算；土地和商品一定要能用等值的金钱重新表示……①

——西奥多·波特（Theodore M. Porter）

那会儿植这果树，我说是养老呢，孩子们在外边都成家立业的，能挣多少钱呢，俺们个人种这树个人花着不用增加他们负担，现在把这树都作的价，我们都六七十岁的人了，要再种都怀不上李了，也没这个地了，要不我生气就生的这个咯……现在都征完了，就剩下路两边几个犄角旮旯，这回赶到秋天人家去拾果俺们就没了，要花钱买了，买了吃了也不是滋味，要是没费劲没管理没有收获也就好说，咱费了劲刚长果了就伐掉了，就觉得不好受。

——2011 年 5 月 23 日，杜村 68 岁女性村民刘林英访谈

---

① Porter and Theodore, M., "Objectivity as Standardization: The Rhetoric of Impersonality", in *Measurement, Statistics, and Cost-Benefit Analysis*, Annals of Scholarship, No. 9, 1992, pp. 19-59.

土地和树木，以及农村的很多设施，其价值在很大程度上体现在经济价值以外的其他多种功能上。然而，在成本效益的核算体系下，这些都只是"业主"一方所要付出的成本代价，在这样的框架下，土地和地面附着物均被转化为可以在市场上进行交易的商品，成为测量和计算的对象。货币作为一种标准化的媒介参与其中，通过价格多少的差别来表示事物之间一切质的区别，从而使与土地相关的这一切物质"都以相同的比重在滚滚向前的货币洪流中漂流，全都处于同一个水平，仅仅是一个个的大小不同"①。各种关系都可以客观化，排除了主观的、人为意志的干预，所有的操劳最终毫无价值可言，"凭借平均化的手段，它（货币）将一切带有目的性的东西降格"②，一个客观化和去人格化的经济世界呈现在人们面前，价值和意义则随之陨落。

土地和树木的商品化以及货币化的补偿机制增加了人们的现金持有量和短期内在某些方面的自由，很多人欣喜于银行卡上位数不少的数字，对另外的很多人来说，并没有一个所谓合适的补偿价格能够弥补他们受影响且无法从其他途径获取土地的状况，或者地与树对他们所具有的那种文化和精神的价值。这种补偿机制认可庭院一角的围墙和占地面积并可以细数砖头的个数，丈量这一区域占地的大小，却不认可其足够面积的完整性对于一户农民家庭日常生活的重要性；它能够为树木找到对应的市场价格，却不能为其找到一个可靠的生态价格，或者文化和精神意义上的价格；它能够处理诸多数量上的问题，却尽量避免复杂的人的问题，就算数量上差异的具体性具有很大的迷惑性也在所不惜，因为数字本身作为一种技术能够"赋予其自身科学精确性的观感"③，而未经数字量化的东西则很难进入制度化的补偿程序。

高速公路的征迁过程是农村社区日益卷入现代商品市场的一个缩影，农民的生存将更大程度地依赖于现金经济而不再是土地的产出。在免费的大自然提供的营养和馈赠减少或消失后，他们需要更多的现金来维持他们对于食物和生产资料的需求，而高速公路建设对当地劳动力非常有限且不确定的需求使得外出务工将不再只是一种选择，而是一种支持家庭现金支

① ［德］齐美尔：《桥与门——齐美尔随笔集》，涯鸿、宇声译，生活·读书·新知三联书店1991年版，第265—266页。
② ［德］西美尔：《货币哲学》，陈戎女等译，华夏出版社2002年版，第9页。
③ ［英］舒马赫：《小的是美好的》，李华夏译，译林出版社2007年版，第32页。

出的必要方式。正如斯科特（James C. Scott）[①] 所言，对现金的需求给人们强加了新的苦难，它迫使农民走向劳务市场，并依赖于城市商品经济下的就业环境，同时面对价格市场和劳动力市场不安全性的威胁。而事实上，也许"同劳动力市场的不确定性相比，他更喜欢土地收入的长期稳定性"[②]。不断强化的量化和商品化的过程为农村生活的理性化以及整个国家在现代性的道路上继续追求工业化和城市化的基调做好了准备，而更多青壮年劳动力的外出所导致的大量留守群体以及这种外出对于农村发展的长远影响则是这一过程无法遮掩的"副产品"。

### （三）去政治化的效果

> 这个标准是县里给下来的，具体怎么算的，根据什么来算的，为什么要这样算我也不知道，应该不同的乡镇是不一样的。你要问每个村占了多少亩地、各村大概多少钱我这里有数。
> ——2011 年 5 月 26 日，杨乡财政所所长访谈

> 本来强拆强占这个事情就是没有什么道理的，但是我们做工程方面的不管这个事情。
> ——2011 年 4 月 4 日，"通弈"高速某标段项目部工程师闲谈

测量工作人员可以告知他只是进行树木尺寸的测量与数量登记，具体的补偿与他无关；乡财政人员可以知道整体的补偿值，但是并不需要知道标准制定的依据；公路工程师理解土地在农村的特殊意义，但是认为工程师的任务是修路而不需过问征迁的细节问题。在专业化的征迁过程中，各路技术专家成功地从政治中抽身而出，如若出现问题，则是村庄内部实施工作不到位，与指挥部设定的框架无关，大家都可以理直气壮地说："规矩不是我定的，我只是执行而已。"

以文本形式确定的补偿标准，由测量工程师所组织的测量、由专业会

---

① ［美］斯科特：《农民的道义经济学》，程立显等译，译林出版社 2001 年版，第 127、272—275 页。

② Sansom and Robert，L. eds.，*The Economics of Insurgency in the Mekong Delta of Vietnam*，MIT Press，Cambridge Mass，1970，p. 199.

计人员进行的核算、由路桥工程师进行的建设……在工程和经济的范畴，所有的这一切仅仅是一个高速公路建设项目的诸多项任务，技术是技术，资本是资本，一种主观的、创造性的、参与的政治从中剥离，从而达到一种去政治化（de‐politicization）的效果。[1] 按照汪晖（2007）的总结，"去政治化"是指对构成政治活动的前提和基础的主体之自由和能动性的否定，对特定历史条件下的政治主体的价值、组织构造和领导权的解构，对构成特定政治的博弈关系的全面取消或将这种博弈关系置于一种非政治的虚假关系之中。[2] 在这里，本应构成高速公路征迁中政治互动的博弈关系被取消，或被转移至技术范畴与经济范畴中，通过货币工具与技术组织所构成的中立与客观的"现实"来尽可能摆脱政治的烦扰。

如同海斯勒（Peter Hessler）对南方某省的城市化过程以及大坝修建导致的迁移工程所发出的感慨[3]，去政治化的技术使农民的世界处在一套制度化过程的组织和支配下，问题简化为面积测量的多少、树木的棵数、补偿如何分配以及抢栽抢种之类的命题，而有关程序的正义、土地制度的合理合法性、补偿标准是如何确定的、为何修建高速公路、它到底会给村庄带来什么改变等基本的命题则被细枝末节的争论所淹没。

## 五　去政治化之后

去政治化的技术与策略，加上通过"出动宣传车、张贴公告、印发明白纸等开展宣传"，并通过"电视台宣传、广播、张贴标语等形式教育广大群众充分认识到高速公路建设对推动经济发展的重要意义"，高速公路项目指挥部在一定程度上争取到了"广大群众对公路建设的支持"。这种支持有些也许是因为对神圣的"国家"二字的信任，有些是因对现代化图景的信心，有些是基于个人憧憬中的某些计划，也许还有不少人是出于无奈的选择。在国家高速公路建设项目所导致的土地征迁这样的"发

---

[1] Ferguson and James eds., *The Anti‐Politics Machine*: "*Development*", *Depoliticization*, *and Bureaucratic Power in Lesotho*, Cambridge: Cambridge University Press, 1990, p. 256.

[2] 汪晖:《去政治化的政治、霸权的多重构成与六十年代的消逝》,《开放时代》2007 年第 2 期，第 5—41 页。

[3] ［美］彼得·海斯勒:《寻路中国：从乡村到工厂的自驾之旅》，李雪顺译，上海译文出版社 2011 年版，第 378—380 页。

展遭遇"① 过程中，我们需要继续追问，作为被征迁者，同时也是被治理者的当地人口，他们的生活将会发生什么样的变化？其自身又具有怎样的"发展空间"或者"行动空间"呢？

尽管有关现代化的高速公路、商品化的征迁、货币化的补偿给农村社区所带来的诸多潜在与长远的影响尚无法获得确切的证据，但是自从高速公路项目在杨乡范围内划定其通过的区域以后，平静的乡镇和村庄已涌起不小的波澜，不同的行动者在个体或集体层面，呈现出多样的行动方式和行为模式，以迎合或反抗资本、技术、商业化的秩序。

各个村庄新开的小商店与小饭店、规划中的公共澡堂、新建的加油站、伐运被征迁树木进行倒卖者、跑活的包工头，还有在临时料场上班的农民工人……人们希望在大规模的国家工程进入村庄的时候，从中分到自己的一杯羹，但是正如阿帕杜莱在分析农业新技术对印度西部农村生活的影响中所指出的，并不是人人都有天生的创业的冲动以及对于金钱的狂热追求，很大一部分人是在现金前所未有地成了维持生计的钥匙的时候才力求谋得一份土地之外的收入，从而使自己能够在似乎已不可逆的货币化世界中更好地生存。② 诚然，这些也被对高速公路征迁持异议者指责为短期的功利行为，但是，如若仅仅将其理解为这些当地人口与地方政府以及整个国家在追求现代化的过程中的一场共谋③，则忽视了当前环境下国家—农民关系强烈的不对称本质。

显然，并不是所有人都会做老老实实的"顺民"——顺着征迁方设计好的轨道行事，土地征迁也不是一场所有人都能尽情享受的派对，因对征迁过程中诸多方面有不同意见或有其他诉求而进行的争论、谈判、拒绝签字、静坐、上访、请愿乃至冲突这样的抗争剧目（contentious repertoires)④ 不时在杨乡的这些村庄里上演着。他们常常承认高速公路修建的

---

① 叶敬忠：《留守人口与发展遭遇》，《中国农业大学学报》（社会科学版）2011 年第 1 期，第 5—12 页。

② Appadurai, Arjun "Technology and the Reproduction of Values in Rural Western India", in Frederique Apffel-Marglin and Stephen A. Marglin, ed., *Dominating Knowledge-Development. Culture and Resistance*, Oxford: Clarendon Press, 1990, pp. 185-216.

③ 安普雨：《对现代化的渴望——生态移民中的社会行动者研究》，硕士学位论文，中国农业大学，2011 年。

④ Tilly, Charles and Sidney Tarrow eds., *Contentious Politics*, Boulder: Paradigm Publishers, 2007, p. 12.

必要性，但对征迁操作过程存在不满；他们也运用一系列的策略和道德修辞，他们的要求和宣示无疑具有某种政治性，但是"并非每个人口群体都能在政治社会中成功地运作，正如我们所看到的，他们即使能够成功，这种成功也是临时的和语境性的"①。毫无疑问的是，巨大的人群正在追求更快的速度、更大的数字、更多的财富的发展浪潮中日益失去对他们自己环境和生活方式的控制。

① Chatterjee and Partha, *The Politics of the Governed：Reflections on Politics in Most of the World*, New York：Columbia University Press, 2004, pp. 61-62.

# 人口过疏化背景下的村庄治理研究
## ——基于陕西古村的调查

姚自立[*]

## 一　研究缘起

人口过疏化是在城市化过程中，随着农村人口大量流向城市，造成的农村人口过度减少，并破坏了原来农村社会结构的现象。针对农村人口过疏化带来的问题，学界开始从不同角度对此现象进行研究。如饶传坤等运用"推拉理论"对人口过疏化驱动力进行分析，认为人口过疏化是由城市社会经济发展的拉力与农村各种资源匮乏的推力共同造成。[①] 李维岳从人口的角度对过疏化产生的问题进行研究，并认为过疏化村庄主要问题是青年人口锐减、老龄化加剧，并由此衍生了其他社会问题。[②] 郭占锋、李君甫等认为人口过疏化现象带来的主要问题有农业生产凋敝、房屋闲置、土地浪费等。[③④] 涂满娇、林善浪从经济与社会两方面因素对人口过疏化成因进行分析，并主要从政策角度提出了统筹城乡、村落合并等建议。[⑤]

---

  *  姚自立，西北农林科技大学人文社会发展学院社会学专业硕士研究生。

  ①  饶传坤：《日本农村过疏化的动力机制、政策措施及其对我国农村建设的启示》，《浙江大学学报》（人文社会科学版）2007 年第 37 卷第 6 期，第 147—156 页。

  ②  李维岳：《过疏化与贫困乡村活力问题调查分析——以辽西北 S 村为例》，《沈阳工程学院学报》（社会科学版）2011 年第 7 卷第 4 期，第 485—488、520 页。

  ③  郭占锋：《对山区人口过疏化问题的调查与思考——以陕西省安康市水村为例》，《农村经济》2013 年第 11 期，第 118—121 页。

  ④  李君甫：《农村人口过疏化对农村社会建设的挑战》，《新疆社会科学》2014 年第 1 期，第 135—139 页。

  ⑤  涂满娇、林善浪：《我国部分农村过疏化及其治理研究》，《发展研究》2010 年第 11 期，第 33—35 页。

此外，田毅鹏、史艳玲、焦必方等学者通过对日本人口过疏化成因、现状特点及对策等方面的分析，为中国人口过疏化问题提供了相应的对策建议。①②③

然而，综合以上研究，笔者认为，目前我国学者对过疏化的研究更多的是将青壮年劳动力流失作为一个年龄阶段整体去考察，即将人口过疏化类似或等同于农村空心化。同时在此理解的基础上，从人口结构"空心"的背景下来理解"过疏化"，而没有真正从"过疏"的内涵进行理解。相比之下，笔者更加认同刘金星等的观点："所谓过疏，是农村人口和农家户数发生急剧大量外流，导致其地域居民的生产和生活发生诸种障碍，最终导致村落社会自身崩坏的过程。也就是说，过疏是作为生产和生活空间的村落社会的解体过程而存在的。"④ 并认为人口过疏化不仅仅是精壮劳动力外流而产生的人口减少现象，同时还包括村庄中原有的社会结构遭到破坏、农村正常的社会生活秩序难以维持。其影响也不只是留守问题、劳动力缺失问题、农业生产问题，同时还包括村民认同离心化、村庄权威的弱化、权力真空等问题，而这些问题同时也作为以上问题的原因而存在。本文通过对陕西省汉阴县古村的实地调查，通过对村庄治理问题产生的机理进行分析，从而提供相应建议。

## 二　古村概况

### （一）村庄基本情况

古村位于陕西省汉阴县龙镇，全村共 8 个村民小组，248 户 868 人。外出人口为 348 人，占村庄总人口的 40%。目前，有家庭成员在外打工的农户约 200 户，占全村的户数的 81%。其中包括 50 户村民全家外出，房屋闲置。留守村民人数约 520 人，占总人口的 60%。，村庄残疾人数约为 40 人，占总

---

①　田毅鹏：《20 世纪下半叶日本的"过疏对策"与地域协调发展》，《当代亚太》2006 年第 10 期，第 56—58 页。

②　史艳玲：《浅析日本农村过疏化现象的成因及其对农业发展的影响》，《农业发展》2008 年第 8 期，第 39—40 页。

③　焦必方：《伴生于经济高速增长的日本过疏化地区现状及特点分析》，《中国农村经济》2004 年第 8 期，第 73—79 页。

④　刘金星、赵学梅：《农村"过疏化"背景下的农民工消费困境》，《新农村建设》2013 年第 9 期，第 69—73 页。

人口的 4.6%；大龄未婚男约为 64 人，占到总人口的 7.4%；村内总留守女性有 225 人，其中，40 岁以上的留守妇女有 137 人，占总留守女性的 60.9%；村内人口的文化程度主要以小学和初中为主，占到总人口的 85.7%，村民的文盲率达到 10.9%，文化教育水平偏低。本村是杂居村，其中邓姓、陈姓、蒋姓、李姓、方姓家庭占大多数，但无较强的宗族势力。

### （二）外流人口与留守人口情况

#### 1. 人口外流方向与速度

古村人口从 20 世纪 90 年代开始外流，最初村民在省内打工，主要集中在西安等经济状况较好的城市。后期前往省外的人口急剧增加，目前在北京、上海、江苏等东部地区打工的村民为 194 人，占总外出人口的 56%；中部地区 46 人，占打工人数的 13%；西部地区只有四川、新疆两地；省内打工的人数为 92 人。村民外出未受过专业的技术指导与培训，多是根据早期外出的村民介绍前往打工城市。根据古村数据统计，2006 年外出人口达到 200 人，2011 年达 348 人，平均每年外出增加 30 人，目前村庄人口仍在持续外流。在调查时，村支书这样讲："现在有 900 人，估计再过十年也就只有 600 人了。"

#### 2. 外出与留守人口学历、年龄情况

通过调查，笔者对古村外出和留守人口的学历与年龄有了较为详细的认识，并根据统计结果制作表 1。

表 1　　　　　　　　　外出与留守村民的基本情况对比

| | 学历 | | | 年龄 | | |
|---|---|---|---|---|---|---|
| | 小学及以下 | 初中 | 高中及以上 | 18 岁及以下 | 18—40 岁 | 40 岁及以上 |
| 外出人口（人） | 34 | 247 | 67 | 42 | 208 | 98 |
| 百分比（%） | 9.8 | 71 | 19.3 | 12 | 59.8 | 28.2 |
| 留守人口（人） | 310 | 191 | 19 | 116 | 102 | 302 |
| 百分比（%） | 59.6 | 36.7 | 3.7 | 22.3 | 19.6 | 58.1 |

通过对比外出人员与留守人员的学历与年龄结构可以看出：外出人员与留守人员小学及以下学历百分比之比为 0.16∶1，由此可见外出务工人

员学历水平远高于留守村民。外出人员与留守人员 18—40 岁人口百分比之比为 3.05∶1，可见外出人口以青壮年为主，人口结构优于留守人口。所以，我们可以认为，过疏化不仅表现在人员流动后村庄在人口结构上形成"空心"状态，同时也使村庄"知识精英"呈过疏状态。

### （三）村民的现实需求

村庄治理需要建立在对村民需求充分认识的基础之上，因此笔者从养老、教育、集体活动、公共设施建设等方面对村民的需求进行了调查。通过调查，发现以下现状：第一，教育方面，在受访者当中，有 30%受访者对教育情况表示满意，53.2%表示不满意，其中 18.9%的村民表示非常不满。第二，集体活动方面，受访者中，42.5%对村庄集体满意，57.5%的村民表示不满意。第三，养老方面，41.7%的村民表示满意，58.3%的村民表示不满意。此外，有 62.7%的村民积极支持对公共水渠进行维护，29.3%的村民不关心或不支持。通过以上调查可以发现，村民在多个方面对村庄建设有着较大的需求，尤其是教育建设与公用设施的建设等方面。然而，目前村委会与村民对于这些问题都有着解决的意愿，但却无力直接解决。因此，需要对村庄其他问题进行全面深入的了解，从而为村庄治理提供新的思路。

## 三　村庄治理困境及原因分析

同多数偏远地区农村相似，古村存在着小学撤并后的教育问题，道路水渠修建维护等基础建设问题，留守儿童、留守老人等问题，此外还存在着自然灾害的预防与恢复问题，这些问题都对村庄治理提出了挑战。然而除了这些问题，村庄存在的个体化问题、权威下降等问题，不仅同样影响着村庄治理，同时这些问题的存在也影响着以上问题的解决。因此，需要通过对这些问题进行全面的了解和深入的认识，才能推动这些问题的解决。根据实地调查，笔者发现古村在村庄治理方面还存在着以下问题。

### （一）生产生活方式个体化

1. 生产方式个体化

由于古村以山区地形为主，土地零碎分散，人均土地占有量为 1.5

亩，因此农业机械化水平低，农业生产仍然以人力和畜力为主。过去农忙时，村民通过找本村村民帮工来进行农业生产，帮工与受助者无须支付或收取现金，而是同样以帮工的形式进行"偿还"。村民这种互助形式是自发形成，且相互之间有着较为固定的互助对象。通过这种互助形式，村民可以解决农业生产季节性劳动力短缺问题。随着近十年来的人口外流，村民这种互助现象大量减少。

通过图 1 可知：16% 的农户农忙时找亲戚帮忙，34% 的人选择街坊邻居，41% 的人雇用劳工，9% 的村民选择其他方式。由图 1 可见，除了一直存在的亲戚帮忙外，村民中 34% 村民主要由居住邻近的邻居帮忙，而非如过去那样在全村范围内寻找固定的互助对象进行生产合作。此外，有41% 的村民选择了雇用劳工，本地工价为 150 元/天，由此可见，村民在生产领域的合作，从范围上看，由原来较大规模的村庄互助变为了规模较小的邻里互助；从数量上看，近一半村民农业生产已经与其他村民没有了联系。因此，村民的生产方式呈现出个体化发展趋势。

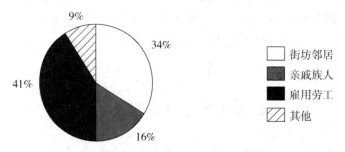

图 1　农忙时互助对象选择统计

### 2. 生活方式个体化

在对古村人口过疏化的调查过程中，笔者从休闲方式、交往对象、主要活动等方面对村民的日常生活进行了调查，调查结果如图 2。由图 2 可知，村民在选择休闲方式时，有 18 位村民选择串门聊天，7 位村民选择打牌下棋，64 位村民选择看电视，44 位村民选择看书报杂志（本选项为多选，不代表具体人数）。传统的农村中，串门聊天作为日常生活的一部分长期存在于村民的日常生活，在城市化过程中，其随着农民上楼后生活方式的改变而逐渐减少；学界往往关注到了这一点，但却没有注意到，即使属于传统意义上的农村，串户聊天的现象也在逐渐减少。

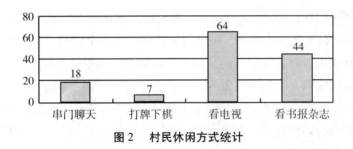

图2　村民休闲方式统计

串门聊天和打牌下棋从方式上讲都是一种互动型活动，它们不仅具有休闲功能，同时也有促进信息传播、增强感情交流的功能。通过这些活动，村民可以建立起较为亲近的关系圈，这些关系圈除了平时起到共同娱乐的功能，往往会承载着经济功能、生产功能等。调查中发现，现在村民休闲更多的是选择以个人为主或以家庭的休闲娱乐方式，如看电视等，而非带集体性的活动。在对主要交往人群调查中，笔者也发现，村民日常主要的交往人群更多选择与亲戚朋友交往，而与村内其他成员交往较少。因此通过对休闲、交往方式的调查，可以从侧面观察村民的日常交往的频度相对于过去有所减少。随着这些互动型活动的减少，其相应的功能也随之消失，因此也必然会带来情感上的淡化。

## （二）认同的离心化

在对人口外流对村庄的影响进行调查时，63%的村民从个人家庭出发，认为农业生产缺乏劳动力，而认为集体事务无人管理、村庄缺乏活力的村民占4%。同时在对传统村规民约对村民约束力调查时，笔者有图3发现。

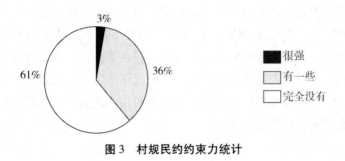

图3　村规民约约束力统计

由图 3 可知，有 3%的村民认为传统的村规民约对自己有很强的约束力，36%的村民认为有一些，61%的村民则认为完全没有。由此可以大胆预测，外出人口对村规民约的认同率较留守者应该更低。此外，对外出人口返乡时间的调查，笔者还发现，外出打工者中，16.3%的打工者每年回家次数大于一次，而 70.7%的打工者仅在过年时回家，且多在年前回家，年后随即再次外出打工，在家停留时间多数不超过一星期。约 13%的人两年或两年以上回家访亲一次。调查中当问及"村中发生如修路等重要事情，外出务工者是否返乡"时，村民也多回答"谁会因为这事再这么远跑回来"。由此可见，无论是外出者还是留守者，随着人口外流后交往的减少，越来越关注家庭问题甚至于只关心个人问题。而村庄再无统一的信仰或意识能够获得村民的普遍认同。

### （三）村庄治理权威弱化

1. 体制内权威缺乏群众基础

改革开放后，国家权力逐渐回撤，尤其在国家颁布了村民委员会自治法之后，按照规定，任何组织或个人不得指定、委派或者撤换村民委员会成员的要求（《中华人民共和国村民委员会自治法》第三章第 11 条），原有的国家权力基本撤出村庄，农村实现通过村民选举产生村委会成员，古村也根据法律规定选举组成了村委会成员。虽然，村委会是依照法律选举产生。然而，由于村庄没有实质性的权威存在，村委会成员缺乏广泛的群众基础，因此村委会在很大程度上难以真正调动村民。

由表 2 可以看出，村民对村两委办事效率、可靠性，以及两委与村民之间关系的态度有着很大的趋同性。在对两委态度上，既无很强的拥护感，即认为两委办事效率高、可靠且两委与村民关系融洽；也无强烈的排斥感，即认为两委办事效率低、不可靠，且两委与村民相对立。村民更多的是选择一般。在"不拥护、不反对"的背后，更多的是不参与。这种情况的出现主要有两方面原因：一方面，村两委作为村庄正式权力是刚性的，受到国家强制力的承认与肯定，因此村民不能不承认其合法地位。另一方面，由于这种外生型权力在个体化的村庄内缺乏广泛的群众基础，因此它不会得到村民真正的认同。

表2　　　　　　　　　　村民对村两委会态度统计

| | 效率 | | | 可靠度 | | | 关系 | | |
|---|---|---|---|---|---|---|---|---|---|
| | 较高 | 一般 | 较低 | 较可靠 | 一般 | 较不可靠 | 融洽 | 一般 | 不融洽 |
| 频数（人） | 8 | 87 | 7 | 8 | 83 | 11 | 28 | 59 | 15 |
| 百分比（%） | 8 | 85 | 7 | 8 | 81 | 11 | 27 | 58 | 15 |

古村村务主要由党支部书记主持，虽然党支部在村庄权力结构中处于"独大"地位，但其权力也难以有效实施。由于过去村两委主要工作是收取农业税和执行计划生育政策，村两委与村民之间因此而存在矛盾。现在，由于农业税的废除以及计划生育政策的放宽，村民除了需要开证明等必要事情外，很少与村两委交流。加之古村经济落后，没有村办企业和过多的公共资源，村民对村委会依赖较少，因此体制内的权力事实上很难转化为实质性的权力。村两委无论从强制性方面还是从经济控制方面都无法对村民实行有效动员与治理，因此村两委难以真正有所作为。

2. 体制外权威势力微弱

改革开放后，随着国家权力从乡村的回撤，农村中的正式权力大大削弱，而与此同时，各个地方农村传统势力对村庄的权力进行了及时填补。虽然各地权威形式不同，但根据权威来源，农村的社区权威主要有宗族权威、宗教权威、经济权威、贤达权威、武力权威五种。[①] 由此也造成了现在的"富人治村"、"能人治村"、"恶人治村"等各种乡村治理现象。通过调查，笔者发现古村目前权威情况如下。

第一，缺乏血缘基础的宗族及姻缘基础的姻亲。古村为杂姓村，有邓姓等姓虽然相对数量较多，但绝对数量少，同族也无族长、族田、族规等维系家族的纽带或象征，因此宗族意识淡薄，难以形成较强的家族关系。通过统计调查结果笔者了解到，本村存在大量大龄未婚男性，共有64人，占本村人口7.4%，其中个别男性长期在家不与人交流，基本的语言表达能力都有所丧失。在本村已婚者当中，约1/3的媳妇为本村，更多的是来自村外，由于村内通婚数量较少，这样在村中缺少足以维系村民较强联系的姻亲关系，也因此缺乏真正的宗族权威或家族权威。

第二，无宗教组织及其他组织。本村有极少数基督教教徒，但由于

① 王天意：《社区权威与乡村治理》，《中共云南省委党校学报》2007年第8卷第3期。

数量少，且无共同活动的公共场合，因此没有能够作为一种势力影响村庄治理。古村村民交流对象多是同村民小组内部成员，在遇到困难需对外交流时，更多地会通过自己亲戚朋友。村中无老年协会等休闲娱乐等组织，原有的自发形成的农业互助组织雏形也随着人口的外流不存在，因此也没有合作社等农业生产互助性组织。因此宗教权威缺乏，组织权威也缺乏。

第三，经济权威外迁。在2000年后，部分村民通过在外包工、经商等多种形式使家庭经济条件得到改善，而这些人在经济上获得成功时，更多的是选择离开村庄，因此，虽然近十多年时间内有经济经营的出现，但都很快离开了村庄，未在村内作为经济权威人物存在。村支书在介绍村中外出的农户时说道，他们中的许多都是经济条件好了之后搬迁出去的。

第四，传统贤达者无权威。古村有几位老人由于早期做过教书先生、会计等，在村中有着较高的威望，但由于无过多善举，且年事已高，并无太多号召力。此外，由于外出打工者多在沿海经济发达城市打工，在返乡期间，往往能带来外界的新思想观念与价值判断，这些新思想促进了村民观念的多元化，难以形成对某一观点的赞同，因而对传统权威也造成了冲击。

第五，"恶人治村"现象消失。基于"人口外流可能会导致村庄社会风气与治安状况恶化"的假设，笔者对此问题进行了调查，然而与假设相反，在100份有效回答中，除了2人选择了治安与风气变坏外，更多的选择为变好或没变。通过跟村支书交谈了解到，过去部分中年人在村中有着较大的势力，但近年来，这些人也都外出打工了，因此也就难以影响村庄的日常生活。

所以，根据调查，可以将古村总结为一个"无宗族宗教、无大富大贵、无大善大恶"的偏远封闭村落。由于国家权力回撤后，国家正式权力丧失了原有的强制力。而村庄中坚力量未能在国家权力回撤留下真空时及时填补，而是随着经济潮流外出打工，从而导致了内生型权威缺乏、外生型权威微弱的村庄治理现象。因此，能够组织村民进行村庄建设村庄管理的行政型力量与村庄社会型力量均不存在，由人口过疏化造成的认同离心化又加剧了村庄权威力量的分散。如田毅鹏所言："乡村人口的流失，导致村落共同体内部自生公共性、以政府为载体的'公助系统'同时发生危机，村落共同体的价值认同也走向式微。"① 由于缺乏事实权威的存在，因而村庄权威所能具有的生产建设功能、社会协调功能、教育和文化功能、服务和管理等功能无法实现。由此导致的村庄留守问题、资源浪费问题、公共事务无人管理等村庄治理问题长期难以得到解决。

## 四　对人口过疏化村庄的治理建议

### （一）复兴村庄传统文化，增进村民集体认同

村民生产生活个体化的发展以及村民认同离心化的现象，不仅影响着村民的生产生活，同时对村庄的治理也造成了巨大的阻碍。由于村民之间、村民与村组织之间缺少事实与情感上的"黏合剂"，从而极易造成无公德个人②的出现。因此，应该加强村庄文化建设：一是恢复传统节日活动，如在端午节举行祭屈原、拔百草、打露水等活动；二是重新修建损毁寺庙，如村庄的土地庙、关帝庙等；此外，可以通过成立本村的图书室等公共活动场所，一方面可以满足村民文化需求，另一方面也可以增进村民对村集体的认同。

### （二）培育村民自组织，促进村民合作互助

虽然乡村过疏社会在逐步走向解体，但地域社会中人们的社会关联不可能完全丧失。因此，需要发现日常生活中显在的和潜在的共同性的存在，重建过疏地域居民的社会联结。③ 具体而言需要：第一，发展生活型互助组织，如老年协会、留守妇女会等多种形式的生活型组织，根据当地具体情况，由村民自己选取有威望者作为协会会长，以此对留守人口进行整合。这样一方面可以给留守人口以归属感和认同感，消除其不满与抵触情绪，并满足村民休闲娱乐需求；另一方面，通过真正实现村民自己发展组织，形成事实上的威望，以此实现留守村民的重新整合。

---

① 田毅鹏：《村落过疏化与乡土公共性的重建》，《社会科学战线》2014 年第 6 期，第 8—17 页。

② 阎云翔：《私人生活的变革—— 一个村庄里的爱情、家庭与亲密关系》，上海书店 2009 年版，第 243 页。

③ 田毅鹏、徐春丽：《 新时期中国城乡 "社会样态" 的变迁与治理转型》，《中国特色社会主义研究》2015 年第 2 期，第 72—77 页。

第二，发展村民生产型组织。通过成立生产型组织，重新实现村民间的生产互助。同时可以合作购买小型机械等方式，实现农业生产机械化，减轻农民生产负担。生产组织在村庄进行基础设施建设时可以起到建设功能，在自然灾害发生时可担负起救灾功能。通过多种村民组织建立与相互合作有余力的情况下各尽所能，在力所不及的情况下各取所需。

### （三）重新定位村委职责，转变村庄治理方式

根据村组法规定，村民委员会负有宣传国家法律政策、管理村庄集体财产、协调村民矛盾、推动农村社区建设等职能。然而在具体实施中，村委会往往更多地完成了由上到下的任务，较少地满足由下而上的要求，从而使村委会很大程度上成了政府机构的延续，而非村民自我形成的自治组织。在国家税收、计划生育等任务减少的情况下，村委会自身定位迷失，尤其在面对人口外流等新的问题时，村委会无力解决，从而导致村庄治理问题逐渐严重。因此，需要根据村组法重新定位村委会职责，在宣传国家法律政策的基础上，更多地支持和组织村民依法发展各种形式的合作经济和其他经济，并承担本村生产的服务和协调工作，促进农村生产建设和经济发展；同时支持服务性、公益性、互助性社会组织依法开展活动等，通过由"向上看"到"向下看"转变，解决村庄治理中的问题。

### （四）完善多元治理主体，落实村民自治

村庄治理应避免一元主导的治理方式，即应避免由乡镇政府靠行政力量干涉村务，或由村党委、村委全面管控村庄，也应避免村庄过分依赖于某一组织团体势力的局面。应实现村治主体的多元化，形成多方合力共同治村的局面。具体来讲，应该减少乡镇对村庄的行政干涉，健全村两委的职能，确定职权范围，实现村庄制度性治理主体功能的完善。同时，加强如宗族组织、家庭组织等非制度性组织的建设，多元化村治主体，形成相互监督、相互促进的村庄治理局面。

### （五）合理引入企业力量，推动特色产业发展

古村与周围其他村庄有着相似的气候地理环境，也有着相似的产业，本地自然环境适宜种植核桃、板栗、樱桃、李子等经济作物，在7月初有大量的野生菌类。目前，仅少数村民种有这些经济作物，且在夏季上山采

菌。但由于农民生产规模小且科技含量低，因此果实质量差、标准化程度低，难以形成规模效益。此外，以粮食生产为主的生产模式使村民很少种植经济作物。通过企业进入，可以对村民进行科技培训，使村民按标准进行生产，采取分散经营、统一收购的形式，提高村民生产的科技水平以及标准化、规模化水平，从而促进村庄的产业发展，提高农民收入。